读懂乡村振兴
战略与实践

Rural Vitalization Strategy

陆超 著

上海社会科学院出版社
SHANGHAI ACADEMY OF SOCIAL SCIENCES PRESS

推荐序

中国从农业人口大国转变为现代化的强国,是中华民族的伟大复兴,也是跨世纪和平发展的伟大实践。中国不会没有农村,中国不能没有农民,即使城镇化基本实现,依然有5亿左右的农民生活在农村。中国的城乡将长期共生并存,这决定了建立新型工农关系、城乡关系和人地关系的重要性。没有农业农村现代化,就没有整个国家的现代化,工农关系、城乡关系一定程度上决定着我们国家现代化的成败。这也是中国新型城镇化和现代化建设的实际情况,是我们国家未来较长时期的基本国情。解决中国的三农问题具有紧迫性、复杂性、长期性和艰巨性。党和政府始终把三农工作作为全部工作的重中之重,在长期艰辛实践探索和理论升华的基础上,审时度势。在中共"十九大"报告中,习近平总书记提出了乡村振兴战略,全面谋划了新时代中国特色社会主义的乡村发展,提出了实现农业农村现代化总目标,制定了农业农村优先发展总方针,明确了"产业兴旺、生活富裕、生态宜居、治理有效、乡风文明"的20字总要求,为城乡融合实现城乡一体化发展指明了前进方向。

《读懂乡村振兴:战略与实践》一书从粮食安全与国家安全、劳动力蓄水池与现代化稳定器、最大的存量内需、传统的农耕文明和文化复兴、美丽中国和生态文明5个维度,"去脉来龙""热点解析""窥浙先踪"

读懂乡村振兴：战略与实践

"他山之石"4个篇章向人们展示中国乡村发展历程、城乡社会发展变化，展示未来乡村振兴的发展前景。

作者是注册城乡规划师，有国内外学习经历，参加过几十个乡村和小镇的发展规划，有着比较丰富的一线实践经验。书中没有去做宏大理论的逻辑推演和阐述，也没有去做全面实践的科学总结和概括，而是截取历史片段与发展场景、当今的热点热词、国际的典型案例和国内的经验共识，以讲故事、摆事实、表争议的白描式手法，全景式地、生动活泼地讲述当今中国的乡村振兴。本书犹如一部乡村简明百科全书，既有独到视角对独立事件的介绍，又有国内重大事件、国际重大背景的切入，使你在阅读时自然而然地进入更加广泛、更加深入的彼此关联思考。书中十分贴近当前我国乡村发展，精准脱贫、淘宝村、家庭农场、田园综合体、特色小镇、宅基地、乡土建筑、农业4.0等热点悉数囊括"点状供地""无人农场""三农流派之争""绅士化现象""蚁族居住""落脚城市""新中产消费观""城乡双栖人"等热词纷纷涉猎，鲁家村与袁家村、唐家岭与拈花湾、绿城蓝城与碧桂园、睢宁沙集与义乌青岩、贵州从江与上海松江、顾渚巴马与田园东方、古北水镇与碧山书香、安吉二山与乌镇文化等热搜案例统统包含，可谓一本书在手，胜揽乡村发展之精华，联动工作方法之思考，敬畏生态文化之约束，警醒粮食政治之严峻。总之，这是一部我们青年城乡规划师写的书，饱含作者关注农村、热爱农民的感情，是一部可以了解农村、了解乡村振兴的好书。

中国的乡村正在发生着百年千年的巨变，一切都是那么剧烈，一切都是那么自然，一切都是那么出彩，一切都在铸就着中国的文化自觉与文化自信。中国特色社会主义新时代发展不断催生改革者的奋进探索，在城镇化进程中的乡村不仅仅有从面到里的溃败，更有从里到面的重生和对农耕文明的忠诚传承。乡村正在成为城乡融合一体化发展的新空间、新载体、新农村,那里还有不断成长着的新农人。

是为序。

李兵弟

中国城镇化促进会副主席兼城市与乡村统筹发展专业委员会会长

中国城市发展研究院名誉院长

住房和城乡建设部村镇建设司原司长

自　序

农,天下之大本也,民所恃以生也。

——《汉书·文帝纪》

　　意大利人郎世宁是康、雍、乾三朝宫廷画的代表人物,他绘就了大量的具有高度历史价值和艺术价值的宫廷画作品,记录了中华帝国最后的一段辉煌史。其中有一幅名为《雍正皇帝祭先农坛图》的作品,描绘了雍正皇帝亲自扶犁耕作的场景。开春时节,雍正——这个被认为是中国历史上最勤奋的皇帝——亲率文武百官前往先农坛祭祀先农诸神,祈祷风调雨顺、五谷丰登。庄严的祭拜仪式之后,皇帝移驾到事先选好的"一亩三分地"上亲自犁田,为天下百姓做农耕示范。国家的祭农活动最早可追溯至三皇五帝时期,伏羲"重农桑、务耕田",每年新春二月初二,都要率领各部落首领御驾亲耕,以显示其对农耕的重视。明清两代更是重农祭农活动的巅峰期,祭祀制度周密详备,亲耕仪式隆重有序。民间也没闲着,将国家盛大的祭农活动演绎成了一首颇有画面感的打油诗:"二月初二龙抬头,天子耕地臣赶牛。正宫娘娘来送饭,当朝大臣把种丢。春耕夏犁率天下,五谷丰登太平秋。"雍正曾言:"朕观四民之业,士之外,农为最贵,凡士、农、工、贾,皆赖食于农,以故农为天下之本务,而工贾皆其末也。"①在生产力低下的传统社会,重农业、贱工商的观点是主流,这也成为中国传统社会重农抑末的根源所在。

中国自古以来便是农业国,农业是国家的根本,因此皇帝亲耕便不难理解。农业是国本,大致可以体现在四个方面。第一,"民以食为天,食以农为本",农业养活了这个国家的所有人,解决了国家绝大部分人口的生存问题。第二,依靠农业所产生的赋税,整个官僚阶层、国家机器得以正常运转。第三,"无农不稳",稳固的农业是整个社会稳定的基石,农民只要有一口饭吃,国家就不容易出现动乱。第四,悠久的农耕文明潜移默化地塑造出中国人的国民性格,是华夏民族伦理道德与信仰体系的主要载体。

中国的古代史是一部治乱更替、王朝更迭史,而农业与土地在其中扮演了核心密码的角色。当新的王朝建立,统治者往往选择平均地权、与民休憩,历史上著名的文景之治、贞观之治和康雍乾盛世无不如此。随着农业赋税的增加,国家实力稳步提升,小农经济内部开始出现贫富分化,与此同时,国家治理体系开始膨胀,官僚吏员与地主阶层开始利用手中的权力与财富兼并小农土地。金观涛、刘青峰在《兴盛与危机——论中国社会超稳定结构》一书中指出:"历史上,一个王朝到达鼎盛时期,往往就是土地兼并爆发的前夜,它是王朝由上升阶段转入维持和下降阶段的转折点。"②大规模的土地兼并排挤出大量的失地农民,带来了社会矛盾的激化,治国者必须进行深刻的社会变革以抑制豪强对土地的过度占有,然而这种改革的努力往往因为既得利益者的激

---

① 冯尔康:《雍正传》,人民出版社2014年版,第177页。
② 金观涛、刘青峰:《兴盛与危机——论中国社会超稳定结构》,法律出版社2011年版,第101页。

自 序

烈对抗而最终搁浅,在王朝的最后阶段,失地农民在饥饿与死亡阴影的裹挟下不得已成为集体暴力的参与者,成为王朝更迭的直接推手。之后,新的一轮治乱循环拉开帷幕……

农耕文明是华夏文明的主要组成部分,更是国民性格的渊薮所在。老子曾描绘理想的农耕文明场景:"小国寡民,使有什伯之器而不用,使民重死而不远徙。虽有舟舆,无所乘之;虽有甲兵,无所陈之。使人复结绳而用之。甘其食,美其服,安其居,乐其俗。邻国相望,鸡犬之声相闻,民至老死不相往来。"农耕文明是农民在长期的农业社会中形成的一套适应农业生产生活的国家制度、礼俗制度、文化教育等的文化系统集成,融合了以儒家思想为首的诸多传统文化的大文化系统。聚族而居、精耕细作的中华农业文明孕育出了自给自足的生活方式、文化传统、农政思想和乡村管理制度,它潜移默化地塑造出中国人内敛、柔韧、平衡、包容、知足又不失进取精神的"中庸"式国民性格。

历经千年的中华农耕文明是中国人"天人合一"哲学思想的最好践行,"人法地、地法天、天法道、道法自然"。中国农民在传统哲学思想的影响下,对农业生态和物质能量的循环发展出一套朴素的价值观,随之衍生出一套行之有效的耕作方式。早在1909年,美国科学家富兰克林·H.金远渡重洋来到中国考察农业,他惊讶地发现中国人的耕作方式要比美国人更为优越。费孝通在阅读完富兰克林·H.金的著作《四年前农夫》总结说,"富兰克林·H.金认为,中国人像是整个生态平衡里的一环。这个循环就是人和土的循环。人从土里出生,食物取之于土,泻物还之于土,一生结束,又回到土地。一代又一代,周而复始。靠着这个自然循环,人类在这块土地上生活了五千年,人成为这个循环的一部分。他们的农业不是和土地对立的农业,而是和谐的农业。"①中国的农耕文明经验成为后来启迪美国有机农业运动的灵感源泉,这种天人合一、有机循环的生态观、价值观已经成为引导世界农业改革与发展的新方向。

历史的指针快速转动,1949年中华人民共和国成立。和其他现代国家一样,中华人民共和国面临着工业化与现代化的艰巨挑战。马克思指出,只要是工业化就绕不开原始积累,作为一个从半殖民地国家成功独立的传统农业国,中国不具备西方列强海外掠夺资金与资源的先天条件,就只能向内、向传统三农提取原始积累。

在新民主主义道路与社会主义道路之间徘徊的共和国领导人最终由于外部环境的剧变,而选择了以优先发展重工业的非均衡战略,经济体制上全盘苏化。林毅夫曾总结重工业优先发展与落后的农业国要素禀赋的矛盾,他认为这种矛盾决定了国家必须以非常规的手段来破解困局,即"在一定的限制条件下,从国家所有的角度来看,为了保证资源的最大动员以及剩余的最大化以投资于政府要优先发展的资本密集型的重工业"。② 当然,这种特殊手段的结果,就是以中国积弱的三农为代价,挤占本来就不多的农业剩余,而将挤占的苦涩后果都留给了三农承受。毛泽东从国家大计出发,认为牺牲农民是为了整体与长远的利益考量,是小仁让位大仁的表现:"有人不同意我们的总路线,认为农民生活太苦,要求照顾农民,这大概是孔孟之徒施仁政的意思,然而须

---

① 费孝通:《社会调查自白》,知识出版社1985年版,第33页。
② 林毅夫:《解读中国经济》,北京大学出版社2014年版,第72页。

知有大仁政、小仁政,照顾农民是小仁政,发展重工业、打美帝国主义是大仁政。"①

长达半个世纪的"农业支持工业、农村支持城市"的战略实施,以及为之配套的各种制度安排,使得三农为中国的现代化作出了巨大的贡献与牺牲,三农在"钱、人、地"三个方面持续地为工业化及城市化输出宝贵的血液。直到 2000 年,李昌平向时任国务院总理朱镕基痛陈"农民真苦,农村真穷,农业真危险",三农问题才真正引发全国关注。三农之所以是问题,正是因为它向中国的现代化作出了巨大的贡献。

2004 年,胡锦涛首次提出"两个趋向"的重要判断,即"纵观一些工业化国家的发展历程,在工业化初始阶段,农业支持工业,为工业化提供积累,是带有普遍性的趋向;但在工业化发展到相当程度以后,工业反哺农业、城市支持农村,实现工业与农业、城市与农村的协调发展,也是带有普遍性的趋向"。自此,中国总体进入了以工促农、以城带乡的新发展阶段。2006 年,中国取消了延续千年之久的农业税,之后的十多年间,国家财政逐年加大了对三农的支持力度,2011 年国家涉农支出首次超过 1 万亿元,农业项目也成为中央财政经费支出最大的板块之一。

2017 年,习近平在中共"十九大"报告中首次提出"乡村振兴战略",指出三农问题是关系国计民生的根本性问题,必须始终把解决好三农问题作为全党工作的重中之重,乡村振兴战略由此成为三农工作的总抓手。中共"十九大"做出了中国特色社会主义进入新时代的科学

---

① 林蕴晖等:《凯歌行进的时期》,河南人民出版社 1989 年版,第 360—364 页。

论断,在"两个一百年"奋斗目标的历史交汇期,实施乡村振兴战略同样对于中国三农发展具有划时代的里程碑意义。要全面建成小康社会和全面建设社会主义现代化强国,"最艰巨、最繁重的任务在农村,最广泛最深厚的基础在农村,最大的潜力和后劲也在农村"。

当下中国这条巨龙,头部和前半身已经步入现代化,而后半身还在传统的农业社会。"重农固本,安民之基",实施乡村振兴战略无疑是对前半身已经迈入现代化的中国巨龙的一次整体式跃升。乡村振兴工作做不好,整个现代化的基石就不牢固,外部大危机来临,就有整体坍塌的可能性,这绝非危言耸听。

本书共分为四大篇。

第一篇"去脉来龙",从历史发展与现实需求的角度,对乡村振兴的重大意义进行剖析。中国三农为中国的现代化作出了巨大的贡献与牺牲,它亦是中国最大的劳动力蓄水池与现代化危机的稳定器,乡村也是实现未来中国内需型消费社会转型的重要依靠,是当下中国最大的存量内需所在。同时,对当下三农政策流派之争作初步解读,未来中国三农的走向如何,是自由市场抑或小农经济?主流政策派将在两种趋向上做出微妙平衡。

第二篇"热词解析",对乡村振兴这两年涌现的一些重点、热点关键词进行剖析,诸如特色小镇、田园综合体、淘宝村、家庭农场、宅基地三权分置、脱贫攻坚、旅居、农业4.0等。

第三篇"窥浙先踪",对乡村振兴的先行者与示范省浙江省的一些地方经验进行剖析,包括特色小镇乌镇、"两山理论"的发源地湖州安吉和以民宿经济闻名的莫干山。

第四篇"他山之石",对国际三农进行横向比较与借鉴,试图分析发

自 序

达国家的宝贵经验与一些失败国家的教训,引出一些核心关键词,如美国的"粮食政治"、日本的"综合农协"、荷兰的"科技农业"、德国的"乡镇经济"以及巴西的"土地制度"等。

实施乡村振兴的现实与历史意义众多,本书尝试从五个方面予以解读:

第一,粮食安全与国家安全。"手中有粮,心中不慌",粮食安全自古便是中国历朝历代避免动乱的底线。习近平在2013年的中央农村工作会议上说:"悠悠万事,吃饭为大。只要粮食不出大问题,中国的事就稳得住。"①这一论断符合历史经验,也适应当下国情现实。本书在第四篇中的《粮食政治:华盛顿的战略武器》指出,粮食政治已经成为美国的国家战略武器,它赋予了美国一种前所未有的力量,使其对广大的缺粮国家拥有了生杀予夺的权力。在国际粮食市场日渐寡头化、金融化的当下,粮食问题不能仅仅从资源配置的经济学角度考虑,而且要从国家安全的综合性长远角度出发。中国已经多年为全世界最大的粮食进口国,粮食安全问题成为关系国家稳定、现代化顺利、中华民族复兴的根本问题,谁忽视粮食安全问题,谁就要付出惨痛代价。

第二,劳动力蓄水池与现代化稳定器。传统的社会学观点认为,"两头小、中间大"的橄榄形结构才是稳定的理想型社会结构,而本书认为当下中国的社会结构更像是"金字塔形",广大的农民构成了金字塔的坚固基座,中国经济与社会的韧性也来源于此。本书在第一篇中的《蓄水池与稳定器》指出,中国广袤的农村是2亿多中国农民工的劳动

---

① 中共中央党史和文献研究院:《习近平关于三农工作论述摘编》,中央文献出版社2019年版,第69页。

力蓄水池,也是中国现代化历经多次国内外危机依旧平稳的稳定器,这是中国经济具有非常强大的、外人难以想象的弹性的根本原因。相反,如果三农不稳,现代化将危机重重,第四篇中的《农业现代化:巴西的教训》指出,巴西的大地产制使得乡村成为巴西农民回不去的故乡,使得农村丧失了劳动力蓄水池与现代化稳定器的功能,继而在过度城市化的浪潮中催生出城市"肿瘤"——贫民窟,引发各类城市问题,成为巴西社会不稳定、现代化无以为继的根源所在。历史经验表明,一个国家的现代化过程往往充满了各种类型的内生型或者输入型危机,能不能处理好三农问题,是关系到国家现代化命运的根本问题。

第三,中国最大的存量内需。随着中美贸易摩擦不断升级,中国延续多年的外需导向型经济面临巨大的挑战。本书第一篇中的《乡村:中国最大的存量内需》指出,中国要想真正强大,只有建立起内需导向型的消费社会,而中国最大的短板就在三农。林毅夫判断,"目前我国最大存量需求在农村",到2030年,我国的城镇化率将达到70%左右,这意味着还有至少5亿人居住在农村,无论是为改善农村居民生活而投资的基础设施、环境改造提升等,还是在这5亿人口之上催生出的"最后一公里"消费,都是中国经济稳定增长的重要保障。

第四,中国传统农耕文明和文化复兴的需要。中国农村一直以来都是传统中国文化的主要承载者,冯骥才曾言,中国1 300多项国家级非物质文化遗产绝大多数都在古村落里,少数民族的非物质文化遗产更是多在村落中。中华文化的本在农业、根在农村,三农还是传统道德和信仰体系的承载者。"皮之不存,毛将焉附?"只有传统文化的复兴,才能帮助现代中国更好地认识自身,继而在世界民族之林找到自己的定位与自信。本书第二篇中的《乡土建筑的价值回顾》、第三篇中的《中国乌镇：小镇的文艺复兴》等从不同角度对传统文化的复兴予以解读。

第五，美丽中国和生态文明的现实需求。中国广袤的农村地区是生态中国、美丽中国的最主要承载者。农业污染已经成为中国当下最大的面源污染来源，其对环境污染的贡献率已经超过工业，占到了我国环境污染的一半以上。农业的污染同样带来了严重的食品不安全问题，舌尖上的污染成为每一个国人心中的阴影。资源过度攫取、环境肆意破坏的传统发展方式注定难以持续，第二篇中的《绿色生态农业：天人合一的和谐农业》、第三篇中的《安吉模式：两山理论的样板》等对此主题予以关注。

目 录

推荐序 / 001
自序 / 001

第一篇 去脉来龙

现代化之殇：中国三农的贡献与牺牲 / 003
蓄水池与稳定器 / 018
乡村：中国最大的存量内需 / 032
自由市场抑或小农经济：中国三农流派之争 / 044

第二篇 热词解析

特色小镇的房地产纠结 / 057
田园综合体的商业逻辑 / 070
淘宝村：互联网+边缘革命 / 085
家庭农场：向左或是向右 / 096
品牌农业：国家级战略 / 110
绿色生态农业：天人合一的和谐农业 / 121
农业4.0：未来农业图景 / 134
旅居：乡村旅游4.0 / 145

宅基地三权分置：变与不变的平衡 / 158
脱贫攻坚：乡村振兴的优先任务 / 165
乡土建筑的价值回归 / 179
落脚城市：乡与城之间的跳板 / 194

第三篇　窥浙先踪

中国乌镇：小镇的文艺复兴 / 207
安吉模式：两山理论的样板 / 226
莫干山：民宿的商业奇迹 / 241

第四篇　他山之石

粮食政治：华盛顿的战略武器 / 259
小即是美：莱茵模式下的德国小城镇 / 274
农业现代化：巴西的教训 / 293
科技农业：小国荷兰的农业奇迹 / 305
农协：日本三农的秘密 / 316

·读·懂·乡·村·振·兴·　·战·略·与·实·践·

第一篇　去脉来龙

现代化之殇：中国三农的贡献与牺牲
蓄水池与稳定器
乡村：中国最大的存量内需
自由市场抑或小农经济：中国三农流派之争

现代化之殇:中国三农的贡献与牺牲

三农之所以是问题,在于它向国家的工业化作了巨大的贡献。中国没有对海外掠夺的可能,它是一个半殖民地国家,因被人打而懂得自己要工业化,而工业化又没有条件按西方的方式去海外掠夺资源,只能对内提取原始积累。只要进入工业化,就绕不开原始积累,中国原始积累不能对外,就只能对三农。①

——温铁军

2006年,国家邮政局发行了一枚特殊的邮票,这张面值80分、印有大大的一个"税"字的邮票被用来纪念中国农业税的全面终结。农业税这项延续了2 600多年之久的税种被取消,无疑有着重大的历史与现实意义。自古以来,中国历朝历代都要依靠农业赋税来维持庞大的国家机器运转,而今这项税种彻底退出历史舞台,9亿多农民直接受益,标志着中国的现代化迈入了一个新的历史纪元。

2004年9月,胡锦涛首次提出关于"两个趋向"的重要判断:"纵观一些工业化国家的发展历程,在工业化初始阶段,农业支持工业,为工

---

① 参见《对话温铁军:三农问题与中国道路》,《中国投资》杂志社邀请温铁军对话三农,新浪财经2013年11月8日。

业化提供积累,是带有普遍性的趋向;但在工业化发展到相当程度以后,工业反哺农业、城市支持农村,实现工业与农业、城市与农村的协调发展,也是带有普遍性的趋向。"自此,中国总体进入了以工促农、以城带乡的新发展阶段。在农业税被取消的同时,国家财政也逐年加大了对三农的支持力度,2011年,国家涉农支出首次超过万亿元,农业项目也成为中央财政经费支出最大的板块之一。

　　与工业与服务业相比,农业是弱质产业。为了提高农民收入,世界各国尝试了多种方式,从改善农业基础设施,到提升农业技术,再到调整农业产业结构。然而普遍性规律显示,农产品数量大大提升背后,农民的收入却未见有相匹配的增加幅度,相反,总产量的增加经常带来农民收入的减少,这就是"谷贱伤农"现象。经济学家把农业增产不增收的主要原因归结于农产品的两个基本特性。一是收入弹性低。农产品的收入弹性小于1,指的是当消费者的全部消费支出增加1%时,他们对农产品的支出增加幅度却要小于1%,也就是说消费者收入的增加并不会带动农产品消费相应增多。二是价格弹性低,指的是当农产品供给增加时,农产品的价格就会下降很多。因此即使农民获得丰收,收入也往往不会增加。环顾世界发达经济体的农业发展历程,无论是北美、欧洲还是日本,都普遍存在着大量的政府补贴,即使是在土地资源异常丰裕的国家,如美国、巴西等,如果没有政府补贴,这些国家的农民想要达到城市的平均收入也是非常困难的。

　　农业的天然弱质性,要求一国经济发展到一定程度后必须补贴三农,以实现工农平衡、城乡平衡,这是世界普遍存在的规律性现象。中国"以工促农、以城带乡"的政策背后是国家综合实力的稳步提升,2004年的中国已经从工业化中期向后期过渡,财政实力的不断充盈为出台强农、惠农、富农的政策提供了坚实的经济基础。

"工业反哺农业,城市支持农村",细细揣摩字眼就不难发现"反哺"的特殊含义,在到达这个重要历史节点之前,三农为工业化及城市化所代表的中国现代化作出了重大的贡献,付出了巨大的牺牲。而对三农的贡献与牺牲进行历史梳理与小结,无疑是理解与推进乡村振兴的必由起点。

重工业导向下的三农制度调整

1949年,刚刚成立的中华人民共和国面临发展道路的重大抉择,一个一穷二白的落后农业国如何转变为一个先进的工业国,从而实现民族的自主独立与国富民强,这成为摆在毛泽东等国家领导人面前的现实挑战。最终,毛泽东选择了优先发展重工业的非均衡战略,同时在经济体制上全盘苏化,模仿甚至是照搬了苏联式的中央集权的计划经济体制。

这个脱胎于复杂国内、国际环境下的道路抉择并非一蹴而就,而是经过内外环境多方角力与平衡的结果。中华人民共和国成立伊始,毛泽东和刘少奇等中央领导人的构想并非是直接建设社会主义社会,而是建立新民主主义社会。早在1940年,毛泽东在《新民主主义论》中就提出了新民主主义社会的设想。这个受到孙中山民主主义纲领影响的《新民主主义论》提出,中国经济应由三部分组成:一是"官僚资本的大银行、大工业、大商业归国家所有,由国家经营管理,国营经济是社会主义性质";二是"不禁止'不能操纵国民经济生计'的资本主义生产的发展";三是关于三农的部分,"在农村没收地主的土地,分配给无地和少地的农民,实现孙中山先生'耕者有其田'的主张,把土地变为农民的私产"。毛泽东强调中国的经济一定要走"节制资本"和"平均地权"的道路,绝不是建立欧美式的资本主义社会,但也并非是像苏联或者东欧国家以公有制为基础的社会主义经济,而是根据基本国情,创造性地、务实地提出第三条道路。① 1949年9月,由毛泽东直接领导制定的《共同纲领》延续了这个构想,正式确立中华人民共和国为"新民主主义及人民民主主义的国家"。

中华人民共和国的领导人意识到中国作为当时世界上最大的农业国和贫困国之一,需要借助外部的力量推动工业化进程,包括资金、技术、人才,还有出口市场,需要充分利用国际资源与市场,通过与发达国家的贸易来换取相应地资源、技术、设备和产品。因此,当时的中共中央还提出了外资政策,即对外国企业和外国投资采取区别对待的政策,希望在平等互利的基础上接受外国投资,特别是西方发达资本主义国家的投资。数据显示,1950年中国的贸易伙伴主要来自西方资本主义国家,贸易额占到了总出口额的2/3。② 然而好景不长,1950年朝鲜战争爆发,这场由苏联背后支持、中国被动参与的战争彻底改变了中华人民共和国的既定发展道路。1950年12月,美国宣布禁止一切美国货物和船只进入中国,1951年5月联合国通过对中国实行禁运,自此中国不得不将外贸重点转向苏联和东欧③。如果说中华人民共和国成立之初中央领导人的道路发展抉择还在西方资本主义国家与苏联东欧国家之间摇摆的话,那么朝鲜战争的爆发让天平彻

---

① 胡鞍钢:《中国政治经济史论(1949—1976)》,清华大学出版社2008年版,第119页。
② 同上,第134页。
③ 同上。

底倒向了后者。

1949年年底到1950年年初,毛泽东开展了为期两个月的苏联之行,这让他有机会近距离考察苏联的国有化、集体化社会主义经济模式。苏联在1929年之前也曾是一个极度贫困落后的农业国,然而,在斯大林的领导下,苏联只用了短短的两个五年计划就建立起自己的重工业体系和国防体系。到1938年,苏联已经拥有9 000多个现代化工业企业,从一个农业国迅速跻身世界工业强国之列,按工业产品产量计算,苏联甚至已经超越所有的欧洲工业化国家,仅次于美国。苏联工业化的奇迹对踌躇满志的毛泽东充满了诱惑力,在美苏对抗、外部环境日趋紧张的国际大背景下,苏联的成功经验绘就了一张现成的工业化蓝图。"没有强大的国防,就要挨打,要想有强大的国防,就要有强大的军事工业,要想有强大的军事工业,就必须有强大的重工业。"①苏联工业化的成功经验,加上西方资本主义国家的封锁让毛泽东迅速做出战略转变。毛泽东曾预判,世界大战大体上10—15年打不起来,中国需要紧紧地抓住这个窗口期,建立起自己的重工业及国防体系。

重工业优先发展的战略与落后农业国家的现实无疑是一对显著的矛盾。从世界主要工业国发展经验来看,这些国家都经历了一个较为漫长的从农业、轻工业到重工业的自然演进过程,西方发达国家甚至还辅之以海外的殖民掠夺,为重工业积累了原始资金。林毅夫曾总结重工业优先发展与落后农业国要素禀赋的矛盾,他指出重工业有三个基本特性,一是建设周期长,二是重工业机器设备必须依靠进口,三是重工业项目投入大。贫穷落后的农业国家也有三个特性,第一是农业剩

---

① 林毅夫:《解读中国经济》,北京大学出版社2014年版,第70页。

余少,支持工业发展的资金就少;第二是可供出口的产品少,外汇自然少,外汇价格、汇率非常高;第三是资金分散,难以动员集中。① 林毅夫指出重工业的三个特性与农业国家三个特性的冲突与矛盾决定了在市场经济条件下,没有办法建立周期很长、需要依靠大量进口技术设备、一次性投资规划很大的重工业项目,发展战略目标与现有资源禀赋的矛盾决定了国家必须采用非常规的特殊手段来破解难题。在林毅夫看来,中国后来施行的宏观上扭曲价格信号、行政上计划配置资源、微观上剥夺企业自主权的"三位一体"的配套措施表面上看是缺乏理性,但其本质乃是"在一定的限制条件下,从国家所有的角度来看,为了保证资源的最大动员以及剩余的最大化以投资于政府要优先发展的资本密集型的重工业"②。这种制度安排的结果必然是以中国贫弱的三农作为代价,挤占本来就不多的农业剩余。胡鞍钢曾分析毛泽东的战略考量,他认为"对于毛泽东来说,权衡国家安全与经济发展,毛泽东更倾向于国家安全;权衡工业发展与农业发展,他更倾向于工业发展;权衡城市发展与农村发展,他更倾向于城市发展;权衡市民利益与农民利益,他更倾向于市民利益"③。在政治决策民主化风气依然流行的1953年,党外人士梁漱溟曾与毛泽东就重工业化展开激烈公开的争论,梁漱溟为农民陈情:"中国穷,要与民休戚,搞工业化哪里来的资金? 国家建设重点在工业,工人在九天之上,农民在九地之下,再搞工业化农民的负担会大为加重,活不下去了。"④毛泽东则从国家大计出发,认为农民

---

① 林毅夫:《解读中国经济》,北京大学出版社2014年版,第72页。
② 同上,第80页。
③ 胡鞍钢:《中国政治经济史论(1949—1976)》,清华大学出版社2008年版,第172页。
④ 胡乔木:《胡乔木回忆毛泽东》,人民出版社1994年版,第13、22页。

的牺牲是为了整体与长远的利益考虑,是小仁让位大仁的表现,"有人(指梁漱溟)不同意我们的总路线,认为农民生活太苦,要求照顾农民,这大概是孔孟之徒施仁政的意思。然而须知有大仁政、小仁政,照顾农民是小仁政,发展重工业、打美帝国主义是大仁政。"[1]

为了更好地推进"农业支持工业,农村支持城市"的政策方针,1953年,中央开始在农村地区施行"统购统销"政策。时任财政部长的陈云意识到,如果按市场价格收购农产品来支持城市重工业,政府就无法保障农产品是低价格,农民会将产品卖给出价更高的民营企业,因此政府只有通过消灭民营企业,同时以垄断的"低买低卖"的方式才能保障城市一直以低价格获取农产品。[2] 刚开始,统购统销只涉及粮食和棉花,很快这种垄断性控制开始囊括所有的农产品。统销统购在严格控制农产品价格的同时,也降低了农民生产的积极性,农民用于休息的时间增多,农产品产量开始减少。此外,为了对接这么多散户,政府需要付出较大的对接成本,因此,统一生产、统一管理的农村公社化运动呼之欲出。人民公社于1958年8月出现,短短3个月时间就推广覆盖了全国99%的农民。集体化的劳作方式在经济学上因其规模性优势,短期内生产总量得到了提高,不过很快,由于激励不足,粮食产量迅速下跌。重工业是一个典型的排斥劳动的产业,创造就业的机会非常有限,因此城市无法容纳新的乡村移民,为了养活高昂的重工业以及这个行业不多的劳动力,1953年,中央出台城乡隔绝的户籍制度,严格限制人口自由流动。

---

[1] 林蕴晖等:《凯歌行进的时期》,河南人民出版社1989年版,第360—364页。
[2] 林毅夫:《解读中国经济》,北京大学出版社2014年版,第81页。

以上的种种制度安排，在今天看来似乎缺乏理性，然而在当时的条件下，却是重工业优先发展的扭曲式制度的无奈安排，有其合理性与必然性。制度安排将所有的农民集中起来，一起生产，扣除必要的余粮后，以统购统销的方式，保障城市及重工业发展的需要，甚至用于对外出口或者还债，以换取重工业的技术与装备进口。1960年中苏交恶，苏联撤走专家，逼迫中国限期还债。据有关文献记载，中国欠苏联各项借款及利息共计14亿600万新卢布（折合人民币52亿元），按照协议，这些外债应于1965年前全部还清。在毛泽东的要求下，中国最终了只用了4年的时间还清了债务，而还款的形式以宝贵的农产品和苏联急需的稀有矿产品为主。

到1978年，中国已经建立起一套比较完整的工业体系和国民经济体系，工业比重在国民经济总量中高达75%，且门类齐全。20世纪60年代原子弹爆炸成功，20世纪70年代卫星上天，国防力量和航天工业跃居世界第三位，一个贫穷落后的农业国用短短的20年时间完成了发达国家百年的历程。时任美国国务卿基辛格曾赞叹说："中国终于以世界上6个最大的工业国之一的姿态出现了。"如果用重工业和军事工业的标准来看，中国的成绩不可谓不斐然，然而付出的代价也是相当大的，大量的农民在困难时期生活极其艰苦，全国73.3%的劳动力依然还在农业部门，超过1亿人（占全国总人口10%以上）还没有解决温饱问题。

温铁军在总结中国三农问题时一针见血："三农之所以是问题，在于它向国家的工业化作了巨大的贡献。中国没有对海外掠夺的可能，它是一个半殖民地国家，因被人打而懂得自己要工业化，而工业化又没有条件按西方的方式去海外掠夺资源，只能对内提取原始积累。只要进入工业化,就绕不开原始积累,中国原始积累不能对外,就只能对三农。"

钱、人、地

三农对于推动中国工业化、城市化作出的贡献主要表现在工农产品价格"剪刀差"、廉价劳动力和土地资源三个方面。农业农村部副部长韩俊在谈及乡村振兴时指出:"强化钱、人、地三要素的供给,是实施乡村振兴战略的关键环节。"而"钱、人、地"所代表的资本、劳动力及土地正是中国三农在长时间支持工业化与城市化过程中所流淌出的"血液",乡村振兴的关键也在于让这些宝贵的"血液"重新回流。

工农产品"剪刀差"这个历史课本中的专用词汇,对于大多数人来说并不陌生,其所指的是工农产品在交换过程中,工业品价格高于其价值,农产品价格低于其价值,由这种不等价交换形成的剪刀状差距。因为中华人民共和国成立后工农产品交易缺乏市场化的机制,所以这种价值的"剪刀差"并不容易被人所察觉。改革开放以后,工农产品"剪刀差"的量化问题也一直是很多学者关注的课题之一。由于采用的理论依据、测算方法及口径等不同,不同学者对于"剪刀差"的计算结果也不尽相同,但大多数测算结果都显示,1953—1978 年农民以"剪刀差"的方式平均每年为国家工业化建设贡献的资金在 200 亿—300 亿元之间。[①] 这个数字在今天看起来并不大,但只要和当年的国家财政收入

[①] 孔祥智、何安华:《新中国成立 60 年来农民对国家建设的贡献分析》,载于《教学与研究》2009 年第 9 期。

相比，分量自然显示出来，1953年国家财政收入只有213亿元，而到1978年这个数字才刚刚突破千亿元。直到20世纪80年代中期，国家才取消"统购统销"，粮食价格才逐步实现市场化，"剪刀差"为国家工业化提供了长期的巨量的资本支持，而这项隐蔽的贡献并不容易为大众所察觉。

改革开放后，城乡劳动力流动限制逐步放松，廉价的劳动力取代"剪刀差"成为三农支撑城市经济发展的新动力。1983年，农民工数量只有200万人，而25年后的2018年这个数字达到了惊人的2.8亿人。在学术圈，学者们对农民工之于国民经济发展贡献的量化研究主要聚焦农民工为工业化、城镇化节省的资本总量。据人民大学教授孔祥智的研究报告显示，由于农民工的工资水平远低于城镇职工，平均劳动时间大大高于城镇职工，且由于农民工流动性大，企业往往不予缴纳社会保障资金等因素，使得改革开放以后，农民工以工资差额的方式为城镇经济发展节省的成本达到8.5万亿元，以社保缺位的方式节省成本3.1万亿元，两项共计金额11.6万亿元。[①] 海量的廉价劳动力，是支撑中国成为世界工厂的根本性支柱，没有这项优势，中国也无法成为全球资本的洼地，经济腾飞也就无从谈起。

土地是另外一项三农支援工业化与城镇化的重要资源。根据陈锡文等人的研究，从1961—2001年的40年里，国家共征地4 530.2万亩，从1983年后，年均征地规模都在110万亩以上，土地作为农民安身立

[①] 孔祥智、何安华：《新中国成立60年来农民对国家建设的贡献分析》，载于《教学与研究》2009年第9期。

命的根本,牺牲不可谓不大。① 然而,我国征收土地的补偿标准长期维持在较低的水平,往往以土地的农业用途价格作为标准,而土地改变用途之后发生的增值部分并没有流入农民的口袋。城镇化带来的土地征收及强制拆迁,继而引发的官民冲突与矛盾正成为近十几年来中国社会暴力的一个重要源头,其引发的广泛的舆论批评,也在促使中央及地方政府不断修正征地补偿价格机制、完善征地流程。根据有关研究,1978—2001年间,国家通过地价"剪刀差"为城市建设积累了至少2万亿元的资金。② 2000年以后,土地成为地方政府财政的收入主要来源,这个数字还在不断膨胀。2006年全国土地出让金达5 587亿元,而2017年这个数字快速扩张10倍达到了5.1万亿元。显性的土地财政现象引发了社会各界的关注,然而无论是学界还是媒体圈都对土地财政普遍持负面态度。对土地财政的批评主要聚焦在三点:一是地方政府追求土地出让的冲动持续推高房价,高企房企让中产阶级苟延残喘,让农民工等低收入人群"想做房奴而不可得"。青年作家韩寒曾批评高房价扼杀青年人梦想,绑架普通民众幸福,甚至激进地呼吁"房地产先垮掉,年轻人才会有幸福"③。二是暴力拆迁持续制造官民冲突,农民失去生存依靠又难以获得合理的补偿。三是土地财政收入不稳定,很难纳入科学的预算管理,地方政府领导人的个人意志往往起到较大作用,因此带来的城市建设的主观性常会引发负面议论。然而,还有一部分声音试图为土地财政正名,厦门规划局原局长赵燕菁指出土地财政

---

① 陈锡文、赵阳、罗丹:《中国农村改革30年回顾与展望》,人民出版社2008年版,第192页。
② 陈锡文:《资源配置与中国农村发展》,《中国农村经济》2004年第1期。
③ 参见韩寒在厦门大学的演讲《城市让生活更糟糕》。

的本质是城市基础设施的融资模式,市政、道路等城市基础设施的投资巨大,而中国土地财政的收入相当一部分用于基础设施建设,这大大地推进了城市化建设进程。① 贺雪峰则进一步明确中国城市基础建设主要依靠土地财政收入,城市基础设施建设的投资大概占到全部土地财政收入的70%,甚至更多。② 除了基础设施的投入,土地财政的收入还保证了中国制造业的竞争力,正是因为土地财政的充裕,使得地方政府有条件以极低价格出让工业用地,催生出制造业的低成本优势,从而构建出"地生钱—钱促进城市发展—城市扩大、美化、竞争力增强—城市进一步扩大—再征地生钱—再发展扩大城市……"的良性闭环。土地征用过程中的"涨价归公"使得土地增值收益上交地方政府,但正是这样的制度安排,使得中国没有形成一个庞大的土地食利集团,相反,这部分收入为中国经济、为外来资本提供了较好的赢利基础与环境,大大地提升了中国经济的竞争力,使得中国有条件加速城镇化进程,推动经济起飞——土地财政也是"中国模式"的隐秘核心之一。

"三留"人群的苦涩

2009年,中国农民工这个群像首次作为封面人物登上美国《时代周刊》,后者赞叹中国农民工这支庞大的迁徙大军为中国经济腾飞、带动全球走出金融风暴所发挥的巨大贡献。每年春节,超过30亿人次的劳动大军在广袤的中国大地上迁徙,其规模之大,相当于将非洲、欧洲、

---

① 赵燕菁:《土地财政:历史、逻辑与抉择》,搜狐财经,2014年。
② 贺雪峰:《地权的逻辑Ⅱ——地权变革的真相与谬误》,东方出版社2013年版,第111页。

美洲和大洋洲的总人口搬一次家。春运是一次情感的大熔炉,它混合着一年辛勤劳作后的疲惫、期盼家庭团圆的激动与雀跃、舟车劳顿的艰辛,以及甜蜜团聚后别离的忧伤与无奈。春运描绘出人类历史上最宏大的流动图景,也夹杂着古老又现代的中国最难言的时代滋味。

在中国这场史无前例的人口流动背后,还隐藏着一个并不为媒体广泛报道的群体,这个群体与艰辛坎坷的农民工群体一样,饱尝着生活的无奈与苦涩,他们就是驻守在中国农村的留守儿童、留守妇女和留守老人,统称"三留"人群。失血的农村犹如一根被"切开的血管",在城市与乡村的二元分割现状之下,一边是城市务工人员在生存压力下的艰辛与坎坷,另一边则是他们留守在农村的家人同样沉重而苦涩的生活现实。不论是去城里务工的青壮年劳动力,还是留守乡村的儿童、妇女和老人,都同样背负着巨大的生活与身心压力。

留守儿童长期缺乏父母照顾,在生活中面临生活无保、学业失助、品行失端等成长风险。根据教育部的数据统计,2013 年中国留守儿童的数量有 6 000 万人。[①] 留守妇女常常要承受"劳动强度高""精神负担重""缺乏安全感"这三座大山,同时夫妻生活的缺位也使得婚姻存在较大隐患。据有关数据统计,2017 年中国留守妇女的数量高达 4 700 万人,相当于整个韩国的人口。子女的外出使留守老人缺少经济供养、生活照料和精神慰藉,农业生产、照看孙辈、人情往来等往往都压在了留守老人的肩头,使得老人生活处境难上加难,根据民政部的数据统计,2016 年中国留守老人数量还有 1 600 万人左右。

[①] 参见中华全国妇女联合会《中国农村留守儿童、城乡流动儿童状况研究报告》,2013 年。

读懂乡村振兴：战略与实践

人们很容易把矛头对准城乡二元结构，批评其是导致中国城乡问题的罪魁祸首。然而，越来越多的研究表明，城乡二元结构已经从一个"剥削型"结构转向"保护型"结构。贺雪峰指出："维持保护型的城乡二元机构，使得广大农民在市场经济中进可攻退可守，不仅对农民的利益保障意义重大，而且有利于维护社会结构的弹性，对农村的社会稳定和国家的经济发展具有战略性的价值。"[1]据温铁军等人的研究，1949年后历次的危机表明，广大的农村已经成为中国劳动力的蓄水池与现代化的稳定器，当城市危机爆发时，巨量的农民工群体像潮水一般退回农村，农村像一张巨大的海绵将这汹涌的潮水完美地吸纳，将危机的冲击力降至最低，而当危机过去，劳动力潮水重新回归城市，完成危机的有效拆解。

加快农民工的户籍化一直是我国新型城镇化的着重发力点，农民工与"三留"人员的进城落户进程也一直在稳步推进。然而，从长期来看，我国依然面临大国崛起的多种外部风险，"修昔底德陷阱"[2]似乎难以避免。全球经济脱实向虚、泛金融化的趋势愈发明显，"三年一次小危机，十年一次大危机"，经济危机发生的频率不断加快，愈发开放的中国面临着外部危机输入的长期性挑战。在中国经济仍然处于爬坡向上的关键阶段，在现有财力难以维持全民兜底保障的现状下，决策者绝不会激进地打破城乡二元结构，而是逐步削弱二元结构的"剥削性"，强化其对三农的保护功能。在相当长的一个时期内，农村这个中国劳动力

---

[1] 林辉煌、贺雪峰：《中国城乡二元结构：从"剥削型"到"保护型"》，载于《北京工业大学学报（社会科学版）》2016年第6期。

[2] "修昔底德陷阱"，指一个新崛起的大国必然要挑战现存大国，而现存大国也必然会回应这种威胁，这样战争变得不可避免。此说法源自古希腊著名历史学家修昔底德，他认为，当一个崛起的大国与既有的统治霸主竞争时，双方面临的危险多数以战争告终。

的最大蓄水池功能仍然会得到不断加固,其应对现代化危机的防护网作用也会得到不断加强。

当全世界都为中国的快速现代化而惊叹之余,很少人能意识到三农在背后所作的贡献与牺牲。世界工业化、城镇化的一般规律昭示,当中国不具备先发资本主义国家对外掠夺资源、转嫁危机的能力时,只能以农业资源来支持工业优先。

三农的困境实则是现代化之殇,理解三农困境的来由,理解三农为中国现代化所作出的巨大贡献与牺牲,无疑是推进乡村振兴工作的必由起点。

蓄水池与稳定器

中国独特的城乡二元结构帮助抵御了经济危机,城乡之间的劳动力流动是双向的,农民工能借助小农经济来躲避危机,这也是中国经济具有非常强大的、外人难以想象的弹性的根本原因。

——仇保兴[①]

2008年11月一个阳光明媚的下午,河南省太康县板桥镇后席村,30岁的村民席树鹏和他的妻子从广东打工返乡了。2009年的农历春节还在2月份,在村民眼里,这个时间点返乡似乎要比往年提早了不少。不过,眼下提早回乡的可不仅仅是席树鹏这一对夫妇,放眼2008年的凛冽寒冬,中国有1 000万农民工早早地收拾起他们的沉重行囊,踏上了返乡的征程。

就在那一年,一场发自美国的金融危机席卷全球。随之而来的是欧美消费市场的迅速萎缩,直接影响到了中国这个已经开足马力生产多年的世界工厂,沿海外贸型工厂大量的对外订单被取消,接着便是数量惊人的裁员。

时任中央农村工作领导小组办公室主任的陈锡文说,因为2008年

[①] 国务院参事,住房和城乡建设部原副部长。

蓄水池与稳定器

的全球金融危机,中国 1.3 亿外出打工的农民工中,大约有 15.3% 也就是将近 2 000 万农民工失去了工作。他强调,金融危机所引发的农民工失业潮可能会加剧社会矛盾,诱发群体性事件,要防患于未然,未雨绸缪。①

席树鹏之前在广东汕头的一家新能源电子科技公司工作已经有一些年头了,他的月收入将近 2 000 元,妻子也在当地打零工,月收入也有 1 000 多元。除了每月的基本日常开销,夫妻俩手头基本宽裕,还有余力给老家的父母寄一点钱。在席树鹏眼里,这样辛勤但不失希望的日子会一直延续下去,直到有一天工厂通知他,他被裁员了。

在后席村,像席树鹏这样的返乡农民工不在少数。坐在村口晒太阳的老人说,不论是在沿海的大城市工作的,还是在北方当建筑工人的,村里大多数青壮年都大包小包地回乡了,村里又开始变得热闹了。后席村是中国劳动力输出第一大省河南省的一个再普通不过的村庄,全村 2 000 多亩地,和绝大多数中国农村"人均一亩三分,户均不过十亩,土地七八块"的基本情况一样,后席村的人均耕地面积只有 1 亩左右,辛辛苦苦地种上一年地,1 亩地的纯利润也只有几百元,难以支撑一个家庭的存活。前几年,大量的劳动力外出打工,土地闲着也是闲着,这些人就把土地借给了村里人种,换点粮食作为租金,而这些留守的种田大户因为扩大了种植面积,收入翻了翻,生活水平也提升了不少。可如今,这些外出的劳动力纷纷丢了工作而返乡,借出去的土地都在酝酿着要回来。席树鹏说:"我想去做点小买卖,可银行不会贷款给

---

① 参见陈锡文在 2009 年 2 月 2 日国务院新闻办新闻发布会上的发言。

我,种地虽不赚钱,但至少饿不死。"①回乡不久,他就把自家包出去的地要了回来,和席树鹏一样,后席村的很多返乡农民工都意识到了土地的重要性,只要自家一亩三分地上能长出粮食和蔬菜,生活的成本就会大大降低,否则连吃的都要去街上买,生活的压力就要大得多。

"阿拉伯之春"

如果说这场发自美国、席卷全球的金融危机,瞬间把很多普通人的生活推向了深渊边缘的话,那么,美国之后推行了长达6年的量化宽松政策则把全世界大多数发展中国家"放在了火上烤"。美国为了走出危机,凭借美元的国际基础货币优势,强行开闸放水,推动货币的量化宽松,在导致美元持续贬值的同时,将巨大的通货膨胀风险转嫁给发展中国家。量化宽松引发了全球初级产品价格的大幅度上涨,特别是能源、食品、原材料等大宗商品,这对于一些经济结构单一、粮食需要大量进口的发展中国家来说,无异于迎头一击。

失业后还有一块土地的席树鹏,在危机度过之前,还能勉强维持生存,相较于他,北非的突尼斯青年穆罕默德·布瓦吉吉就没有那么幸运了。1984年出生的布瓦吉吉,出生在突尼斯西迪布吉德的一座小镇上,从小失去父亲、家境贫困的他十几岁就被迫开始工作,由于学历不高、工作难找,布瓦吉吉只能沿街摆摊卖水果以供养母亲以及弟弟妹妹生活。布瓦吉吉每月能赚取大约140美元,除了要负责一家日常开销,还得供一个妹妹上大学,生活捉襟见肘。2008年之后,美国的量化宽

---

① 参见《财经》杂志总第229期,2009年1月19日。

松政策将大量的廉价美元推进世界市场,大大地推高了发展中国家的生产生活成本,加剧了通货膨胀与高失业率。2010年,突尼斯的失业率一度达到了30%,物价的飞涨让布瓦吉吉每月140美元难以支撑家庭1个月的基本开销。为了维持经营,他以欠债的方式买下了200美元的货品。然而祸从天降,在布瓦吉吉设好摊位不久,警察就以街头摆摊违法的理由,没收了他的所有货品,当地的一位女性市政官员与两名警察还一同殴打了布瓦吉吉。在阿拉伯国家,遭受女性侮辱无疑加重了事态的严重性,受到侮辱的布瓦吉吉前往地方政府驻地投诉,告官无门后,愤怒的布瓦吉吉一气之下选择了自焚。

布瓦吉吉的死激起了突尼斯人长期对失业率高涨、物价飞涨以及政府腐败的愤怒,居民纷纷走上街头,与警察发生正面冲突,引发了大规模的骚乱与社会动荡。执政23年的总统本·阿里在骚乱爆发后的29天就草草出逃国外,这就是突尼斯的"茉莉花革命"。

布瓦吉吉的死成为一根导火索,点燃了整个阿拉伯世界革命的火种,成为"阿拉伯之春"运动的起点。埃及、利比亚、阿尔及利亚、叙利亚等国家相继发生抗议运动或革命政变,整个阿拉伯世界陷入巨大的动荡之中。多年之后,埃及总统塞西曾经总结"阿拉伯之春"给各国带来的灾难性损失:超过140万人死亡,1 500多万人沦为难民,基础设施的损失高达9 000亿美元。①

很多西方媒体简单地把"阿拉伯之春"意识形态化,将其归结为"颜色革命"或是"民主革命",但也有一部分声音认为北非街头政治的出现,根源在于高通胀和高失业,运动的发生不具备政治诉求也没有强有

---

① 参见埃及总统赛西于2018年1月17日的公开演讲,俄罗斯卫星通讯社报道。

力的领导者,而是整个社会不满情绪的集中爆发。高通胀和高失业的背后,是2008年国际金融危机的延伸与蔓延,是美国通过量化宽松向发展中国家转嫁危机的直接结果。

保护型城乡二元结构

2008年全球经济危机给中国经济带来了巨大的冲击,超过5 000万个工作岗位消失,2 000万农民工失业,巨大的失业群体无论放在哪一个国家,都恐将引发巨大的社会动荡。然而,中国并没有爆发大规模的社会危机,2 000多万失业人口像一波潮水悄无声息地回流到了中国广袤的农村。住建部原副部长仇保兴曾说,正是中国独特的城乡二元结构帮助抵御了经济危机,城乡之间的劳动力流动是双向的,农民工能借助小农经济来躲避危机,这也是中国经济具有非常强大的、外人难以想象的弹性的根本原因。[①]

中国城乡二元结构,一直是一个被指责与批判的词汇,因为自中华人民共和国成立后,城乡二元结构就是一个带有明显"城市偏向性"和"农村剥削性"的结构。1949年后,城市工业优先发展的战略要求三农无条件予以支持,工农产品的剪刀差为工业发展提取了大量的三农剩余,为工业化发展实现了原始资本积累,为此,三农付出了惨痛的历史代价。改革开放以后,城市化进程大大加快,农民工进城务工、城市周边大量土地的征用等意味着资本、劳动力、土地等三农资源要素源源不

---

① 参见CCTV2《中国经济大讲堂》2018年4月12日节目《仇保兴:城镇化,我们如何规避误区?》。

断地流入城市,进一步加剧了城乡二元结构,"农民真苦、农村真穷、农业真危险"的三农问题随之浮出水面。

2000年以来,随着国家不断推出各项惠农政策,包括取消农业税费、新增农业补贴、农民工自由进城务工以及户籍制度的不断放开等,带有"农村歧视"倾向的城乡二元结构逐步在消解。贺雪峰认为中国城乡二元结构正从"剥削型"向"保护型"转变,维持"保护型"的城乡二元结构,能使广大的农民在市场经济中"进可攻退可守",不仅保障了弱势农民的利益,更维护了社会结构的弹性,对于农村的社会稳定和国家经济发展具有重要的战略价值。

知青上山下乡

回顾中华人民共和国成立后的城乡关系史,我们发现,中国特有的城乡二元结构在历次城市经济危机爆发时,多次充当了过剩劳动力蓄水池的角色,使得每一次经济危机所产生的失业人口都在农村快速及时地消纳,避免了社会动荡,成为中国顺利渡过历次危机的稳定器。

"美丽的西双版纳,留不住我的爸爸,上海那么大,有没有我的家……",多年前,一部名叫《孽债》的电视剧,勾起了一代人的共同记忆。这部改编自作家叶辛同名小说的电视剧,讲述了5个孩子从西双版纳到上海寻找自己亲生父母的故事。电视剧以知识青年上山下乡为背景,一经播放就引发了轰动,拥有下乡经历的叶辛曾经感慨:"当年仅上海的知青就有100多万人,这个群体是如此的庞大。"[1]《孽债》是属

---

[1] 参见《孽债:作者叶辛计划写更多有思想性的知情故事》,东方网2013年。

于上山下乡一代人的集体回忆,无论这段回忆是苦涩的、回甘的,还是难以言说的,里面都储藏着这一代人曾经艰难的生活、凄美的爱情和无悔的青春。

越来越多的研究证明,这一场人类文明史上规模最大的知识型人群迁徙的运动肇始于经济与就业原因。

知青上山下乡开始于 20 世纪 50 年代,由于百废待兴的中华人民共和国初等教育的比例远大于高等教育,毕业的中小学生逐年增多,因为无法进入大学深造,城市就业机会也不足,这部分学生群体的就业逐步成为亟须解决的一个社会问题。于是,国家开始号召家在农村的中小学毕业生高高兴兴返回家乡,参加农业建设,又动员城市的年轻毕业生下乡。在决策者看来,农村与农业吸纳过剩劳动人口的能力要远远超过城市。此外,苏联的成功经验也给了决策者信心:在 1954 年大规模的垦荒运动中,苏联一改以往移民开荒的办法,而是鼓动城市青年下乡垦荒。27 万苏联青年下乡,不仅一举解决了城市剩余劳动力的就业问题,而且消除了粮食短缺。

以重工业优先的发展战略以及单一公有制的经济体制,是决定中国城市经济难以吸纳较多就业人口的另外一个重要原因。重工业与轻工业相比,具有资本密集度高、投资回收期长、吸纳劳动力功能弱等特点。20 世纪 50 年代,刚从抗美援朝战争中缓过来的中国,考虑到地缘政治与国家安全的迫切要求,大量引进苏联外资与技术,不得不维持以重化工为特征的"输血型经济",就此艰难地开启了工业化之路。50 年代末,由于中国坚持领土完整和主权独立,开始寻求摆脱苏联的控制,中苏的"蜜月期"很快走到了尽头。伴随着苏联大规模外部投资的撤出,以重工业为主的城市经济难以为继。与此同时,随着单一公有制取代多种所有制经济,特别是个体经济被当作"资本主义尾巴"割掉,原先通过个体经济、小集体经济就业的渠道被堵死。1960年,中国经济出现了负增长,财政赤字危机爆发,城市经济进入萧条阶段。1962年,城市就业人口从1960年的1.3亿人陡然大幅下降至4537万人,8000多万的城市失业人口短时间内出现,城市就业危机爆发了。

20世纪60年代初,上山下乡成为党和国家的一件大事。农村不仅仅成为吸纳城市失业人口的庞大蓄水池,更要为城市工业化提供更多的资源输出。1965年,周恩来提出:"知识青年上山下乡是一个长期绵延不断的工作,其目的是要使城乡结合起来,工农业结合起来,体力劳动和脑力劳动结合起来,将来是要使这三大差别逐步减少、消失。"

1968年,毛泽东发出关于"知识青年到农村区,接受贫下中农的再教育,很有必要"的最高指示,上山下乡运动迎来第一波高峰,仅1968、1969年两年,就有超过460万知识青年上山下乡。而在这第一波高峰的背后是城市经济的进一步恶化,随着外部地缘政治环境的严峻,1965年开启的"三线建设"将全国基建资金的一半用于战略大后方的建设,这项客观上只是国家产业资本纵向平移的战略调整,加剧了政府的财政赤字,除了兵工厂和三线建设,城市人口很难找到就业岗位。1966年"文化大革命"爆发,此后的几年内,城市生产力集聚下降,粮食减产、工厂停工,城市吸纳就业人口的能力持续降低,加上招生考试中断,超过400万人无法进入大专院校的老三届学生大量积压在城里。伴随着越来越多的失业人口,充斥着饥饿、狂热以及混乱的城市像一口通红憋闷的热锅,随时都有炸裂的危险。1968年4月,中央正式提出"四个面向",即发动城市过剩人口"面向农村、面向边疆、面向工厂、面向基层"导引分配,给城市释放压力。之后的几年内,城市青年下乡的规模保持在每年100万人左右。1970—1972年,全国进入了新一轮的经济发展过热期,基本建设投资规模超过了国家的财政承受能力,新一轮的城市经济危机又爆发了。随之而来的1973年的通缩措施调整,中央提出严控职工总数增长,3年内不招工。于是,从1974年开始,新一轮的知青上山下乡高潮又开启,仅1975年一年,人数就高达250万左右。

在艰难的工业化发展之路上,中国付出了巨大的成本与代价,三农则在其中扮演了现代化稳定器与劳动力蓄水池的角色。在以城市为载体的现代化发生危机之时,高度组织化、集体化、人民公社化的三农组织,打开了城市过剩人口疏解的大门,吸纳了超过2 000万的城市被排斥人口,消除了大规模社会动乱的隐患。

以中国经验横向比对巴西、印度等发展中国家,这些国家的土地过度地集中在少数人手中,城乡劳动力的流动呈现出单向化而非弹性的双向化,农村由此丧失了劳动力蓄水池的天然功能。城市危机一旦爆发,无法将失业人口导入三农,危机就在城市硬着陆,由此产生出贫民窟这样的城市肿瘤,失去土地基本保障的城市贫民亦成为永远无法消除的社会动荡因子,等待着下一轮危机的到来。

输 入 型 危 机

肇始于20世纪50年代中期,直至70年代末改革开放结束,历经20多年、总计约2 000万人的知识青年上山下乡运动,是中国历史上极其特殊的一次庞大的知识型群体的大迁徙,这与几十年后,中国大地上出现的另一波规模更大的农民工群体的大迁徙,形成了独特的对比,两者构成了中国现代城乡大规模人口对流的奇特图景。

改革开放前30年的中国农村是一个以高度组织化、集体化的人民公社为细胞的有机体,"大锅饭"的利益分配机制,使得城市失业人口下乡成为可能,此外,高度政治化的社会环境以及毛主席独一无二的号召力也是促成城镇化人口逆向流动的必要条件。

然而,到了20世纪80年代初,随着以"包产到户"为特征的"土地小农化回归"取代"大锅饭"的人民公社制,宣示了农村组织失去了新增外来人口所需的弹性,城市失业人口也就丧失了回归三农的原有条件。20世纪90年代初,以三大赤字引发高通胀为特征的经济危机再度来袭,以朱镕基为首的中央政府大刀阔斧推进系统性改革。其中以"下岗分流、减员增效"为抓手的国有企业改革催生出了千万级的城市失业人口,并带来了巨大的社会动荡风险,然而这次危机已经不具备向农村转移过剩劳动力的土地层面的基础条件,因此,中央政府只能系统性推出包括汇率改革配套出口导向战略、分税制改革、城市化战略配套开放房地产市场等在内的一系列改革举措,借助大力度的经济结构调整,解决经济长远发展与近期就业问题。温铁军在归纳中国60年历次经济危机转嫁规律时指出:"凡是能向农村直接转嫁危机代价的,产业资本集中的城市工业就可以实现软着陆,原有体制就能得到维持;凡是不能向农村直接转嫁的危机,就在城市硬着陆,并引发国家的财税制度乃至经济体制的重大变革。"[①]

20世纪90年代以来,作为中国经济"三驾马车"之一的外向型出口战略浮出水面,物美价廉的中国制造随即远征欧美,催生出中国的新一波经济繁荣,大量的农民开始离土离乡,进城兼业。而另一驾马车,

---

① 温铁军:《八次危机》,东方出版社2013年版,第18页。

以基础设施建设及房地产开发为主要特征的城镇化，则进一步推动了广大的农民从土地中剥离出来。诺贝尔经济学奖得主斯蒂格利茨曾预言，中国的城镇化将成为影响21世纪全球的最重要的两件事之一，这个颇受第三世界尊重的经济学家解释道，中国的城镇化将给中国经济带来5亿的巨型劳动力增量，相当于美国、欧盟和日本劳动力的总和。

中国城镇化的主力，就是农民工。农民工，这个最早夹带着尘土与歧视的字眼，这个从千年中国传统小农土壤里走出来的、规模庞大的群体，已然成为当下城乡流动人口的主力军。截至2017年，这支队伍的数量已达2.87亿人，几乎相当于美国的全国总人口，两倍于日本的全国总人口。2017年，中国的常住人口城镇化率为58.5%，户籍人口城镇化率只有42.3%，而其中的差距就是这支游走在城乡之间的巨大群体。

2014年《国家新型城镇化规划》出台，提出加快户籍改革，促进农民工融入城镇，推进农民工的市民化，成为新型城镇化的核心。城市拥有更多的就业机会，更好的教育、医疗等公共服务水平，然而并非所有农民工都愿意放弃农村户籍，最主要的原因就是农村户籍在土地产权上拥有的特殊权力，即农村承包地的承包权和农村宅基地的权力。这样的农民工群体主要包括两类：一类是大中城市周边的生活条件相对优越的农民工，其所拥有的承包土地及农村房产所代表的价值也更高，这类人群既能享受到城市的便利，又占有农村户籍的特权；还有一类是难以融入城市的农民工，他们的工作具有临时性，扎根城市的能力弱，一旦风险来临，最早失业的人群就是他们，就算拥有城市户籍，他们也很难在城市拥有体面的生活。贺雪峰认为，当下的中国城乡二元结构已经不是制约城镇化的主要障碍，相反，实际上已经变成保护性结构，土地对于农民实际上是基本保障和社会保险。激进地推进城镇化,让农民工失去土地,只会打碎这个弱势群体的最后生存保障,产生巨大的社会动荡风险。

2008年的经济危机属于输入性危机,失业的主体是原本就以农业为生的农民工,这些在农村拥有一亩三分地的兼业农民很容易就能通过返乡来躲避危机潮,等危机过后,再伺机返城寻找工作。

席树鹏所在的河南省,是中国第一人口大省,也是劳动力输出的第一大省。2008年的河南转移输出劳动力2 100万,其中900万人在河南省内务工,1 200万人在省外寻找就业机会,农民工人数占到了全国农民工总量的1/10。2008年的12月,和席树鹏一样,河南回流的农民工数量急剧增长,超过了370万人,其中的大多数都是因为经济危机丢掉了工作。在河南,人均1.1亩耕地的现状,虽然能给一部分农民工提供最底线的生存保障,但大多数农民工在失业后并不愿意重操旧业,特别是20世纪80年代出生的新一代农民工,由于习惯了城市生活,且没有务农经验,在很多地方政府眼中,如果外部危机长期盘桓,这个"农二代"群体可能会成为乡村治安恶化的最大隐患。

2008年11月,中央政府以霹雳手段推出总额高达4万亿的经济刺激计划,大部分投向铁路、公路、机场等交通基础设施、农村民生工程和农村基础设施建设、保障性安居工程等方面,其中涉农投资超过了1/3,吸纳了大部分失业农民工再就业。到2009年3月,河南省失业的300多万农民工中,就有200万人顺利转移就业。4万亿迅速稳定了快速下行的经济势头,保住了平稳的经济局面,解决了大部分失业的农民工再就业问题,将社会不安消除在了萌芽阶段。

蓄水池的修复

历史上的危机处理经验,让中央政府与决策者看到了三农在危机过渡中扮演的重要角色,未雨绸缪地推出"蓄水池"修复的各项措施。

2000年国家开始在江西试点取消农业税,2006年取消了农业税,这项延续了数千年的第一税赋进入了历史。农业税赋取消的背后,一方面是因为农业税在整体税收结构中比重的不断降低,2003年比例已不到1%,另一方面农业税征收成本高昂,税钱甚至抵不上税务部门的各项开支。

2005年,胡锦涛在中共十六届五中全会上指出,中国社会主义进入"工业反哺农业、城市支持农村"的历史新阶段,工业与农业、城市与农村协调发展是建设和谐社会的必然要求。十六届五中全会正式提出建设"社会主义新农村",经过多年发展,中国98%的行政村实现了五通(路、电、水、宽带和电话),乡村的基础设施条件得到了极大改善,这为乡村创业与内需提振搭建起新平台,农村成为"鸡犬之声相闻,微信群里往来"的新世界。

2008年以后,为应对全球经济危机,中央持续加大对三农的支持力度,2011年中央财政三农支出历史性超万亿。此后,"美丽中国""美丽乡村""一二三产业融合""特色小镇""田园综合体"等新概念、新理念层出不穷。2015年,脱贫攻坚战的号角吹响,目标直指2020年所有贫困地区和贫困人口一道迈入全面小康社会。2017年,习近平提出乡村振兴战略,要求"坚持重中之重战略地位,切实把农村农业优先发展落实到实处",将三农问题解决提升到一个新的历史高度,到2050年,乡村全面振兴,农业强、农村美、农民富的目标全面实现。

中央持续加大三农扶持力度的结果,是农村蓄水池功能的不断完善、农村创业环境的提升,以及乡村内需市场的进一步打开。截至2017年,已有500万农民工回乡创业,这一数字还将继续扩大,农民工返乡就业创业正构成当下逆城市化的一道新风景。农村基础设施的提升、城乡收入的不断缩小,亦打开了农村久违的内需市场。

乡村：中国最大的存量内需

中国的核心力量在于其日渐成长的消费社会。真正可以促成中国改变整个世界格局的是其庞大的消费市场，而非其他因素。这些年来，中国开始加速成为区域乃至可以和美国博弈的世界经济重心，其主要原因就是中国的消费水平。

——郑永年[①]

史蒂夫·班农，这个号称"影子总统"的极右翼分子，此前一直担任白宫的首席战略师。在2017年12月日本东京一场广受关注的演讲中，他把炮口对准了中国。班农指责中国抢走了美国人的工作，且中国的出口过剩使得美国中西部的工业地区被掏空。[②] 曾经担任过高盛公司洛杉矶分部副总裁的"华尔街人"班农对华尔街的一套把戏自然熟稔于心，然而精明的他并不会得罪后者，因为正是华尔街所代表的美国金融垄断资本，在第二次世界大战以来的全球产业重新布局中赚取了超额垄断利润。班农需要的是一个替罪羊，它就是快速崛起中的中国。他叫嚣，未来与中国的经济战将是美国面临的第一挑战，如果10年之

---

① 浙江余姚人，中国问题专家，现任新加坡国立大学东亚研究所所长。
② 参见《班农：偏执且疯狂的"冷战活化石"扭曲中美战略关系的努力注定徒劳》，《光明日报》2019年5月16日。

内无法遏制中国的崛起,美国将丢失全球的统治地位。

班农的言论引发了国内舆论的普遍关注,清华大学教授孙立平判断,"班农主义"是理解美国战略思想变动脉络的一把钥匙,中美关系也许会像班农指导的纪录片《零时代》的结束语一样,"历史是季节性的,凛冬将至"。

一语成谶,虽然特朗普将狂妄不羁的班农踢出了领导班子,但"班农主义"却保留了下来。2018年以来,特朗普挥舞贸易保护大棒,将矛头指向了中国,中美贸易争端一触即发。习近平曾言,中国应努力避开两大陷阱,一是"中等收入陷阱",二是"修昔底德陷阱"。他说世界上本无"修昔底德陷阱",但大国之间一再发生战略误判,就可能自己给自己造成"修昔底德陷阱"。事实证明,从奥巴马、希拉里时期的高调"重返亚太"到特朗普时期的"班农主义",世界老大对老二的遏制一以贯之,而中美关系的"压舱石"经贸往来将首当其冲。

2007年美国次贷危机爆发,继而引爆全球经济危机,影响波及广大新兴市场国家,中国的外贸一落千丈,自此中央政府意识到逐步减少对外部市场依赖的必要性,提升内需在经济增长中的比例逐步成为战略调整的主要方向。中国问题专家郑永年曾言,"中国的核心力量在于其日渐成长的消费社会。真正可以促成中国改变整个世界格局的是其庞大的消费市场,而非其他因素。这些年来,中国开始加速成为区域经济重心乃至可以和美国博弈的世界经济重心,其主要原因就是中国的消费水平。"[①]郑永年的期望正逐步转为现实,国家发改委副主任连维良指出,2017年我国经济增长中内需的贡献比重已经超过90%,贸易

---

① 参见郑永年:《美国最怕中国成长为消费社会》,载于《参考消息》2018年8月8日。

依存度下降到33％,低于42％的全球平均值,而对美国的2000亿元外贸只占到我国出口总量中的8.8％,风险总体可控,未来中国将进一步扩大内需、促进高质量发展来应对冲击。诚如斯言,中国的区域差距、城乡差距都是投资内需的重要发力点,而农村的广阔天地所蕴含的潜力还远远没有释放,《乡村振兴战略规划(2018—2022)》中指出,全面建成小康社会和全面建设社会主义现代化强国,最艰巨、最繁重的任务在农村,最广泛、最深厚的基础在农村,最大的潜力和后劲也在农村。

如果按照经济主要驱动力来划分,我们可以把改革开放40年大致分成三个阶段:

第一阶段为改革开放初期到20世纪90年代中期。经济的主要驱动力来自于内需,这是一个典型的"供不应求"的年代,在经历了漫长的物质匮乏的年代之后,工厂终于可以开足马力搞生产,生产什么就能够卖掉什么,内需扩张快,物价不断上涨。

第二阶段为20世纪90年代中后期到2008年全球经济危机爆发。1994年国务院采纳了由吴敬琏等人提出的整体配套改革方案,围绕价格、财政和税收三大主题,实施了一系列重大变革。其中"三驾马车"尤为引人注目:一是大幅贬值人民币,从内需转向外需,开放外贸的进出口自主权,打造世界工厂;二是刺激内需,开放房地产市场;三是加大投资力度,发行国债以启动城市化建设。这个阶段的主要驱动力来自外需和投资的并举。

第三阶段为2008年至今。随着主要外部市场即西方发达国家的消费萎缩,中国意识到经济的长期增长不仅仅要依赖外部市场,还要依赖于内需,打造消费型社会、创新型社会才是保障经济长期稳定增长的根本。国家一方面开拓外部需求市场,提出"一带一路"倡议,另一方面持续推动区域平衡战略,促进东北、中部及西部的振兴与发展,与此同时,提出乡村振兴战略,以此作为三农工作的总抓手。这个阶段的外需驱动力逐步减弱,投资驱动依然强劲,创新驱动被提上日程,扩大内需成为根本动力。

中国最大的存量需求在农村

林毅夫曾言:"目前我国最大的存量需求在农村。"林毅夫早年曾追随诺贝尔经济学奖得主西奥多·舒尔茨攻读农业经济博士,他以准确预测中国增长奇迹而知名。林毅夫在1994年出版的《中国的奇迹》一书中大胆预测,到2015年按平价购买力计算,中国的经济规模将赶上美国,按市场汇率计算,中国将在2030年赶上美国。这两项大胆的预测,在当年无异于天方夜谭,而如今前项预测已经被验证,而后项也已成为学界的共识。

林毅夫一直看重中国广大农村所蕴藏的巨大消费潜力,他从需求侧角度判断中国的存量需求主要来自四个方面,即外国企业的投资需求、私人企业的投资需求、城市里的消费需求以及农村里的消费需求,而农村里的消费需求将是当下以及未来中国最大的存量需求。

1997年亚洲金融危机爆发,中国随之陷入生产能力普遍过剩和通货紧缩的困境。一方面,由于外需缩减,城市企业普遍开工不足,城市吸纳农村转移劳动力能力减弱;另一方面,"离土不离乡"的乡镇企业普遍受到冲击,大量企业停工破产,农村劳动力被迫回流至农业。为了寻求新的经济增长空间,林毅夫从1999年开始提出改善农村基础设施的"新农村运动",而这项建言终于在2005年被采纳,国家由此正式提出

"社会主义新农村建设"。时任国务院总理的温家宝曾评价社会主义新农村建设是一招活棋,这一步走好了就能够带动内需和消费,从而使中国的经济发展建立在更加坚实的基础上。

一组 2002 年的数字或许可以阐释中国农村的消费潜力。2002 年中国的农业人口比重高达 57%,而农村的耐用消费品消费水平和城市相比差距巨大。城市每百户居民拥有 120 台彩色电视机,而农村只有 60 台;城市每百户居民拥有电冰箱 81.9 台,农村只有 14.8 台;城市每百户居民拥有洗衣机 92.9 台,农村只有 31.8 台。[1] 林毅夫认为导致农村消费水平低的主要原因不仅仅在于农民收入水平低,还在于农村的基础设施和配套服务设施供给不足,比如自来水设施的供给不足导致了农民不愿意购买洗衣机,而农村地区的电费贵导致了电冰箱消费意愿低等,这就是所谓的"买得起马,买不起鞍"的现象。

1999 年,国家统计局和北京大学联合出具的一份调研报告分析,农村电价每调低一毛,对彩色电视机需求的刺激作用相当于农村人均纯收入增加 370 元,对电冰箱需求的刺激作用和洗衣机需求的刺激作用则分别为 667 元和 909 元,显然基础电价的调低将会引发农村家用电器的消费高潮。国家发改委产业研究所所长马晓河说:"农村潜藏着巨大的投资和消费空间,简直可以说是'饥渴',用'给点阳光就灿烂'来形容最恰当不过,一条乡村道路建设可以带来村民购买摩托车的热潮,村村通电、通水、通电视等可以大大带动农民对电视机、洗衣机、电冰箱的消费。"[2] 事实证明,这种判断是正确的。2004 年,中共中央国务院推

---

[1] 林毅夫:《解读中国经济》,北京大学出版社 2014 年版,第 216 页。
[2] 参见《建设社会主义新农村,农村是拉动内需被忽视动力》,载于《瞭望新闻周刊》2005 年 11 月 21 日。

出"两减免、三补贴"(农业税、农业特产税的减免及对种粮农民的直接补贴、良种补贴和大型农机具购置补贴)的一系列惠农措施,农村消费数据飙升。2000—2003年,我国县及县以下农村市场消费品零售总额每年增加量只有1 000亿元左右,而在2004年增加量就翻番达到2 312亿元。2011年之前,我国城镇消费品零售总额增速一直快于乡村,而最近几年,借助于乡村基础设施的不断完善以及消费潜力的打开,乡村消费品零售总额的增长率开始逆袭城镇,2017年全年的增长率为11.8%,高于城镇的10%。

因此,只有改善现有的基础设施和服务设施,农村的这种消费潜力,包括厨房、厕所等相关产品的消费潜能才能被挖掘出来,城市里的过剩生产能力才能得到消化,继而企业走出困境,农村劳动力外出打工通道再次畅通,农民收入提高,从而形成正向的良性循环。

林毅夫判断,对农村基础设施的投入,1元钱中至少有9毛钱会变成农民的收入,新农村建设不仅能启动消费需求,还能增加农民收入。基础设施和公共服务的投资主要依赖国家与政府,据有关统计显示,从2005年提出新农村建设到2013年,三农投入总计约7万亿。主要解决了两大问题:一是99%以上的行政村实现了"五通建设",包括道路、自来水、电、电话和宽带;二是实现了农保的低水平全覆盖,农村孩子上学免费,医疗有部分可以报销了。对广大农村的持续高强度投入,不仅仅释放出大量的需求潜力,有助于将各行各业过剩的生产能力消化掉,更有助于创造农村的就业机会,增加农民收入,因为这些基础设施的投资一般规模较小,往往就地选用廉价的农村劳动力,对于缩小城乡之间的收入差距也有积极的贡献作用。

很多人心存疑虑甚至提出反对意见:随着中国城镇化率的提高,

大量的农村劳动力转移至城市生活,对农村的大体量基础设施投入是不是某种巨量的浪费?

住建部原副部长仇保兴认为,到 2030 年,我国城镇化率顶峰应该会在 70% 左右,仇保兴认为不同于城镇化率高达 80% 以上的以外来移民为主的"新大陆国家",中国属于传统的拥有悠久农耕文明的国家,中国小农对于土地的黏性更为强烈,因此城镇化率不会一直走高。林毅夫则认为,到 2030 年,我国的城市化率估计会在 70% 左右,也就意味着仍然有 30% 的人口会生活在农村,而全国总人数到那时保守估计有 16 亿人,也就是至少还有 5 亿人居住在农村,那么现在为改善当下 6 亿农村居民生活而投资的基础设施,到 2030 年仍有 5 亿人在使用,绝不算浪费。中央农办主任、农业农村部部长韩长赋补充道,乡村振兴会给中国经济提供更大的发展空间和回旋余地,因为农村还有将近 6 亿人,城里人很多东西都有了,而农村的人还没有,这样,农村就有需求,所以市场的空间巨大。

著有《中国模式》[①]一书的中国问题专家郑永年指出,尽管"中国模式"表现在方方面面,但其核心是中国特有的政治经济模式,而在经济层面,中国的混合经济模式是"中国模式"取得成功的关键,在这种模式中,国有部门和非国有部门、政府与市场总是能保持平衡。很少有像中国这样的经济模式,始终有一个很强大的国有部门,对关键的经济领域保持着绝对的控制,一旦发生危机,国有部门经常能起到平衡市场力量、缓解各类危机冲击的作用。

随着中国综合实力的快速崛起,美国对中国的定位已经由"有缺点

[①] 郑永年,《中国模式——经验与挑战》,中信出版社 2015 年版。

的小伙伴"调整为"主要战略竞争者"①,中美之间未来的竞争将会远大于合作,贸易争端很可能只是开端。以中美关系为风向标的国际环境的日趋复杂与敏感,将进一步促使中国修炼好内功。在近两年民间投资放缓的基础之上,政府投资将进一步加大投入,以带动民间投资,特别是在增长较快的三农领域。《乡村振兴战略规划(2018—2020)》明确指出,把基础设施建设重点放在农村,持续加大投入力度。根据中央各部委的计划,2018—2020年,中央联合地方将在交通、水利、能源、信息等方面加大投入,以补齐农村基础设施的各项短板,投资规模将达到4.52万亿元。

农村人居环境整治

2018年9月,浙江省"千村示范、万村整治"工程荣获联合国最高环境荣誉"地球卫士奖"中的"激励与行动奖"。浙江的"千村示范、万村整治"工程自2003年启动以来,已有16个年头,在时任浙江省委书记习近平的倡导下,浙江在全省启动了以改善农村生态环境、提高农民生活质量为核心,以农村生产、生活、生态的"三生"环境改善为重点的"千村示范、万村整治"工程。16年以来,浙江省久久为功,造就了万千美丽乡村。截至2018年年底,浙江省农村生活垃圾集中处理建制村全覆盖,卫生厕所覆盖率98.6%,生活污水治理覆盖率100%,畜禽粪污综合利用、无害化处理率97%。"千村示范、万村整治"工程使得浙江省在乡村振兴战略中扎扎实实地走在了全国前列,成为乡村

---

① 参见金灿荣:《2019年,中国外交怎么走?》,观察者网2019年1月2日。

振兴的示范省[1],更大大地提升了广大农民的获得感与幸福感,被当地百姓誉为"继实行家庭联产承包责任制后,党和政府为农民办的最受欢迎、最为受益的一件实事"。[2]

2018年年初,中共中央办公厅、国务院办公厅印发了《农村人居环境整治三年行动方案》,要求在全国范围内以村容村貌整治提升、生活垃圾治理、生活污水治理、"厕所革命"、农业生产废弃物资源化利用等为重点,全面提升农村人居环境品质。这是浙江"千村示范、万村整治"工程模板在全面复制推广的行动方案。习近平曾批示,浙江"千村示范、万村整治"工程起步早、方向准、成效好,不仅对全国有示范作用,而且在国际上也得到认可,他要求结合农村人居环境整治三年行动计划和乡村振兴战略,进一步推广浙江好的经验做法,建设好生态宜居的美丽乡村。根据韩长赋的估算,这项三年工程到2020年至少需要3万亿元投资,这也将成为乡村振兴的第一枪。

乡村电商——打通最后一公里

2018年7月,拼多多在美国纳斯达克挂牌上市,这个创立时间不到3年,主打四、五线城市和农村市场的年轻电商企业的快速崛起,让所有的竞争对手都始料未及。然而,伴随拼多多声名鹊起一并而来的,

---

[1] 2018年8月20日,农业农村部和中共浙江省委、浙江省人民政府在北京签署《共同建设乡村振兴示范省合作框架协议》,共同推动浙江乡村振兴示范省建设,带动全国实施乡村振兴战略。

[2] 参见中共中央办公厅、国务院办公厅转发的《中央农办、农业农村部、国家发展改革委关于深入学习浙江"千村示范、万村整治"工程经验扎实 推进农村人居环境整治工作的报告》,新华社2019年3月6日。

还有诸如"山寨货""假货""消费降级"等负面标签,当所有的评论者和预言家都在预言中国进入消费升级的增长通道时,拼多多的出现无疑在宣示,在普遍的消费升级趋势下,还有新的原生性需求在悄悄孕育和爆发,这就是来自广大农村的消费需求。

拼多多有"农村的电商巨头"之称,与逐步转向中产消费的京东与淘宝相比,拼多多"打通最后一公里"的下沉能力要更强,低价策略也与广大农村的消费需求更为契合。拼多多的创始人黄峥曾坦言:"拼多多的成功,运气成分要占据大部分,市场的爆发出乎我们的预料。"

拼多多的横空出世,只是农村电商爆发式增长的一个缩影,其背后是农村消费潜力连接上互联网之后的一轮集中溢出,就像许多年前的城市电商。据数据统计,我国农村网民的数量已经由 2012 年的 1.56 亿人增长至 2017 年的 2.09 亿人,年均增长率保持在 3% 以上;2014 年的农村网络零售额只有 1 800 亿元,而 3 年之后的 2017 年,这个数字就突破了 1 万亿元,达到了 12 448.8 亿元。这轮疯狂的增长似乎还未有停歇的意思,因为截至 2017 年年底,我国农村地区互联网普及率还只有 35.4%,仅相当于 2008 年的城镇互联网普及率。可以预见,随着农村信息网络基础设施的全面覆盖,无论是网民规模还是网络零售额都还会有非常可观的增长。阿里巴巴 2019 年第一季度的财报数据可以佐证,淘宝天猫超过 70% 的新增活跃消费者来自下沉市场,即广大的乡镇与农村市场。

乡村旅游——新的万亿级消费市场

2017 年,中国社会科学院发布《中国乡村旅游发展指数报告》,报告指出 2016 年是中国进入"大乡村旅游时代"的元年,国内乡村旅游接待人数史无前例地突破了 25 亿人次,乡村旅游已经从小众旅游转变为大众旅游,且迎来了井喷式增长阶段。随着人们综合收入的不断提升,找寻乡愁、回归田园的欲望愈发强烈。过去 5 年,乡村旅游游客接待人数和营业收入年均增速分别达到了 32% 和 26.2%,2017 年全国乡村旅游收入达到了 7 400 亿元,距离万亿级市场只一步之遥。根据中国社科院的预测,未来中国乡村旅游热潮还将持续 10 年以上,旅游接待人数的峰值估计会在 2025 年到顶,达到 30 亿人次。伴随着乡村旅游消费兴起的,是乡村投资规模的不断膨胀。民宿、田园综合体、特色小镇以及各类乡村旅游休闲地产投资迅猛增长,2016 年,全国乡村旅游类产品实际完成投资 3 856 亿元,同比增长 47.6%。

乡村旅游的爆发构成了中国中产阶级新消费革命的版图之一,从 20 世纪八九十年代的彩电、冰箱、洗衣机"三件套",到 2000 年以后以汽车、住房为代表的高端消费,再到当下以旅游、健康、教育等为核心的消费趋势,中产阶级综合收入的不断增长是背后隐藏的主线,而这个阶层对身心健康、环境生态、休闲放松等需求的不断增长将推动乡村旅游产业持续发展。随着汽车保有量的快速提升,以自驾游为主力的乡村旅游快速增长,已经成功占据了旅游市场的半壁江山,这个趋势还将进一步加强,在乡村与城市之间自由切换的"乡村旅居"将成为新的消费时尚。

根据农业农村部 2019 年 4 月的最新数据,一季度中国农村居民人均消费同比增长 8.7%,超过城镇居民消费支出增速 2.7 个百分点。乡村消费品零售额同比增长 9.2%,超过城镇增速 1 个百分点,中国乡村内需已悄然成为后来居上者。

笔者认为,乡村振兴担负的重要使命之一,就在于以政府政策为引

乡村：中国最大的存量内需

●乡村旅游：中国中产阶级的新宠[1]

导，带动市场力量共同参与，不断挖掘与扩大拥有无穷潜力的农村内需，使得未来中国经济构筑在更为广大而坚实的消费社会之上。2020年中国人均GDP将达到1万美元以上，基本接近发达国家收入水平，然而这个水平线依然只有美国人均GDP 6万美元的20%，日本人均GDP 4万美元的30%。这个差距不妨可以从中产阶级比重这个角度来阐释，相比于发达国家50%—80%的中产阶级人口比重，中国的中产阶级人口比重只有20%左右，而发展空间很大一部分就在农村。根据发达国家的经验，占据劳动力比重不高的农民群体，往往不是这些国家的最低收入群体，而是庞大的中产阶级的一部分。日本、法国等国家的农民收入都接近城市平均收入水平，是消费能力极强的一个群体。完全可以想象，未来中国的相当一部分中产阶级也将在农村诞生。

[1] 本书中标注▲的图片系作者购买于图虫创意网并经过授权可用于出版用途的作品；标注●的图片系作者拍摄的作品。——编者注

自由市场抑或小农经济：
中国三农流派之争

> 子曰：舜其大知也与！舜好问而好察迩言。隐恶而扬善。执其两端，用其中于民。其斯以为舜乎！
>
> ——《中庸》

2011年，一场围绕成都土地改革试验的争论吸引了大量媒体的报道。争论的一方是时任华中科技大学教授、乡村治理研究中心主任的贺雪峰，贺雪峰长期从事农村调查，他所带领的研究团队有"华中乡土派"之称，在学界有很高的声望；争论的另一方是知名经济学家周其仁，周其仁曾于20世纪80年代跟随杜润生从事农村政策研究，擅长农村土地制度研究领域，在学界、政界都有很高的知名度。

双方争论的焦点在于以扩大市场化程度为手段的成都农村土地产权改革是否成功。贺雪峰首先开炮，批评周其仁主导的土地改革"成都模式"存在乌托邦情绪，实验成功的可能性不大，即使成功，对于全国农村的借鉴意义也不大。[①] 周其仁则迅速予以反击，他指出贺雪峰提出

---

① 贺雪峰：《地权的逻辑——中国农村土地制度向何处去》，中国政法大学出版社2010年版，第266页。

的"给农民更多的土地权利,可能损害农民的利益"是经典的奇谈怪论,完全得不到中国土地革命、土地改革、家庭联产承包等大量可观察经验的支持。①

周其仁主导的"成都模式"的核心在于"还权赋能"②——既然城镇居民的房屋土地可转让、可入市、可抵押、可分享升值或贬值,顺应市场化改革的方向,那么农村居民的房屋土地也应该可转让、可入市、可抵押、可分享升值或贬值。一句话,农村和城镇的土地应该同地同权,一并纳入统一的城乡建设用地市场。③

成都土地实验以确权和流转为重点,改革进入深水区,尤其是涉及农民宅基地的流转和买卖。一贯为"小农立场"代言的贺雪峰尖锐地批评:"周其仁等学者是打着给农民更大土地权利的幌子来为土地私有化鸣锣开道,本质是为资本下乡掠夺农民制造舆论。"④

周贺之争的背后,实则是三农领域市场化改革探索与小农派守稳思路的一场对峙,是"改革派"与"守稳派"的一场尖锐交锋。这场争论也牵扯出中国三农政策领域的三大流派:自由市场派、小农经济派和主流政策派。⑤

---

① 参见周其仁:《给农民更多的土地权利真的会损害农民的利益吗?》,经济观察网 2011 年 7 月 22 日。
② "还权赋能"一词来自由周其仁牵头、北京大学国家发展研究院编制的《还权赋能:奠定长期发展的可靠基础——成都土地制度改革实践调查报告》,2009 年 6 月。
③ 周其仁:《城乡中国》,中信出版社 2017 年版,第 424—425 页。
④ 参见贺雪峰回应周其仁的评论文章,《周其仁的地权观点为什么是错的》,爱思想网 2013 年 8 月 3 日。
⑤ 参见贺雪峰《当前中国三农政策中的三大派别》,乌有之乡网刊 2015 年 3 月 20 日。

自由市场派

自由市场派，延续了城市改革的发展思路，以产权为切入点，要求"确权确地"、"还权赋能"或者干脆更为直接的土地私有化，从而实现清晰的产权界定，为城乡之间的资源配置与要素自由流动提供必备的产权前提。

自由市场派的思路，以深化市场化改革为导向，以破解城乡二元结构为抓手。在市场派眼中，城乡二元结构是妨碍城乡一体、农业现代化的主要障碍，只有促进城乡之间的要素自由流动，包括农民自由进城、资本自由下乡，市场这只"看不见的手"才能解决好三农问题。因此，自由市场派在政策设计上，一方面，要求给宅基地、农地"确权确地"，赋予农民财产权，鼓励农民在进城的同时，永久性退出宅基地，以耕地经营权等换取进城安居的第一桶金；另一方面，主张城市资本下乡，推动土地流转，鼓励规模经营，以提高机械化水平，提升农业产出效率。

小农经济派

与追求经济理性的自由市场派不同，小农经济派以国家战略中心任务的大局观为出发点，认识到小农经济是中国现代化的秘密武器，是规避城市经济危机的稳定器与劳动力蓄水池，万万不能自断臂膀。小农经济派认为，中国现代化的首要任务，是加快科技创新，推动产业升级，让中国创造在全球价值链中占据高端位置，这是中国未来30年的中心任务，包括农业现代化都必须服务于这一战略中心任务。而过去

40年,小农经济给中国城镇化、中国产业转型升级提供了全方位的强大支持,并且在城市多次发生周期性经济危机时,提供了软着陆载体,是中国取得举世瞩目奇迹的秘密之一。

小农经济派认为,中国目前还有8亿多农民,其中2.8亿农民工,以中国目前的经济发展水平和产业结构,城市还无法为所有进城人口提供体面的收入及社会保障,当前的农村基本经营制度、保护性的城乡二元结构还有巨大的发挥作用的空间,一旦城市发生周期性或输入性经济危机,庞大的进城农民还能返乡,从而避免出现拉美等发展中国家的贫民窟毒瘤,以及随之发生的社会动荡。农业的重点在于保底,是基本的生存保障和社会保险,因此不能被交易,更不能追求经济利益最大化。所以,小农经济派在政策设计上,反对土地流转,反对资本下乡圈地。

两 派 交 锋

自由市场派与小农经济派的主要交锋点,集中在以下几条:

第一,经济优先还是稳定优先?自由市场派的政策设计,是典型的经济理性的表现,希望通过打开城乡要素自由流动的阀门,借助市场之手,促进城乡资源配给的最优化。自由市场派认为小农难致富、老人农业无效率,以资本化农业为核心,以公司制农场、龙头企业为主体,带动规模化农业、设施化农业是提高农业效率、带动农民致富的唯一途径,与此同时,通过不可逆的农民进城,提升城镇化率,进一步拉动内需消费,城乡两侧都能实现经济效率的最大化。小农经济派则认为,资本的大规模下乡引发的土地大规模流转与兼并,将产生大量的失地农民,一旦城市发生危机,在城市找不到工作、得不到生存保障的农民将面对无乡可返的困境,极有可能引发剧烈的社会动荡,中国也就丧失了农村这个现代化的缓冲空间和稳定器。这是危及国家安全的激进变革,不得不谨慎而为之。相反在相当长的一段时间内,应该继续维持小农农业,是中国获得社会结构弹性及走出中等收入陷阱的重要条件。

第二,谁应该为主体,公司还是小农?自由市场派认为,从传统经济学规模越大、成本越低、效率越高的一般规律来看,通过土地流转集中,让大规模资本化的公司来担任农业生产的主体是未来农业的发展方向,美国就是高效率农业的典型。小农经济派认为公司规模化经营农业既无效率又无条件。根据贺雪峰等人在全国各地的调研,资本下乡规模经营,盈利的几乎没有,粮食单产也远远低于家庭经营。[①] 陈锡文曾总结小农经营较之资本经营优势的原因,"农业是一种非常特殊的产业,其劳动对象是活的生命,是生命的生产活动,这使得农业的标准化和工业的标准化有很大差异。在田上劳动,要靠农民的自觉性,企业监督、激励和约束员工的办公在农业领域很难行得通。"[②]归根结底,小农经营是精耕细作,依靠的是不计成本的劳动投入,而雇用制很难调动劳动者的积极性。此外,资本化公司农业在中国不具备实际条件,因为中国当前还有2亿户、6亿多农民生活在农村,像美国一般的大规模农场必然排斥劳动力。那么,这么多农民他们能到哪里去?做什么?

在经营主体及政策倾斜方面,自由市场派认为只有以城市工商资本为核心,推动土地流转,实现规模经营,农业才能实现现代化,因此龙

---

① 贺雪峰:《小农立场》,中国政法大学出版社2013年版,第12页。
② 陈锡文:《让农民种自己的地》,《改革内参》2012年第38期。

自由市场抑或小农经济：中国三农流派之争

头企业及公司制农场应该是政策扶持的重点。小农经济派认为，未来很长一段时间内，"小农＋中坚农民①"还将继续成为农业经营的主体。小农经济派主张国家农业政策需要重点扶持中坚农民和小农，着力为小农解决一家一户"不好办和办不好"的事情，提升针对小农的公共服务能力，而不是城市工商资本。

第三，土地、房屋的流转是进步还是隐患？涉及宅基地及上盖房屋的买卖，自由市场派认为，1997年城市房改之后，城市居民在房屋买卖方面表现出极高的理性，这同样也适用于农民，农民有权利卖，并不等于必须卖，卖也不等于贱卖。因此不必担忧农民在处理产权问题上的不审慎，估计自己在城里站不住的，就不会卖乡下的房舍，因此不会出现大量农民卖掉房舍之后，又无处可居的状况。自由市场派坚称，农民应该与城市居民一样，拥有房屋的产权，周其仁呼吁"鞋大鞋小脚知道，问题是要让脚有知道的权利。"②小农经济派则认为，资本下乡圈地圈房，更多的是把土地作为价值存储手段，且会带来失地农民加剧社会不稳定的隐患，与其盲目冒进，不如缓慢地推进改革，避免出现难以防范的系统风险。

老子曾言，"治大国如烹小鲜"③，韩非子解释为烹煮小鱼屡屡加以翻动，就会伤害它的品质；治理大国而屡屡改动法令，百姓就会受到坑害。大国的政令一旦制定，就必须严肃加以对待，如果朝令夕改，民众必然会动荡不安。三农作为中国现代化的稳定器和劳动力的蓄水池，

---

① "中坚农民"是以适度农业规模经营为主体的，主要收入在村庄、社会关系在村庄、收入不低于外出务工又能保持家庭生活完整的农户。
② 周其仁：《城乡中国》，中信出版社2017年版，第426页。
③ 语出《道德经》第60章。

其重要性不言而喻，因此对于三农政策，中央政府不得不慎之又慎。《中庸》道，"子曰：舜其大知也与！舜好问而好察迩言。隐恶而扬善。执其两端，用其中于民。其斯以为舜乎！"孔子认为好的执政者应该懂得隐藏建言中的坏处，而宣扬其中的好处，过与不及两端的意见他都掌握，采纳适中的用于老百姓。

对于自由市场派和小农经济派的观点，中央政府巧妙地予以吸纳并融合，最终衍生出更为平衡的第三派，即"主流政策派"。

主 流 政 策 派

主流政策派，吸取了自由市场派与小农经济派的优势，又谨慎地试图规避各自的短板。

第一，主流政策派积极推行三农领域的市场化，同时严守改革的底线——不搞土地私有化，给小农以最后的庇护所。

取而代之的，是农村土地创新式的"三权分置"，即所有权、承包权和经营权三权分置，明确原有农户的承包权，放活经营权，在此基础上积极推进农村土地流转，发展适度规模化经营，鼓励龙头企业、扶持各类新型农业经营主体，推动农业的现代化。在宅基地问题上，同样创造"三权分置"——所有权、资格权和使用权分置，对农村宅基地"三权分置"不动产权予以登记，保留原住民的资格权，放活外来资本的使用权，加大金融机构对住房抵押贷款的力度，赋予宅基地融资功能等。

主流政策派意识到中国目前仍有庞大的农民群体，不能仅仅考虑农业资源配置问题，和北美、澳大利亚以及拉美地区等大农业国家相比，中国这样的以原住民为主的国家，熟人社会的小规模农业与工商资本的大农业还是有较大的不同,完全移植大规模资本下乡的现代农业不仅仅无法落地,可能还将催生大量的失地、失房农民,破坏农村作为现代化稳定器和蓄水池这一属性,从而造成巨大的危机隐患。

第二,主流政策派认同自由市场派关于小农农业无效率的观点。以种粮农户为例,2014年,我国稻米、小麦、玉米的亩均收益才1000元左右,利润更只有125元,我国农业陷入了"小农困境",农业的低收益、低效益、低水平循环,限制了农业的技术升级,迈向现代化步履维艰。主流政策派也意识到资本化的公司并非农业生产的最佳经营主体,因此,主流政策派提出扶持专业大户、家庭农场、农民合作社、农业企业等新型经营主体,特别以家庭农场(与小农经济派"中坚农民"概念相近)为代表,以百亩左右为适度规模,推进农业现代化。在主流政策派看来:其一,农业由家庭来经营最有效率,这是由农业规律决定的;其二,提高家庭经营的规模化可以解决未来无人种田的忧患;其三,家庭经营的规模化可以提高农业的机械化、自动化水平,促进农业的现代化。

对于家庭农场等新型经营主体,自由市场派和小农经济派都予以肯定。但小农经济派认为未来相当长的一段时间内,小农依然会是中国农业生产的主体。因为按照每个家庭农场100亩的生产规模来算,中国18亿亩土地只能分摊覆盖到1800万户家庭,而中国有2亿户农民,因此家庭农场只会是汪洋大海的小农经济的一种有限补充。

第三,主流政策派认同市场化改革方向,推动城乡要素之间的双向流动,包括资本、劳动力等,但又谨慎地守护底线。

主流政策派积极引导资本进入一、二、三产业融合领域,让资本化公司去做小农难做的事,如优良品种、先进技术、储运设施、营销加工等,同时加强资本化公司与小农的利益联结机制,让资本惠及广大小农。此外，对于城市资本下乡圈地提高警惕，如国土资源部等部委多次强调："严守改革底线，城里人到农村买宅基地这个口子不能开，按规划严格实行土地用途管制这个原则不能突破，要严格禁止下乡利用农村宅基地建设别墅大院和私人会馆等。"①

在政府不断出台文件，放开放宽，甚至是取消大城市落户限制的同时，允许农民保留自己在乡下的承包地、宅基地，进则在城落户，退则还乡种田，使得农民的城镇化进程可以保持弹性化的进退自如，但反向限制城市户口向农村迁移。贺雪峰认为："当前中国体制性城乡二元结构限制了强势资本下乡和保护了农民基本生存权利，使中国进城失败的农民仍然可以返回农村的家乡。"②

周其仁在《城乡中国》中深情地回顾历史，发问道："中国人吃饱饭，到底靠什么？究竟是靠了'给农民权利'，还是靠谬论主张的'不给权利'？远看一个历史阶段，我们还是不难得出结论：唯扩大农民的权利，才能增加农民的利益。"③

而在贺雪峰看来，主流政策派越来越受到自由市场派的影响，以资本为后盾的自由市场派还会继续向主流政策派施加压力，而掌握政策制定权的主流政策派，必须站在9亿农民和中国现代化的全局角度考虑问题，而这就需要小农经济派的话语平衡。④

---

① 参见国土资源部部长姜大明发言：《国土部：城里人到农村买宅基地这个口子不能开》，央广网2018年1月15日。
② 参见贺雪峰：《城乡二元结构使农民免于贫困》，观察者网2013年12月12日。
③ 周其仁：《城乡中国》，中信出版社2017年版，第422、424页。
④ 参见贺雪峰《当前中国三农政策中的三大派别》，乌有之乡网刊2015年3月20日。

2019年,新版的土地管理法明确农村集体经营性建设用地未来可以直接入市,集体经营性建设用地与国有建设用地市场交易制度衔接,实现了同地同权。在自然资源部法规司司长魏莉华看来,这是一个重大制度创新,取消了多年来集体建设用地不能直接入市流转的二元体制,为城乡一体化发展扫除了制度性障碍。[①] 然而,新版的土地管理法在宅基地改革方面依旧没有实现突破,自由市场派与小农经济派的博弈仍将持续。

[①] 参见《土地管理法修改亮点:集体经营性建设用地可直接入市》,新浪财经2019年8月27日。

·读·懂·乡·村·振·兴· ·战·略·与·实·践·

第二篇 热词解析

特色小镇的房地产纠结
田园综合体的商业逻辑
淘宝村：互联网＋边缘革命
家庭农场：向左或是向右
品牌农业：国家级战略
绿色生态农业：天人合一的和谐农业
农业4.0：未来农业图景
旅居：乡村旅游4.0
宅基地三权分置：变与不变的平衡
脱贫攻坚：乡村振兴的优先任务
乡土建筑的价值回归
落脚城市：乡与城之间的跳板

特色小镇的房地产纠结

慢开发是合算的,只要控制住现金流,谁握有土地,谁就会成为最后的赢家。

——碧桂园产城发展事业部总经理向俊波

房地产一直是特色小镇的一大纠结。从国家住建部、发改委到地方政府,"严控房地产""警惕房地产化"等字眼就一直是各类政府文件里的常客。2017年,国家发改委、国土资源部、环境保护部、住房和城乡建设部在《关于规范推进特色小镇和特色小城镇建设的若干意见》中更是明确提出:"严控房地产倾向,从严控制房地产开发,合理确定住宅用地比例,并结合所在市县商品住房库存消化周期确定供应时序。对产业内容、盈利模式和后期运营方案进行重点把关,防范'假小镇、真地产'项目。"中央各部委对房地产的警惕情绪,快速地传染给了地方政府,在各个地方政府的红头文件里,纷纷明确"从严控制房地产开发""严防借机开发房地产的行为出现",在某些省份的特色小镇申报规则中,甚至出现了诸如"只要有房地产嫌疑,就一票否决"的严苛红线[①]。

[①] 参见云南省发改委、省住建厅、省财政厅于2017年6月16日召开的"云南省特色小镇创建名单"新闻发布会,"对有房地产开发嫌疑的,单纯的旅游景区景点打造的等实行一票否决"。

中央号召严防死守房地产化，地方政府积极附和严控房地产开发，房地产之于特色小镇，到底扮演了什么样的角色？

作为城乡统筹的创新载体，特色小镇与房地产化的发展理念貌似格格不入。特色小镇是发展特色产业与特色文旅的重要创新型载体，毫无疑问，新兴产业与特色文化旅游才是特色小镇的两大动力引擎。以浙江为例，浙江特色小镇将其产业定位聚焦于"7+1"。"7"指的是浙江在"十三五"期间着力发展的七大新兴产业，包括信息、环保、健康、旅游、时尚、高端装备制造和金融；而"1"指的是浙江拥有的历史经典产业，主要有茶叶、丝绸、黄金、中药、青瓷、木雕等。"产业为核"是特色小镇的第一大定律，只有产业才能提供就业机会，继而带动人口集聚，繁荣活化小镇，促进生产与生活的平衡。

而房地产主导的小镇，国内外早已有之，我们把它叫作"卫星城"或"睡城"。这类小镇凭借低价的居住成本优势，通过房地产开发来补充与分担主城区的居住功能。诸如距离北京 30 公里的河北燕郊镇，这个小镇因为上下班高峰期巨大的潮汐交通、拥挤不堪的上下班人流而为人熟知。小镇的大多数居民都是难以在市区租得起一间房的北漂，他们清晨 5 点就要起床，晚上八九点才能回到租屋，绝大部分人每天都要花上 4—5 小时在路途上，生活充满了艰辛。像燕郊这类小镇有着一些共同的特征，如过高的住宅用地配比、发育不全的就业供给以及不完善的公共服务及生活配套设施，这些特征让生活在这些小镇的人难以感到舒适，唯一让他们选择坚守的就只剩下哪一天能逃离小镇、搬进市区的梦想。回头看浙江特色小镇的两个模板，"梦想小镇"和"玉皇山南基金小镇"，一个围绕互联网产业，一个聚焦私募基金产业，都是代表未来、拥有无限潜力的高端产业。显然，以房地产为主导的小镇开发模式与特色小镇的初衷相去甚远。

2016年以来,高地价及"地王"现象在一、二线城市频出,房企拿地积极性高涨的背后是拿地成本的逐步高企。据中原地产统计,2015年全国拿地超过百亿的房企有17家,而2016年这个数字就将近翻了一番,整个行业拿地平均金额上涨幅度达到86.3%。[①] 让人望而却步的楼面价,还有不断挤压的土地供应,让房地产商的利润一降再降,而且随时有"断炊"的风险,为了补仓,房地产商还得硬着头皮去拿高价地,否则企业就运转不下去。

2017年,随着特色小镇在全国范围内的推广,这为房地产商打开了一扇廉价拿地的窗口,各大房地产商犹如久旱逢甘霖一般纷纷抢滩特色小镇,恒大、绿城、碧桂园等传统房地产企业更是提出要在全国打造百个特色小镇。与此同时,中央政府看到与一、二线城市地产风生水起形成鲜明对比的是三、四线城市的库存积压,虽然经历了一波去库存的利好,但三、四线城市依然处在深度调整的周期之中,去库存的压力巨大。因此,防范各大房地产企业借特色小镇名义拿地开发房地产,"以特色小镇为名,行地产开发之实",从而加大房地产库存压力,尤其是三、四线城市的库存,就成为中央部委防范特色小镇跑偏的重中之重。

蓝城农业小镇

原绿城董事长宋卫平,可能就是这一波特色小镇地产化的典型代

---

① 参见《中原地产:房企拿地成本高企,后续酝酿巨大风险》,搜狐焦点网2016年9月8日。

表了。将绿城从一个无名之辈带上中国房地产"第二把交椅"的宋卫平,将"赌性"融进了绿城的发展血液,在2008年经济危机房地产商普遍谨慎的大环境下,绿城逆势而动疯狂拿地。最终,绿城倒在了"新国四条"面前,宋卫平忍痛贱卖了多个项目后一蹶不振,在2014年将绝大部分股份转让给了融创的孙宏斌。

逐步淡出绿城的同时,宋卫平一头扎进了他的新事业"蓝城"——一家以养老、度假地产为主的公司。蓝城在乌镇旁边的第一个养老项目"乌镇雅园"就获得了巨大的成功,这是一个以民国建筑为特色,集合康复医疗、养老地产、商业休闲等业态的复合型"养老乌托邦"。如果说,乌镇雅园还有康复医疗等养老辅助业态,勉强算是个小镇,那么蓝城在全国其他地方的所谓小镇项目就只能算是纯地产项目了。宋卫平在接二连三拿下浙江安吉、德清等地的几个养老项目之后,计划把他的所谓农业小镇项目复制推广到全国,"十年百镇万亿"成为蓝城的新目标①。

这些农业小镇都拥有标准化的配方。选址方面,小镇更青睐一线城市周边,距离市中心50—120公里,如果是新一线和二线城市,则要求距市中心更近;生态方面,地块内部或周边需有自然水体资源、农业资源和文化资源沉淀;最为重要的是用地指标,项目必须能提供1 000—1 500亩、最少不低于500亩的建设用地指标。②

毕业于杭州大学历史系的宋卫平骨子里流淌着浪漫主义的血液,他把绿城对楼盘的品质追求延续到了蓝城。宋卫平认为美好生活首先

---

① 参见《傅林江:蓝城集团百镇万亿计划——宋卫平团队的理想事业》,房天下产业网2016年9月6日。

② 浙江蓝城生活有限公司:《镇长》,浙江人民出版社2017年版,第28—29页。

▲乌镇雅园：建造精良的养老乌托邦

来源于以建筑为主体的生活环境的美，"房子是有生命的，是我们生命精华的转移"①。宋卫平对建筑品质的苛求声名在外。据说他在打造桃花源项目时，发现一块价值好几百万的巨石与周围环境不符，叫人直接敲碎拖走，丝毫没有心疼。蓝城的地产开发以中式徽派建筑风格为主，典雅精致，不失秀美，充满了田园趣味，为平庸的乡村地产注入了一股新风气，参观完杭州"桃李春风"的人无不为蓝城对整体氛围的把控、品质细节的苛求而赞叹，房子自然好卖到一扫而空。

如果没有特色小镇的名头，蓝城恐怕没有那么容易拿到这么多区位优良、景观优美、价格低廉，并且配套有如此之多建设用地指标的地块，相比于市中心 2 000 万一亩甚至更贵的土地，这些近郊的土地价格

---

① 参见《宋卫平：浪漫赌徒的离场》，载于《商界》2017 年第 7 期。

一亩往往不足百万元。

尽管蓝城和宋卫平在多个场合替他们的房地产项目打圆场,把他们称之为小镇,并且鼓吹这些小镇将为中国的城乡一体化作贡献,是改变城市面貌、乡村面貌,提供人们新的生活方式的一部分。但眼光犀利的业内人士还是一眼就看穿了本质,乌镇的"操盘手"陈向宏造访蓝城时委婉地说道:"我觉得我现在做的模式跟蓝城的模式还是有点不一样,你是做一个小镇,把你小镇的房子卖掉;我是做一个小镇,依托这个小镇卖我的生活、卖我的文化、卖我的商业业态,这是两个不同的小镇模式。"①

碧桂园科技小镇

蓝城的"十年百镇万亿"宏大叙事,显然只是房地产商们高举特色小镇旗帜,抢滩登陆、跑马圈地的其中一个场景,而在这些跑马之中,有一匹跑得特别快、特别稳,它就是老牌房地产商碧桂园。

以"周转快,效率高"著称的碧桂园于2016年8月发布产城融合战略,启动科技小镇计划。截至2017年5月,短短9个月就已签约9个项目,首个科技小镇在广东惠州潼湖上马开工建设。

在中央三令五申"房子是用来住,不是炒的""限购、限卖、限价"等调控手段层出不穷的背后,传统地产板块的天花板开始显现。虽然碧桂园的地产业绩还在不断增长,但老板杨国强的危机感与日俱增,据他

---

① 参见《乌镇操盘手陈向宏给蓝城培训小镇操作要点解读》,搜狐网奇点智库2018年2月27日。

的身边人说,他每天都在担心企业明天就可能倒掉。①

产业地产是碧桂园迈出转型步伐的第一步。华夏幸福已经在这一领域干的风生水起,这两年无论是万科收购普洛斯、泰禾入股北科建,还是招商蛇口联姻武钢,都显示出房地产开发商大力布局产业地产的趋势。

碧桂园在特色小镇的建设中,主要业务板块无疑还是地产。但从短线快周转的城市地产转向长线的小镇地产,对于碧桂园究竟意味着什么?从碧桂园集团助理总裁、产城发展事业部总经理向俊波的一番肺腑之言,也许我们可以从中一窥传统地产商的苦恼与心思。"2003—2013年,碧桂园在广州开发了一个叫凤凰城的楼盘,也是碧桂园历史上最大的楼盘,占地近1万亩。碧桂园花了10年时间将其全部开发完毕,赚了近200亿元。但2017年,碧桂园在拿凤凰城周边招拍挂的400亩用地时,花费了将近200亿元,也就是几乎将之前凤凰城项目1万亩所赚的钱都投在了这400亩之上。"②

伴随着十多年的快速发展,碧桂园从一个千人级的公司生长为十几万人的巨型公司,成绩骄人。然而,土地的快速增值、拿地成本的不断高企吞噬了企业的大部分利润,新一轮的土地调控更是限制了房地产企业拿地的空间,提升了生产成本。向俊波算过一笔账,如果碧桂园当年只开发凤凰城1万亩中的9 000亩,那今天剩下1 000亩产生的效益要比这9 000亩要多得多,也就是说慢开发是合算的,只要控制住现

---

① 参见《碧桂园设计院风波背后:杨国强焦虑转型情绪凸显》,《经济观察报》2018年4月15日。
② 参见《碧桂园产城融合之路,欲打造未来城市》,凤凰财经2017年6月14日。

金流,谁握有土地,谁就会成为最后的赢家。①

这套慢开发的理论背后,是中国过去 10 年货币供应量增长 4 倍、一线城市地块楼面价增长 10 倍的惊人事实。房地产作为货币大水漫灌下最大的蓄水池,承担了大部分流动性资金,大水也养大了碧桂园这样的大鱼。但如今,一方面中央要逐步调控水量(流动资金),确保水不再流入地产池;另一方面,提高鱼饲料价格(土地价格),地产池的大鱼们就有渴死饿死的危险。提前布局、积蓄饲料、准备过冬自然就是碧桂园们的必然选择。

和蓝城一样,碧桂园的小镇也拥有一些标准化的配方。2—10 平方公里,三大主要用地类型,以高新技术为主的产业用地,以商业、酒店为主的产业配套用地,还有生活配套住宅用地。这三大主要类型用地各占约 1/3,也就是说一个 3 平方公里的小镇,住宅建设用地就要近 1 500 亩。虽然碧桂园一直对外回应,试图洗刷圈地开发地产的嫌疑,但如此大量的囤积土地,似乎很难让人信服。

专业的人做专业的事,地产出生的碧桂园自然还是聚焦房地产,涉及产业招商运营的部分,碧桂园就发动他的朋友圈。2016 年,碧桂园与深圳百富东方成立平台公司,碧桂园负责硬件建设、开发和运营,而百富东方负责产业导入和运营。凭借雄厚的实力和极高的品牌知名度,碧桂园的产业朋友圈星光熠熠,包括思科、富士康、清华大学、红杉资本等,遍及产业、院校及资本圈。据报道,碧桂园已集聚产业资源超 1 800 家,其中世界 500 强企业 52 家,中国 500 强 101 家,龙头企业 410

---

① 参见《碧桂园产城融合之路,欲打造未来城市》,凤凰财经 2017 年 6 月 14 日。

家,上市公司442家,集聚平台圈层资源近300家等,[①]覆盖电子信息、智能创造、新能源等多个领域,碧桂园科技小镇的遍地开花也就在情理之中了。

如果说碧桂园还有其强大的朋友圈为小镇背书的话,那么大多数房企恐怕都不具备这样的能力。于是,这些房企的通常做法,就是先用产业小镇的名义把地圈下来,在配套基本不足、产业招商乏力的情况下,先把房地产开发了,最终的结局往往有两种:一种是房子卖得不错,地产商获利出逃,小镇不了了之;另一种是因为配套欠缺或是本来地方地产库存就很大,导致房子滞销,留下一地的鸡毛,等着政府收拾烂摊子。

房 地 产 功 能

房地产似乎成为特色小镇开发绕不过去的一个症结,一些地方政府更是干脆一刀切地排斥房地产,只要有房地产开发嫌疑,一票否决。"以小镇为名,行地产之实"的房地产化固然要防范,但房地产是不是就不该出现在小镇的功能板块之中呢?房地产开发对于特色小镇的创建与开发又意味着什么呢?

特色小镇是生产、生活、生态"三生相融"的创新空间载体,终究是为人而创造建设的空间,生产与生活的主体是小镇居民,生态优化的目的自然也是为了提升小镇居民的生活品质。住是小镇居民的首要需求

[①] 参见《聚焦物联网,打造科技小镇新样本——对话碧桂园集团助理总裁、产城发展事业部总经理向俊波》,《深圳特区报》2018年11月2日。

之一，房地产自然就是小镇必备的要素供给，无论是产业类小镇还是文旅类小镇，常态化的入住居民都是小镇拥有活力的基本保障。房地产搭起了小镇的基本框架，原住民的小镇生活更是小镇重要的吸引力来源。

特色小镇亦是新的投资空间载体。资本逐利，有投资必然追求回报，相比于长周期的产业投资和旅游投资，房地产无疑是回收周期最快、回报率最高的板块。

梦想小镇是浙江特色小镇中的翘楚，仓前街道围绕龙头企业阿里巴巴延伸创业产业链条，重点打造出互联网和天使投资两大板块。一方面，小镇鼓励泛大学生群体创办电子商务、软件设计、信息服务、大数据、云计算、动漫设计等互联网相关领域产品的企业；另一方面，小镇以互联网创业企业为服务对象，重点培育科技金融、互联网金融，集聚天使投资基金、股权投资机构、财富管理机构等，构建覆盖企业全生命周期的金融服务体系。梦想小镇所在的仓前街道，是典型的江南郊县，梦想小镇所依托的空间载体，曾经是江南著名的粮仓所在。仓前街道通过对12幢老旧粮仓、部分旧城镇和旧厂房进行统一改造升级，新旧融合，将"江南古粮仓"变身为创业青年的"梦想种子仓"。

梦想小镇是一个政府主导的产业小镇，国资是搭建小镇开发平台的主体，阿里巴巴每年给街道贡献70亿的税收，因此小镇完全有能力围绕阿里巴巴打造产业生态圈，挖掘出龙头企业的潜在红利。据报道，短短两三年之内，政府就投入了二三十亿进行整体开发建设。在3平方公里的规划范围之内，因为基本围绕存量建筑打造物理空间，所以并没有房地产板块的空间。但我们最终发现，产业、人才、资本资源的快速集聚给小镇周边的土地带来了明显的增值效应，短短时间之内，梦想小镇周边的房价就从1万元增长到了3万多元每平方米。

地产收益不是梦想小镇最显性的价值,但显然地产给予了小镇快速回笼资金、平衡项目开发压力的能力。在做大产业圈、创造产业蝶变环境的同时,还能推动区域的快速增长与整体发展,完成资本闭环,在严控地方政府债务的当下,梦想小镇的商业模式值得学习。

▲新旧巧妙融合的梦想小镇

近两年来,中央三令五申要求规范地方政府举债,有效防范化解地方政府债务风险,打好防范重大风险的攻坚战。四部委关于规范特色小镇建设的文件亦明确严防政府债务风险,尽可能避免政府举债建设而加重债务包袱,鼓励引入央企、国企和大中型民企作为小镇主要投资运营商。但无论是国资背景,还是民营企业,投资一个3平方公里的特色小镇,必然涉及计算投资回报的根本问题,产业的培育需要时间,农业和旅游的投资回收慢,且小镇的各类基础设施、公共服务设施建设以及整体环境的提升优化,都不具备资本回报能力,这就要求顶层设计者在小镇的商业模式上寻找足够有分量的盈利点。

"中国园林上市第一股"东方园林打造的无锡"田园东方"项目,在国内刮起了一阵"田园综合体"的旋风。2017年,基于无锡田园东方的实践,"田园综合体"一词写入中央一号文件,并在全国予以推广复制。田园东方地处无锡阳山区,是一座以台湾田园文创为特色风格的田园综合体,项目通过合理适当的地产开发,巧妙地在投资闭环与常驻人气提升方面找到了突破口。

田园东方一期开发以文旅为引领,通过改造老宅、提升环境、完善设施、增加文化休闲功能,引入客栈、书院、咖啡馆、面包坊、亲子空间等业态,还原了一个重温乡野、回归童年的田园人居环境。开园后的田园东方游人如织,异常火爆,但门票及常规运营的收入显然难以覆盖高昂的一期投入。事先考虑到项目中农业与旅游的回报周期慢,田园东方一期规划了将近300亩的田园地产,因为接近无锡主城区,加上乡野环境的提升,300亩的别墅很快就销售一空,均价甚至超过了无锡市区的房子。

通过配套地产的销售,田园东方不仅为综合体引入了常住人口,提升了项目人气,避免了在乡村旅游萧条时节如冬季或周中等时段"遇冷",而且顺利地收回了一期投资,完成了资本投资回报的闭环。

国内的特色小镇大都处于创建阶段,由于地理位置大都位于城市近郊或者远郊区,住宅配套往往都有欠缺。部分小镇依托优越的山水自然条件,打造文旅类或者康养小镇,甚至是从一张白纸做起,因此集聚常住人口的房地产更是不可或缺。特色小镇的培育需要较长的时间周期,如国外的大多数特色小镇,都是经过十年、几十年甚至更长的时间自然发育、演变而来,人口的集聚更是通过长期的积累慢慢形成,因此小镇的居住空间并不欠缺,反而因为长期的经营,呈现出独特的地域风貌与较高的旅游吸引力。

如何平衡好房地产开发与特色小镇的创建培育初衷?笔者认为,一方面,在盈利点少、盈利难的情况,要通过房地产指标供给,为投资者完成投资回报闭环设计,让小镇开发成为可能,使得房地产成为集聚人气、吸引常住人口、提升小镇活力的手段;另一方面,又要严格控制房地产化倾向,避免"假小镇、真地产"现象出现,扭曲特色小镇的开发初衷。具体来讲:

第一,控制房地产的开发比例。筑好房地产的天花板,参考现行的镇规划标准,居住用地的比例在28%—43%之间,将小镇的房地产用地指标控制在30%以内。碧桂园科技小镇的地产配套约1/3,相比而言,蓝城的地产比例就要高得多,控制地产的开发比例,将从源头上杜绝"假小镇、真地产"的出现。

第二,控制房地产的开发时序。在地方政府与开发商的共同开发协议中,明确房地产的后开发条款。"先产业,后地产",开发商有义务先将小镇的独特产业、旅游产业做大做强,待人气集聚之后,再逐步开发房地产,既规避了开发商地产开发后出逃的可能性,又让小镇的地产真正能升值变现,让开发商和地方政府共同享有发展的成果。

第三,控制房地产的建设品质。小镇的地产不同于城市地产,既要能满足基本的居住品质要求,还要能反映地域文化特色,满足观光旅游的辅助要求,通过构建具有独特气质的建筑群落,来提升小镇物理环境的品质与魅力。

田园综合体的商业逻辑

> 城市综合体的建设不仅需要一张漂亮的规划蓝图,更需要实实在在的一本商业计划书和运营管理手册,乡村问题同样如此。
> ——田园东方总设计师张诚

田 园 东 方

2016年9月,中央农办主任唐仁健率队来到无锡惠山区调研考察了"田园东方",并给予了这个已经启动4年的创新型项目充分的肯定。这次调研给"田园东方"注入了巨大的信心,同时也在全国烧起了一把"田园综合体"之火。

第二年年初,新名词"田园综合体"被写入了中央一号文件,"支持有条件的乡村建设以农民合作社为主要载体、让农民充分参与和受益,集循环农业、创意农业、农事体验于一体的田园综合体"。而"田园综合体"一词就来源于无锡惠山区的"田园东方"的基层实践。

田园东方的创始人张诚,是一个建筑学出生的工科男,在加入中国园林第一股"东方园林"之前,他曾在万达有超过10年的工作经历。他担任过万达商业规划院院长,并一度成为万达集团副总裁,被认为是新生代领导的热门人选。万达集团董事长王健林给予张诚很高的评价:

"万达真正懂得商业地产的人不超过5个,张诚就是其中之一。"①张诚主导的宁波万达广场是万达探索第三代城市综合体的首个成功项目,在整个中国商业地产史上都具有里程碑意义,以宁波模式为代表的第三代城市综合体更是奠定了万达在商业地产行业的绝对领先地位,让万达这个品牌成为中国城市综合体的代名词。

张诚毫不讳言,田园东方的"田园综合体"模式是受到了万达城市综合体理论的影响。2012年,他在北大光华EMBA发表的论文《田园综合体模式研究》中详尽地论述了他的"新田园主义"理论。在张诚看来,城市综合体的建设不仅需要一张漂亮的规划蓝图,更需要实实在在的一本商业计划书和运营管理手册,乡村问题同样如此。②而《田园综合体模式研究》就是一本乡村建设的操作手册,它是中国当前乡村社会经济全面发展的一种实施导则。张诚认为,解决城乡二元差距的主要办法还是要发展经济和依靠产业带动,在经历过工业化时代乡镇工业模式之后,可以带动乡村发展的产业选择并不多,剩下的只有现代农业和旅游业。他主张让企业和金融机构参与其中,联合政府和村民,以整体规划、开发、运营的方式参与乡村经济社会的发展。③

张诚的田园综合体理论与万达的城市综合体理论如出一辙——一种让企业参与、多方共建的,带有商业模式的顶层设计的开发模式。在万达城市综合体商业模型中,综合体的核心商业部分只租不售,而巨大的资金投入则通过配套的住宅、写字楼销售来完成平衡,从而完成"房

---

① 参见《万达张诚加盟东方园林,超越唐骏成打工皇帝》,赢商网2011年11月16日。
② 张诚:《田园综合体模式研究》,北京大学EMBA毕业专题报告,2012年3月。
③ 张诚、徐心怡:《新田园主义理论在新型城镇化建设中的探索与实践》,《小城镇建设》2017年第3期。

地产开发补贴商业运营"的闭环。在田园东方项目中,田园综合体则是一种"现代农业＋休闲文旅＋田园地产"的综合发展模式,其中现代农业是基底,休闲文旅是现金流,而田园地产则是资本平衡。项目在现代农业和休闲文旅方面投入了巨大的前期资金,截至目前,以阳山水蜜桃为核心的现代农业仍未盈利。据张诚透露,这个盈利期估计要到2022年。而田园东方的休闲文旅板块同样并不乐观,2012年项目开园,但直到2017年项目年客流量超过30万人,旅游板块才实现微利。然而,张诚并不太需要为项目的高资本投入而担心,因为田园东方项目配套了相当规模的田园地产,而这11.6万平方米、358户的别墅项目使得项目前期投入很好地获得了资本平衡。①

●田园东方的配套地产

---

① 参见《田园东方张诚:田园综合体要摆脱地产依赖》,经济观察网2018年7月13日。

如果说前两年万达商业地产逐步由"重型化"转向"轻资产"的决策是因整个地产板块向下趋势的缘故不得已而为之的话,那么田园东方从一开始就注定只能走"轻资产"模式。这其中的原因有两个:第一,乡村的休闲文旅体量难以与城市的核心商业区相比,运营 5 年的田园东方的年游客量也只有 30 万人次,没有流量就没有现金流,整个项目重资产化的意义就不大。第二,支撑整个综合体资金平衡的地产板块可遇不可求。无锡项目毗邻市区,所以别墅的价值就高,然而类似的项目就难以复制,最关键的是,中央三令五申地要求严控农用地的非农化,在中央的政策解读中,田园综合体的去地产化将是必由之路。

张诚不得不妥协,"田园东方将逐步剔除地产,同时转向轻资产模式"①。时隔 6 年之后,2018 年下半年成都田园东方项目开门迎客。成都项目也是田园东方继无锡之后的第二个田园综合体项目,田园综合体的模式复制之难可见一斑。项目的大股东是成都和盛家园小城镇农业开发集团,这是成都本地一家专业从事集体土地整理的公司,和盛家园持有成都田园东方的 65% 股权,而田园东方轻资产输出,占股比例为 35%。

两 个 概 念

2017 年 5 月,财政部下发《关于开展田园综合体建设试点工作的通知》,标志着田园综合体从样板走向全国的推广。按通知要求,财政部确定河北、山西、内蒙古、江苏等 18 个省份开展建设试点,每个省份

---

① 参见《田园东方张诚:田园综合体要摆脱地产依赖》,经济观察网 2018 年 7 月 13 日。

安排1—2个试点项目。然而,对照财政部对田园综合体的解读,笔者发现中央政策指引与田园东方模板之间存在较大的差别。

首先,是田园综合体的构成。田园东方认为田园综合体是"农业＋文旅＋地产"三位一体的综合发展模式,是通过农旅双联、产城一体的方式打造新型城镇示范区。而中央将其解读为"以农民合作社为主要载体,让农民充分参与和受益,集循环农业、创意农业、农事体验于一体的田园综合体"。田园东方是代表着城市资本、工商企业下乡的一种商业模式,因此构成其资本闭环的地产板块是其中不可或缺的一环,而中央却明确提出"违规进行房地产开发和私人庄园会所建设"的试点项目不予受理,地产板块的被斥化与红线化一目了然。

其次,是田园综合体的主体。无论是文旅板块,还是地产板块,田园东方的开发与建设主体显然都是城市工商企业,即使是农业板块,田园东方都认为,应该由企业来承接农业,从而可以避免实力弱小的农户的短期导向行为,通过中长期规划,以农业产业园的方式提升农业产业、发展现代农业。而中央则认为农村集体组织应该在田园综合体建设中发挥主体作用,通过农民合作社等渠道让农民参与建设,增强和壮大集体经济发展活力和实力,让农民分享集体经济发展和田园综合体发展成果。

最后,是田园综合体的根本。田园东方所代表的城市资本下乡的商业模式,其本质是通过开发乡村文旅和田园地产来获取城市人群下乡消费的红利,顺便带动三农发展与农民增收,至于后者能不能获益,并非主体所真正关心的核心问题。而中央的意图则明确提出"坚持以农为本",发展现代农业,保持田园风光,确保农民受益,其三农为根本指引的导向一目了然。

安吉鲁家村

如果以田园综合体的启动资金来源作为分类标准的话，无锡田园东方毫无疑问属于"资本下乡型"，那么安吉鲁家村就属于"政策示范型"。

如果以上海为中心，不难发现，在广大的长三角冲积平原的基底之上，浙江湖州是距离上海最近的丘陵山地区域，而安吉则是这一片山清水秀之地的精华所在。这个取名"安且吉兮"最早可以追溯到汉朝的小县城一度曾是浙江 25 个贫困县之一，以山地丘陵为主的地貌以及闭塞的对外交通条件，剥夺了安吉在工业浪潮中一展身手的可能性，无奈的安吉只能另辟蹊径，把"生态立县"作为根本性城市发展战略。以生态为纲的安吉在绿色发展的道路上生猛异常，先后摘下"中国首个生态县""联合国人居奖""中国美丽乡村""全国休闲农业与乡村旅游示范县""国家乡村旅游度假实验区""全国生态文明试点县"等多个国家级招牌，特别是 2005 年习近平在安吉余村留下"绿水青山就是金山银山"的发展基调之后，安吉正式成为"两山论"的发源地，中共"十八大"将"生态文明"列入推进中国特色社会主义事业的"五位一体"总布局，则将"两山论"的策源地安吉推向了新的政治高度。

极高的政治站位必定能带来巨大的资源倾斜，这其中的受益者就包括名不见经传的鲁家村。2011 年之前的鲁家村还是一个典型的"四无"村（无名人故居、无古村落、无风景名胜、无像样产业），村委可以支用的资金少得可怜。在能人村长的带领下，鲁家村从美丽乡村的各类政策资金中争取到了 600 多万元，再通过土地流转、发动乡贤等方式东拼西凑出一部分费用，这才有了启动美丽乡村建设的初步资金。走进如今的鲁家村，你远远地就能看见一辆红色的观光火车，崭新的游客接待中心以及"两山学院"，还有漂亮的可以媲美城市花园的村貌景观。2018年，鲁家村顺利入围第一批"15个国家级田园综合体试点"，并成功申报 AAAA 级景区。鲁家村的成功离不开乡贤能人的带领，更少不了独特的发展理念的引领，但政策及扶持资金在其中似乎扮演着更为关键的角色。鲁家村"田园变景区、资源变资产、农民变股民"的做法，得到了农业部、财政部等中央部委领导的认可，农业农村部部长韩长赋曾点名鲁家村的创新实践值得探索，鲁家村因此得到了中央一笔亿元级资金的扶持，此后更是多次登上新闻联播、焦点访谈等节目。大量资金的注入，使得鲁家村有能力进一步提升基础设施、公共服务水平以及村落景观风貌。大量政策的关注，使得鲁家村有能力吸引更多的外来投资——2017年鲁家村的村集体资产突破了2亿元，村民收入也从

▲观光火车：上了快车道的鲁家村

1.9万元上升至3.3万元。

鲁家村作为"两山论"策源地的第一个田园综合体样板,亦是国家乡村振兴战略的重要示范,拥有极高的政治定位,自然受到了来自中央、全国层面的党政官员的重视与关注。国务院副总理胡春华、农业农村部部长韩长赋及副部长韩俊、山东省委书记刘家义、湖南省委书记杜家毫等纷纷前往调研,引发了全国性的考察潮。政治上的高度被追逐使得鲁家村嗅到了独特的商业机会。在鲁家村运营副总束永香看来,在乡村旅游资源异常丰富、水平已经很高的江浙一带,鲁家村并不具备突出的比较优势,无论是产业独特性还是旅游的品位等级,鲁家村只能算是资质平平。如何找寻独特的发展之道,鲁家村或许还得往政治上靠。

鲁家村的"两山学院"就是一个重要的策划创新,这个投资总额超过1 200万元,占地面积2 400平方米的会议中心将主要用于接待全国各地的党政考察团、培训团等,"两山学院"已经与中央以及全国各地的党校展开了合作。2018年夏天,中央党校、国家开发银行联合举办的脱贫攻坚领导干部培训班上,100多人端坐在"两山学院"内聆听村委会主任讲述鲁家村的乡村振兴故事,标志着"两山学院"正式开班了。据束永香所说,"两山学院"将最终打造成为"两山理论"的研学基地和最新实践成果的传播基地。

如今的鲁家村,党政考察团络绎不绝,而村里相当一部分的收入就来自考察接待。村书记、村委主任,包括鲁家村运营经理的接待费用都是明码标价,为了满足更多的接待需求,鲁家村还组建了一支"草根讲师团",讲师团成员遍布各个层面,既有县农办、所属街道的相关领导,也有鲁家村干部、经营公司相关人员,还邀请了县内其他村的村干部加入。

袁 家 村

　　田园综合体是一个以农业为基的功能复合体,"以农为底色"的特征决定了田园综合体必然无法与城市综合体在商业盈利性方面一争高下。而盈利能力的赢弱影响到了外来投资的积极性,这也注定了田园综合体难以像城市综合体一般快速复制、遍地开花。政府在推动新生事物生长与发展过程中,通过政策与资金引导建立模板与示范,是一种常规性操作模式,具有良好的正向性。但我们要看到"政策催熟"背后的不可复制性,田园综合体的发展与成熟最终还要依靠自身的商业逻辑。

　　从严格意义上讲,陕西袁家村并不能算是田园综合体,但袁家村的特色旅游或许可以给田园综合体的旅游创新带来一些启示。袁家村这两年迅速蹿红,从一块贫瘠的关中旱地,一跃成为乡村旅游界无人不知、无人不晓的"大网红"。其现象所带来的思索要比惊人的接待量与营业额更有意义,旅游产品似乎进入了一个唯有创新才能生存的新阶段。

　　2007年,西安近郊的袁家村和周边的十多个村子一同迎来了转型期,村委书记郭占武邀请了一连串西安当地的规划设计团队及旅游资深人士前往袁家村调研,帮忙出谋划策。这些权威专家在破败贫瘠、毫无特点的村子里转了两圈,最后兴致索然地跟郭书记坦白——"袁家村这个条件,没法做旅游"。郭占武在多年以后介绍袁家村成功经验的时候,不无骄傲地说,"从起步到今天,袁家村的策划、规划、营销、推广、建设乃至装修都是我们自己做的,没有一个设计师参与其中。而袁家村现象的本质,就是基层村干部带领村民在自己的家园之上发展民俗旅游、让村民致富的故事。"①

和无锡田园东方的城市资本、安吉鲁家村政策资本不同的是,袁家村是一个从零资本基础之上崛起的励志故事,这个在贫瘠的关中旱地之上蹦出的旅游奇迹,让人不禁感叹村集体经营与有效的商业模式精准结合之后所迸发出的巨大能量。

袁家村以村集体为经营主体,高度聚焦关中小吃,打造关中印象体验地。走进袁家村,你首先会被各种林立的店铺招牌以及随之飘来的各式小吃的香味所吸引,在袁家村你能一次性品尝到超过300种不同的正宗关中小吃。在这里,你的胃有多大,你的口福就有多好。袁家村

▲袁家村:关中小吃的天堂

① 参见"首届中国古村大会"郭占武演讲,2015年11月。

采用村集体统一经营、统一管理、统一分红的"村集体公司制",村民们从此拧成了一股绳,个体商户的收入与村集体的经营收益相挂钩,从而避免了个体之间的恶性竞争,同时使得村民的收入差距不会过大,最终保障了整个系统构架的可持续性。村书记郭占武在整个"村集体公司"架构上做出了巧妙的安排。

首先,郭占武创新性地要求每种关中小吃只能由一家经营,绝不重复,从而避免了村民内部恶性竞争;其次,通过村集体统一经营、管理及分红的模式,将村民的收入差距缩小至最低。最挣钱的酸奶铺不会因为赚得多而遭人嫉恨,同样,业绩平平的烧饼铺年底也会有不错的平均分红。在平衡好村集体内部关系之后,袁家村把重心放在了客户体验上,对所有的食品原料进行统一供货,以保障原料的安全与新鲜,对灶台的大小、位置和设计风格严格把控,以保证情景体验的原汁原味。对那些经营不善的店铺,村集体公司每个月统计销量后5名,协助调整经营方式,实在调整不过来的,就考虑换人或是换产品。

通过无中生有地打造关中小吃集聚地,同时赋予这些小吃极强的"食品安全、价格公道、正宗放心"的信任体系,袁家村小吃精准地切中了游客及吃货们的情感诉求,通过口碑及网络传播,袁家村快速地形成了自己的 IP 效应。据数据统计,如今的袁家村的餐饮业日营业额已经达到 200 万元,年收入超过 3.8 亿元,一个小小的村庄,年接待游客超过 500 万人,日游客数量最高可达惊人的 18 万人。[①]

回望 2007 年的袁家村,那是一个连一条小河、一片树林、一个土地庙都没有的空心村,贫瘠的关中土地上再寻常不过的一个小村子,如今

[①] 参见《袁家村:40 年发展步伐与改革同频》,《三秦都市报》2018 年 10 月 18 日。

却能发展成为村民人均年收入超过10万元,吸纳3 000多人就业,带动周边数万农民增收的"网红"旅游地,不得不让人赞叹。袁家村靠的不是资本,不是政策,也不是专业,而是因地制宜的合理与市场化的商业模式结合下的巧妙创新。

Mokumoku农场

如果说袁家村靠的是创新,是关中小吃的独特优势,是能人干部的责任与智慧,那么还有一些田园综合体的成功是几十年如一日、孜孜不倦的努力与坚守的成果。

位于日本三重县伊贺市的Mokumoku农场,是一个以猪为主题IP的农场型田园综合体,由于距离京都、大阪与名古屋等大都市只有2小时车程,因此农场天然享有周末经济的红利。农场核心区占地约200亩,1 500亩的农业生产区围绕四周,农场的产业链条涉及观光农业、研发生产、加工制作、产品销售、亲子教育等,是日本六次产业的一个典型代表。

Mokumoku农场自创立至今已有30年,最早是一家拥有3个股东的私营肉类加工厂,由于对外交通不畅,肉类难以卖出理想的价格,加工厂面临倒闭的困境。聪明的社长偶然发现了日本的"太太经济"现象,于是着手创办手工香肠体验课程,以吸引日本家庭太太们前往农场参观并亲手参与制作香肠,从而建立起大批忠实的粉丝会员,让猪香肠变成了品质保障的畅销产品。随着肉类加工厂的不断做大,周边的农户也开始加入农场的阵营,农场逐步由一个贩卖香肠的单一业态的加工厂向一、二、三产业融合的田园综合体转变,啤酒作坊、牛奶作坊、麦

●Mokumoku：以猪为主题的亲子农场

芽作坊等新业态不断加入其中。如今的 Mokumoku 农场涵盖多种服务功能，包括观光游览、科普教育、产品展览、餐饮美食、休闲体验、商品购买和度假住宿等。

　　Mokumoku 农场是一个典型的以农户联合体为经营主体的田园综合体，在 30 多年的经营过程中一直保持着"姓农为农"的天然本色。由于日本是一个三农垄断性极强的国家，农协在农村一直处于主导性位置，所以城市资本一直无法进入农村与民争利，农业产业体系中的加工、物流、金融等高附加值链条的收益都能完整地留在农村。Mokumoku 农场总投资约 35 亿日元（合人民币约 2 亿元），除了初创的 3 个合伙人，地方政府、农协等也参与投资，而后者的参与更为看中的是农场在带动就业、提升区域旅游上所能发挥的作用。

　　松尚尾之是农场的创始人之一，笔者前往农场考察时，他负责讲解农场的历史与运营之道。据他介绍，Mokumoku 已经成为日本非常知名的一个农场品牌,除了农场本身,Mokumoku还在城市中开起了零售分店用于销售农产品,每年的销售业绩不菲。在这30年的经营过程中,也有不少城市资本看中了Mokumoku品牌的潜在价值,想要入股其中,但农场委员会多次予以拒绝。在他们看来,只有农民把控的农场才能生存得好,因为农业是一个微利的产业,而城市资本天然具备逐利的狼性,大风能助力小舟前行,亦能瞬间将其颠覆。Mokumoku农场拒绝采用外部承包的模式,农场拥有全职员工120多人,都是周边村子里的农户,大家齐心协力经营着超过30家店铺,包括蘑菇农园、麦芽工坊、啤酒厂、猪主题馆、叉烧肉主题馆、乡村料理店、烧烤店、纯天然餐厅、手工体验馆、蔬菜教育超市、露天温泉以及度假酒店等。现在农场每年的游客量超过了35万人次,全产业链条、深度体验、多业态的运作保证了农场一直拥有全面稳定的收益。松尚尾之透露,现在农场每年的纯利润大约为7 000万日元(约合人民币400万元)。对于35亿日元的总投资额来说,这个数字并不算多,折合利润率只有2%,不过正如松尚尾之所言,农场的存在并不完全为了逐利,而是给周边的农户带来一份体面的工作,以及不输给城市就业者的收入水平。

无论是资本下乡型的田园东方还是政策示范型的鲁家村,似乎都不具备快速复制的可能性,倒是以周边农户为联合主体的日本Mokumoku农场或许是下一阶段中国田园综合体发展的一个可借鉴样本。

脱离开商业模式谈论投资规模巨大、牵扯多方角色的复杂的田园综合体,无异于修建空中楼阁。笔者认为,无论是企业主导、政府主导还是村集体主导的田园综合体,都需将商业模式放在顶层设计的考量之中，找到适应本土、适应市场的商业模式是田园综合体生存的长久之道。

"少无适俗韵，性本爱丘山……久在樊笼里，复得返自然"，当下的城市人群与2000年前的魏晋人陶渊明似乎拥有同样的心境。毫无疑问，也正是城市消费的外溢促成了田园综合体、大乡村旅游等新功能、新业态的出现，一个又一个"桃花源"般的田园仙境就此喷薄而出。随着旅游、休闲、文化、教育、养老、旅居等"幸福产业"在当下中产消费升级背景下不断提升换挡，并与乡村田园进一步融合，田园综合体的商业可能性正打开前所未有的图景。

淘宝村：互联网＋边缘革命

> 淘宝村是中国一场重要的"边缘革命"，得益于互联网这个新的经济基础设施，众多边缘要素得以聚合，从而催生出淘宝村这个如火如荼的边缘现象。
>
> ——阿里巴巴副总裁梁晓春

2017年12月，第五届"中国淘宝村高峰论坛"落户山东菏泽，这个貌不惊人的山东城市，超越了浙江的温州和金华，成为中国拥有最多淘宝村的城市。阿里巴巴董事局主席马云照例通过视频发表了主题演讲，"30年以前，我们有了小岗村，今天，我们有了淘宝村。中国每一次的进步都是农村的进步，农村的变革是中国变革的核心。袁隆平先生把亩产做了1 000斤，而互联网要把亩产做到1 000美金。未来，因为互联网，农民会成为新农民。"[①]

"淘宝村"这个新词可以追溯至2009年，这个由阿里研究院发明的词汇指的是"聚集在某个村落的网商，以淘宝为主要交易平台，以淘宝电商生态系统为依托，形成规模和协同效应的网络商业群聚现象"。阿里研究院将淘宝村的认定标准设定为三条：第一，交易场所、经营场所

---

① 参见马云在第五届山东菏泽中国淘宝村高峰论坛上的视频主题演讲。

在农村地区,以行政村为基本单元;第二,在交易规模方面,电子商务年交易额达到 1 000 万元;第三,在网商规模方面,本村注册网店数量达到 50 家,或者注册网店数量达到当地家庭户数的 10%。根据阿里研究院的统计,2009 年中国一共拥有 3 个淘宝村,它们分别是浙江义乌的青岩刘村、河北清河的东高村以及江苏睢宁的东风村。到了 2018 年,这个数字暴增至 3 202 个,而且依旧保持着年均 50% 以上的增长率。

淘宝村是互联网与农村经济融合的特殊产物,放眼全球也是独一无二的经济现象。阿里巴巴副总裁梁晓春曾精辟地总结淘宝村现象,他认为淘宝村是中国一场重要的"边缘革命":与城市相比,农村无疑是边缘的,与主流的线下超市相比,电子商务一开始也无疑是边缘的,最早返乡从事电商的草根创业者基本都是城市的边缘人,淘宝村也基本分布在城市的边缘区位,而淘宝村的主要产品也多为低成本的边缘产品,但正是得益于互联网这个新的基础设施,这些边缘要素才得以聚合,从而催生出淘宝村这个如火如荼的边缘现象。[①]

义乌青岩刘村

浙江义乌的青岩刘村就是这场边缘革命的起点。青岩刘村地处义乌市郊区,距离全球最大的小商品集散地——义乌国际商贸城仅 7 公里。因为临近货源地,青岩刘村天然享有货物品种和价格两方面的优势,义乌人自古重商、善经营,有着"鸡毛换糖以博微利"的传统,加上对市场

[①] 参见梁春晓:《改革开放和互联网都是货真价实的边缘革命》,搜狐网-阿里研究院 2018 年 6 月 28 日。

拥有天然的洞悉力与敏感度,淘宝村现象首先在义乌出现并不让人意外。

2007年美国次贷危机爆发,引发了全球经济下行,义乌的外贸市场受到剧烈的冲击,青岩刘村旁的一个以日用家居为主的专业市场随之要彻底搬迁。这个专业市场的个体户老板们原本租用了青岩刘村大量的房屋,现在要集体搬家,村里由此面临一场突如其来的退租风波。为了将这些闲置的房屋填满,焦虑的村"两委"有着不同的想法。有人提议学习义乌的其他街道搞纺织品等专业街,也有人提议搞电子商务,这个人就是后来被称为"淘宝第一村"创始人的刘文高。2008年的电子商务对于普通大众来说还是一个新鲜事物,然而距离义乌仅有140公里的杭州阿里巴巴正在快速地崛起,很少人会预料到6年后阿里巴巴在美国上市时,它的市值会达到万亿级的水平。刘文高敏锐地察觉到了这股风潮,他发现虽然外贸下行,但是村里为数不多的一些从事淘宝网销生意的租客丝毫没有受到影响,生意反而变得越发兴隆。在上级街道的支持下,刘文高拉上义乌工商学院,成立了电子商务领导办公室,从此青岩刘村走上了电子商务的康庄之路。

2014年,李克强前往青岩刘村调研电子商务,将青岩刘村推向了前台。青岩刘村被总理称赞为中国"网店第一村",截至2016年年底,青岩刘村网店数量超过了4 000家,电商从业人员2.5万人,一个只有420亩地、2 000户居民的小村子,电商交易总额突破了60亿元,地均产值更是达到了1 430万元/亩。

北 山 模 式

青岩刘村依托全球最大的小商品批发市场一跃成为中国"网店第

一村",是占据了"地利"。数据显示,中国当前超过75%的网货直接或间接来自义乌小商品市场。

放眼全国3 202个淘宝村,其产品来源主要有三种类型:

第一种类型通常是本地拥有较为坚实的产业基础,淘宝村只要将原有产品的销售渠道从实体店拓展到互联网,依托互联网消费快速普及的红利,淘宝村就能迅速成型。浙江省拥有的淘宝村数量在全国遥遥领先,占据全国比重高达36.6%,是排名第二的广东的两倍,这与浙江省块状经济的产业基础密不可分,源远流长的经商、创业传统与电子商务的快速融合催生出大量的浙江淘宝村,青岩刘村就是典型的案例。

第二种类型是依托本地的土产品,虽没有形成完整的产业链条,但却能凭借产品的独特性而错位发展,诸如山东曹县大集镇的儿童演出服饰、河南洛阳孟津县的唐三彩与牡丹花以及湖北十堰市下营村的绿松石等。

第三种类型是无中生有型,典型案例是浙江丽水缙云县的北山村。北山村的产品既不是产业型产品,也算不上土特产,而是从义乌小商品市场进口的户外用品,但北山村将舶来的户外用品打造出了北山自有的品牌"北山狼",从而逐步形成了"加盟网店代销+代工厂""品牌+渠道经营"的"北山模式",成为中国淘宝村的典型模式之一。①

丽水缙云县的北山村是一个位置偏僻的典型农业村,外出打工的青壮年一般以烤烧饼为主,因此也有"烧饼村"之称。2006年,返乡农民吕振鸿和弟弟开上了淘宝店,主要贩卖从义乌进口的户外用品,兄弟

---

① 阿里巴巴(中国)有限公司:《中国淘宝村》,电子工业出版社2015年版,第89页。

俩的淘宝店越做越红火,带动了村里乡亲们也相继上网开店。和一般淘宝村不同的是,村里90%以上的网店都成为吕振鸿兄弟俩所拥有的"北山狼"品牌的分销商。对此,吕振鸿的解释是"北山狼"品牌认同度高,兄弟俩又帮忙垫货,使得村民们的淘宝店既不用担心货源与库存问题,又不愁周转资金,村民上网开店的风险降至最低。村民的抱团"北山狼"进一步扩大了品牌的市场占有率与知名度,吕振鸿兄弟俩不仅带动了本村村民致富,也反过来从分销商那里赚取了利润,可谓一举多得。截至2016年,这个人口不足800人的偏僻小山村已经拥有网店超过300家,年销售额达到1.5亿元,淘宝上30%以上的户外睡袋来自北山村。"北山模式"走通了一条不依赖本地特色产业产品,以自创品牌为核心,以本村分销商为支撑,通过代工厂落地的"一村一品"的农村电子商务新路,成为中国淘宝村的重要模式之一。

政 府 的 作 用

绝大多数淘宝村都是自然疯长的结果,往往是拥有"吃螃蟹"精神的一个或是若干个领头人打造出了挣钱的样板,继而在村落这个熟人社会关系网络中快速传播,从而产生跟风效应,最终形成规模化的结果。然而,在一些淘宝村的发展过程中,地方政府同样扮演了重要的"助推器"作用,广东揭阳军埔村就是典型的案例。

揭阳是粤东的一个地级市,与沿海的广州、佛山等地相比,粤东和粤西、粤北一道向来都是后进生,拖了整个广东省的后腿。因此,当军埔村电子商务的报告被提交到揭阳市政府的办公桌上时,市委、市政府眼前一亮,高度重视,将其认为是粤东农村发展的一种新模式和新机遇。揭阳市委、市政府将电商作为揭阳发展的一个重要方向,施以空前的力度支持和培育这一新兴产业。首先,揭阳成立了以市政府副秘书长为主任的电子商务办公室,人社局、工商局、税务局等十多个部门成员加入,并将电商办办公地点直接设置在了军埔村;接着,政府负责落实基础设施与公共服务配套的完善,军埔村成为广东省第一个宽带光纤到户的农村,联通、电信等通信服务商进入村里新建基站,设置自助服务终端。政府组织成立电商服务中心,为企业提供工商、电信、设计、金融、招商等一站式服务,然后,揭阳通过出台各类政策措施,为电商企业解决融资难问题,为符合资格的电商提供房租、网络等补贴和减免,大大激发了农民电商创业的热情。政府还拨款成立军埔电商学校,开设覆盖全市的免费电子商务培训班。最后,为了解决行业内部恶性竞争的问题,政府牵头成立军埔村电子商务协会,推动企业抱团发展,规避同质化恶性竞争,形成诚信经营、依法经营的氛围。

政府的前期介入与推动,大大加快了军埔村的发展速度。2017年,这个人口不满3000人的粤东小村庄实现了年销售额40亿元的惊人业绩,网店超过3万家,实体店300多家,成为电商明星村。

与东部沿海地区相比,中西部地区农民的思维观念相对滞后,如果单靠市场力量,淘宝村现象恐怕很难出现,这就需要政府起到牵头与引导的作用,而政府并不具备提供专业技术的能力,这就需要对外购买电子商务的相关服务,因此"政府+服务商"的模式便浮现出来,河南洛阳孟津县便是应用这种模式最为成功的案例。

孟津县政府自2016年以来,购买洛阳闪讯电子商务有限公司的配套服务,已在县里成功培育出三个淘宝村。在政府与洛阳闪讯电子商务有限公司的合同里,服务商的工作被定义为两个层面:第一,为县里挑选有良好发展前景的培育对象;第二,对培育对象进行陪伴式服务。服务商首先与政府一道考察并选择拥有一定产业基础的村落作为培育对象,然后有针对性地制定培育方案,最为关键的是服务商需要派遣小型团队驻扎村里,开展两个阶段的陪伴式服务。第一个阶段是半年集中式的陪伴运营,通过"1个月全面培训、3个月孵化和2个月资源整合"为村民开办网店打下初步基础;第二阶段是半年到两年不等的差别化陪伴运营,包括24小时解决村民问题、分类差别化培育网店以及进行整体运营的数据分析等。

政府通过购买服务商服务,为淘宝村提供一站式的保姆式服务,事实证明,这种模式是成功的。截至2018年,孟津县已成功培育出3个以特色产品为主的淘宝村,分别是销售牡丹画的平乐村、销售唐三彩的南石山村和销售特色农产品的东山头村。

沙 集 模 式

一个淘宝村如果能解决一村百姓就业、带动一村百姓致富已属难能可贵,如果还能引领整个区域产业升级,促进城乡协同发展,那就算涅槃蝶变,升级成为典型的发展模式了。

2010年9月,在第七届全球网商大会上,睢宁县沙集镇获得了唯一的"最佳网商沃土奖",中国社科院与阿里研究中心正式提出淘宝村的"沙集模式"。"沙集模式"是一种"网络+农户+公司"型的自产自销模式,以电商带动上下游产业的集群发展模式。根据阿里研究中心的报告,近5年,中国淘宝村的快速增长呈现出"在一定地域范围内快速裂变式增殖的态势",①也就是说淘宝村数量的增长往往是围绕已有淘宝村的裂变式复制的结果。沙集镇就是其中的典型,沙集镇掘金成功的经验迅速在睢宁县内发酵,特别是在2011年政府参与之后,大大加快了"沙集模式"在睢宁县的裂变进程,电子商务园、电商产业园、电商物流园等新功能纷纷落地。截至2017年年底,睢宁县已经拥有10个淘宝镇、92个淘宝村、网商3.2万户、网店4.3万个,带动就业人数超过20万人,占到全县劳动力总数的1/3,农民人均收入增量的50%来自电商,睢宁县成为名副其实的淘宝村集群县。②

脱 贫 就 业

自2009年横空出世以来,淘宝村的数量经历了井喷式的快速增长,已经成为颇具全国影响力的经济地理现象。对2018年全国3 202个淘宝村的统计发现,96%以上的淘宝村高度密集地分布在东部沿海地区,中部其次,广大的西部地区淘宝村寥寥,可见淘宝村的空间分布与中国"东中西"的经济地理梯度高度吻合,其本身就是中国区域经济现象的一个重要体现。③

在东部沿海地区中,尤其以浙江、广东、江苏及山东的淘宝村数量最为集中,共占到了全国总数的81.4%,根据2018年中国省级GDP排名表,这4个省份刚好排名前四,构成了中国区域经济的第一梯队。

---

① 参见南京大学空间规划研究中心、阿里新乡村研究中心发布的《中国淘宝村发展报告(2014—2018)》,2018年12月。
② 刘彦华:《"睢宁模式"是如何炼成的》,《小康》2018年11月下。
③ 参见南京大学空间规划研究中心、阿里新乡村研究中心发布的《中国淘宝村发展报告(2014—2018)》,2018年12月。

淘宝村：互联网＋边缘革命

广大的中西部地区难以与东部沿海地区相抗衡，一方面，在于产业基础相对薄弱，大部分的淘宝村卖的并非农产品，而是工业产品，强大的制造业是催生出互联网化的淘宝村的现实基础，而中西部的淘宝村产品主要以当地的土特产和传统手工业为主，如云南大理新华村的传统手工银器、新疆乌鲁木齐仓房沟村的花蜜等；另一方面，中国知识技术与创新观念的传播规律一般是从东部沿海地区逐渐向中西部地区渗透，与东部沿海地区相比，当前中西部农民的创新创业意识还很薄弱，很难自发形成淘宝村成长所需的创新创业氛围。

不管是在东部沿海地区，还是在中西部地区，一旦淘宝村生根发芽，它所带来的发展效应一样不可小觑。2018年11月，世界银行行长金墉在上海进博会开幕式上为中国淘宝村点赞，他指出中国贵州的贫困率已经由30%下降到8%左右，其中农村电子商务功不可没。贵州的猕猴桃等特产经由互联网得以走出大山，有效地帮助了当地农民摆脱贫困。① 一份世界银行与北京大学合作的调查报告显示，从事农村电商的家庭普遍比其他家庭富裕，大批创业者不仅通过电商增加了收入，而且还创造了附带的众多就业机会，让农村的妇女、老人、残疾人等找到了适合自己的工作。数据显示，淘宝村平均每新增1个活跃网店，就可创造约2.8个就业机会。淘宝村为中国广大农村的减贫脱贫探索出了一条新道路。② 根据阿里研究院的数据统计，约有20%的淘宝村分布在贫困县，其中43个位于国家级贫困县、600多个位于省级贫困县。受益于电子商务，山东菏泽43个贫困村在成为淘宝村后实现了整

---

① 参见《世行行长金墉进博会演讲，以亲身感想力推"阿里扶贫模式"》，华夏头条网2018年11月5日。
② 参见《持续看好阿里农村电商，可解全球减贫难题》，网经社2018年11月25日。

村脱贫,全市电商受益贫困群众超过2.5万人,并获得了"全国脱贫攻坚组织创新奖"。中国淘宝村的成功实践给予了世界银行新的脱贫启发,目前世界银行正在与阿里巴巴合作,努力将中国发展淘宝村的经验介绍到更多国家,为全球贫困人口带去脱贫解决方案。

从淘宝村到美丽乡村

淘宝村给乡村带来了就业与致富,但最终还得引领乡村成为生态宜居之地,让农民不仅有尊严的收入,而且有体面的生活环境。十堰市郧西县下营村是湖北省第一个淘宝村,这个地处秦巴山区深处的鄂西北小山村,曾是一个典型的穷山恶水之地,交通不便、信息闭塞,一点信号都搜不着,买个手机到村里就彻底成了"砖头"。以前的下营村和其他山区农村并无两样,家家牛羊圈,污水横流,臭气熏天。2014年,下营村被阿里巴巴评为湖北首个淘宝村,全村淘宝网店占到全村总户的20%,1 000多个村民中超过一半人从事主要产品绿松石的开采、加工和销售工作,2017年全村绿松石的销售额达到了7 000万元。

产业的兴旺带动了村民的致富,家家建起了小洋楼、开起了小汽车,但下营村并未止步,村支书刘廷洲说:"下营村人富了,我们还要让村庄美起来。我们要保持村庄原貌,留住乡愁。"2014年,村里启动美丽乡村建设,从最脏最臭的猪圈开始,村口7户人家的一排猪圈被改造成了金牛广场,"淘宝村"三个大字落在广场旁的景观石上,成为游客拍照的景点,村里的臭水塘变成了荷花池,泥泞不堪的泥巴路变成了石板巷,枯竭的绿松石采矿区如今成了地质公园,成为游客必去的景点。"眼前荷花嫣红,亭台楼榭古朴典雅,远处满目苍翠,土墙黛瓦村景交融。"① 下营村摇身一变成为一个集旅游观光、民俗体验、电商示范于一体的美丽乡村。

2018年8月17日,超过2万人拥入了这个人口仅有1000人的小村子,来参加下营村举办的首届淘宝小镇荷塘音乐节。农家乐爆满,村里启动了流动宴席才能满足游客的餐饮需求,20多家农特产品展销合作社通过卖出绿松石及土特产品等实现了100多万元的销售收入。下营村这个淘宝小镇展现出无限的潜力,上级政府已将其定位为"秦巴山片区首个乡村旅游综合体",下营村也正式进入了生产、生活、生态"三生"协调的美丽乡村发展新阶段。

笔者认为,以淘宝村为代表的农村电子商务是乡村产业振兴的重要创新方式。随着农村互联网普及水平的提升,以及农村物流的不断下沉,在相当长的一段时间内,淘宝村还将以每年50%左右的速度快速增长,农村电子商务是未来许多拥有产业机会的乡村摆脱贫困、实现振兴的重要机会。

"在外东奔西跑,不如回家淘宝",这个流行多年的乡村标语,是很多农民心中的致富信条。"互联网时代,城乡是平的",淘宝等电子商务平台将城乡间的信息沟壑抹平,而"最后一公里"的物流全覆盖则将城与乡的空间隔离彻底打破。淘宝村这个蓬勃新兴的经济地理现象正悄然而有力地改变着中国城乡格局,给乡村振兴带去越来越多的惊喜。

---

① 参见《淘宝村共圆美丽梦——勋西下营村建设富美乡村的故事》,《湖北日报》2017年8月27日。

家庭农场：向左或是向右

未来的农民，全部是像我这样子的，开着车，化着妆，在下田之余，我们和城市中产阶级一样，讲究生活品质，是很时尚的新农民。

——松江家庭农场主沈万英

政府主导下的松江模式

"70后"的沈万英在老乡眼中是个另类。别人家的孩子都是挤破了脑袋要去城里谋份工作，她却放着城里的舒适日子不过，回到田里干起了日晒雨淋的农活。

早上9点，家住上海市松江区石湖荡镇金胜村的沈万英，和普通的城市女白领一样，在上班之前坐在化妆镜前认真地化妆，不同的是女白领去的是办公室，而沈万英要去的是田间。村里人看着这个"招摇过市"的新农民，发出好奇又好笑的感叹："哪里有农民像你这样的?!"沈万英的回答充满了自信："未来的农民，全部是像我这样子的，开着车，化着妆，在下田之余，我们和城市中产阶级一样，讲究生活品质，是很时尚的新农民。"[①]

[①] 参见《经济半小时》:《新型农业经营主体纪事：松江竞选当农民》，CCTV2 2017年7月1日。

家庭农场：向左或是向右

沈万英的底气是有来头的。8年前，当她从父亲手里继承土地，准备投身农田之时，父亲的年均收入只有3万元，而如今她名下的承包地已经有115亩之多，除了种植水稻，沈万英积极拓展乡村旅游，融入特色农业科技，还搞了田间超市，并且把它搬上了互联网，现在她每年的收入已经突破了30万元。

新农民沈万英的成功，并不是个例，而这都源于上海松江区2007年以来推出的家庭农场试验。"家庭农场"是一个来自美国的舶来名词，含义为以家庭成员为主要劳动力，从事农业规模化、集约化、商品化的生产经营，并以农业收入为家庭主要收入来源的新型农业经营主体。2007年下半年，松江开始探索推广规模为100—150亩之间的粮食家庭农场。选择100—150亩这个区间，一是考虑到只有一定规模的土地流转才能给家庭农场主带来高于城市打工的收入水平，保证农民种粮的积极性；二是在"土地规模越大，种田盈利就越高"的一般规律下，家庭农场通过控制规模上限，旨在惠及更多农民，而不是养肥个别的大户。2001年以来，松江的粮食总产量逐年下降，逼近国家安排给松江的最低粮食生产保有量10万吨，为了确保完成生产任务，松江把粮食型（水稻）家庭农场作为优先发展对象。

在国务院发展研究中心农村经济研究部原副部长刘守英眼中，松江家庭农场的模式是成功的。[①] 2015年，松江966户家庭农场主，占据了全区95%的粮食面积，每户的经营规模增加至143亩，亩产粮食超585斤，比流转前增加了34斤，户均收入也从2007年的6万元左右翻

---

① 参见《经济半小时》：《新型农业经营主体纪事：松江竞选当农民》，CCTV2 2017年7月1日。

了一番，达到了 12 万元。上海松江区、浙江宁波、湖北武汉、吉林延边和安徽郎溪的家庭农场成为农业部推广学习的全国家庭农场五大发展样本。

总的来说，家庭农场的松江模式，呈现出两"强"的特点：

第一，强势政府主导。相比于市场化程度更高的宁波模式，松江家庭农场更像是一场政府操盘下的包办婚姻。从土地的规范流转、家庭农场主的精细选择、强有力的财政支持到退地农民的妥善安置等，都在松江区政府的运筹帷幄之中。松江模式的一个重要特点是，家庭农场主只在本村中产生，松江对外地人种田并不放心，外地人对土地缺乏管理热忱、不种粮食种经济作物等，都是松江拒绝外地人的原因。最核心的原因还是，在大多数松江农民眼里，规模化之下的家庭农场已经成为有利可图的香饽饽。这笔账很容易算，在外打工每年收入 2 万—3 万元，而回乡务农保底收入就能达到 5 万—6 万元。2014 年，松江区井凌村新增的 6 个农场主名额，竟然引来了 64 位竞选者。这些竞选者面临着激烈的竞争和严格的资格准入，除了要求是本村人，男性农户必需在 60 岁以下，女性在 55 岁以下；竞选者还必须具备一定的农业生产技能，村委会审核之后，还要经村主要领导、村民议事会等民主投票决定。除了对新农场主精挑细选，松江还建立了严格的家庭农场考核和退出机制，只要不能达到区里的生产要求，就会面临清退的境地，相反如果农场在每年的考核中能有较好的表现，区里则会嘉奖，奖励包括延长土地流转的合同期和扩大土地流转的规模。

第二，强大财政支持。松江区很好地解决了失地农民的后顾之忧，土地的流转与集中经营，本质上是新农场主将退出土地农户的微薄利益高效整合的一个过程，因此政府必然需要肩负起失地农民的基本保障。2008年,松江区推出"土地换社保"的政策,鼓励部分农民退出土地以集中流转,政府则将失地农民全部纳入乡镇一级的社保体系。松江雄厚的财政实力有效支撑起这一套保障体系,失地农民每月补贴达到1700元左右,这为失地农民扫清了后顾之忧。松江区在农业生产支持方面同样不遗余力,除去土地流转补贴,政府还通过现金直补、实物补贴和保险补贴等方式支持家庭农场。2011年,松江家庭农场共计收到补贴超2600万元,根据国务院发展研究中心农村经济部的调查,平均每户家庭农场获得的财政补贴有5.6万元,占家庭农场纯收入的60%。[①]

对松江模式的评价,目前主要有两派。一派认为,松江模式既保障了国家粮食的供应,提高了亩均产量,又提升了农场主的收入,更把失地农民纳入了城镇保障体系,是一举多得的成功试验,应该作为模板在全国推广。还有一派认为,松江模式在发达地区可以搞,在大多数农区不可行,理由主要有两个:一是松江的务农劳动力比例低,绝大多数农民已经从农地中脱离出去,农民对于土地的依赖性低,因此土地流转相对容易;二是松江的财政实力雄厚,无论是将失地农民纳入社保还是昂贵的种田补贴,都不是其他农区可以支持的。相关调查证实,虽然松江家庭农场的经营收入依然是大头,占据了总收入的六成,政府补贴只占到总收入的两成,但政府补贴在农民净收入的比重中高达60%,也就是说,如果取消补贴,户均净收入将从9万多元跌至3.6万元,以2个劳动力计算,再考虑到农业的劳动强度与工作环境,农户经营农场的意愿将大大降低。

[①] 刘守英:《上海市松江区家庭农场调查》,《上海农村经济》2013年第10期。

尽管具有一定争议，松江家庭农场对于环一线城市地区的拥有相似城镇化水平、财政水平的区县仍然具有较高的样板推广价值。松江模式通过巧妙的政策设计，让种田重新成为一种有利可图、令人羡慕的职业，越来越多的沈万英从城市返乡加入其中，再次证明了"将来谁来种地？"是个伪命题——只要拥有一定规模以上的土地，配套上基本的社会化服务，种田就永远具备吸引力。

松江政府犹如一位精准的计算师，在城与乡、工与农之间寻找巧妙的平衡点。松江统筹考虑城乡关系、工农关系，确定了浦南主农，浦北主二、三产业的发展格局。"只有减少农业人口，才能带动农民致富"的基本规律，指引松江积极推动农业剩余劳动力城镇就业，给予企业安置补贴，给予"农转非"的农民额外的生活补贴。[①] 与此同时，在浦南，政府通过动态调整土地承包规模和财政补贴，既保障了家庭农场的体面收入，又防止其收入过高，避免引发务工农民回潮。

市场化的宁波模式

如果说松江模式是将政府这只"有形的手"发挥到了极致，那么宁波模式则是市场"无形的手"发挥奇效的结果。宁波在浙江重商主义传统的影响下，凭借顽强的市场竞争与敏锐的意识，走出了一条市场化主导的家庭农场道路。

宁波家庭农场的出现，可以追溯至 20 世纪 80 年代，一批种植养殖

---

① 袁吕岱、操家齐：《政府与市场双轮启动下的家庭农场发展路径选择——基于上海松江、浙江宁波的调查数据分析》，《上海经济研究》2016 年第 3 期。

大户浮出水面,让宁波家庭农场初具雏形。90年代后期,这些种植养殖大户将经营行为工商注册化,以寻求进一步参与市场竞争,并逐步演变成家庭农场。截至2016年年底,宁波在工商部门登记的家庭农场已接近4 000家。

与多年来家庭农场蓬勃发展相伴的是,宁波市土地流转率逐年升高。2014年,宁波的土地流转率一马当先,高达61.8%,超过全国40多个百分点。宁波家庭农场的普遍规模在50—500亩之间,有的家庭农场甚至高达3 000亩。较高的土地流转水平,催生出家庭农场主较高的收入水平。据有关数据统计,宁波大部分家庭农场的年收入在50万—500万元之间,部分年收入超过2 000万元,纯利润突破500万元。

宁波家庭农场的发展,有几个特征值得关注:

第一,市场化特征。农业的规模化经营带来的市场机遇是家庭农场宁波模式发源的根本动力,同样,面对市场不确定及多变的挑战,宁波模式呈现出市场化适应性的一面。相比松江模式单一的主粮种植,宁波模式更多地以高利润的果蔬为主,除了种植业,种养结合的家庭农场为数不少,越来越多的农场还积极向休闲旅游等三产延伸,产业呈现出多元化、链条长的特征。不少农场还拥有自身的品牌,高端化、品牌化趋势显露。此外,家庭农场主的专业化、知识化与年轻化呈现出高度的普遍性,30—50岁的中青年人占据了七成,宁波还通过政策手段大力吸引大学生返乡创业。市场化导向的经营模式,必然带来宁波模式的高生存能力与高盈利能力,相比于松江模式,宁波的家庭农场收入明显要高出许多。

第二,土地流转的独特性。余姚悠悠农场可以说是宁波家庭农场的一个典型代表,悠悠农场地处余姚三七市镇,承包的土地超过400

亩,在过去的五六年间,规模扩大了近一倍。谈到土地的流转,农场主叶卫强坦言着实花费了不少心思。悠悠农场的土地大部分是从周边村庄流转过来的,和大多数地方通过村集体集中流转不同的是,叶卫强是通过挨家挨户上门做工作换来的,涉及的农户超过200户,其中的难度可见一斑。和悠悠农场一样,大多数有一定年头的家庭农场都是通过经年累月的土地积累,从亲戚朋友、同村村民手里逐步流转,慢慢形成规模。虽然这些年土地流转途径逐步由个人在向村委会转变,但宁波仍然有1/3的农场土地是通过自发流转形成的,这显然与宁波模式的市场化传统密不可分。由于宁波城市经济较为发达,以前的土地流出较为容易,但近些年随着国家政策逐步向三农倾斜,农民对土地保障的预期提高,"恋土情节"升温,土地流转的难度加大,土地流转的费用也水涨船高。近些年,为了规范土地流转,避免土地流转纠纷,政府逐步介入,除了建立土地流转中介服务体系,搭建三级信息服务平台,还专门建立了土地流转纠纷调处机构,保障各方合法权益。

第三,雇工制的出现。由于宁波家庭农场规模普遍较大,传统的家庭难以支撑整个农场的运营,超过70%的家庭农场存在雇用工人的现象,平均每家农场雇用4—5人,其中不乏拥有高学历的大学生。有一些农场主还通过股份出让等方式,吸引大学生参股经营管理。雇工制的出现,是宁波模式市场化的必然结果,但这与中央提出的以家庭经营为主的理念存在较大的冲突,家庭农场开始异化成为公司农场,这引发了许多关注者的警惕。著名经济学家华生曾警告说:"像中国这样人多地少的发展中国家,动摇家庭经营这个基础,是很危险的。"[1]

---

[1] 《华生:破解土地财政,改征地为分地》,《新京报》2014年11月18日。

政府向左，市场向右，松江模式和宁波模式代表了中国家庭农场两种截然不同的发展方向。未来的中国家庭农场是该往左，还是往右呢？结论似乎没那么容易得出。

松江模式更像一位全职保姆，事无巨细地将一切梳理得井井有条，一处考虑颇深的细节设置更让人惊叹。和大多数地区土地流转使用弹性租金不同的是，松江的地租采用恒定的实物绝对地租，即每亩500斤稻谷作为土地流转费用——以当年稻谷挂牌价格为标准，再折算为现金支付。这一制度设计在市场派看来，绝对是政府过度干预的负面案例，但这恰恰保护了土地流转的稳定性。因为随着近两年土地租金的逐年升高，土地流转的纠纷逐渐增多，此外，实物地租的稳定性排除了地租对经营者利润的影响，更有利于经营者。宁波模式则在更加竞争化的市场之路上一路狂奔，更加开放的土地流转、更灵活自由的经营策略，当然，还有更好的盈利水平。

松江模式与宁波模式之争，政府与市场之争，似乎能映射出世界范围内农业发展的道路抉择困境。到底是"无农不稳"理念下的稳定优先，还是农业产业化浪潮下的效益优先？这似乎是所有国家都要面对的选择题。

我们不妨把视线移回到家庭农场的发源地美国，去看一看半个多世纪以来美国家庭农场的发展变迁，或许能从中找到些许启示。

异化的美国家庭农场

家庭农场所代表的美国式农业生产方式，构成了美国历史文化的重要部分，深深地印刻在美国的国家性格之中，然而今日的美国家庭农场在农业中的主导地位早已被大规模的企业农场所代替,原来独立的家庭农场纷纷破产被兼并,让位于"更高效"的所谓"工厂化农场"。

根据美国农业部的数据统计,美国家庭农场数量已从1935年最高峰的681万家,下降到2010年的190万家,半个多世纪以来,近500万家家庭农场破产被兼并,而且这一趋势依然在延续。家庭农场大量破产兼并的背后是美国农业机械化、规模化与资本化的强势与蛮横。"Get bigger or get out."(要么变大,要么走人),大多数美国小型家庭农场在与政策扶持的资本化大农场的竞争中,被无情地挤压出局。

最早的美国家庭农场,确实是依赖家庭劳动力的一般意义上的家庭式农场,然而今天的家庭农场已面目全非,大规模地被依赖机械与资本,还有雇用劳动力的企业型农场所代替。2012年,美国的《大西洋月刊》曾发表一篇题为《家庭农场的胜利》的文章[①],里面所举的"家庭农场"典型是一个拥有33 600亩耕地,高度机械化与自动化的农场。农场拥有3名全职劳动力,一个是农场主本人,两个是全职职工,在农忙时,农场会另外雇用季节性的短工。这是一个高度资本化与企业化的农业公司,与家庭农场的本意已相去甚远。在美国农业部的统计口径中,家庭农场也并非是指依赖自家劳动力的农场,而是指"经营者及其家人拥有农场一半以上所有权的农场",这显然与国内以及国际上大多数家庭农场的定义相背离。美国农业部数据显示,美国超过一半的农业总产值来自占比只有2%的超大农场,73%的农业总产值由超过1万亩的大农场所生产,美国近200万家农场还雇用了60万—80万农

[①] 黄宗智:《家庭农场是中国农业的发展出路吗?》,《中国乡村研究》2014年第1期。

业雇工,和 100 万—200 万的农业短工和季节工。①

2009 年,一部名为《食品公司》②的纪录片脱颖而出,获得了当年奥斯卡最佳纪录片提名。《食品公司》揭开了美国食品工业的面纱,暴露了大资本化下的美国粮食与食品产业的黑幕——美国的食品正在被少数企业控制,在巨大的利润面前,这些托拉斯巨鳄们视消费者的健康、普通农民的生计以及生态环境为无物。影片指出,美国的商业化农业正在彻底改变美国传统农业的面貌,对此美国普通消费者却全然不知。走进一家普通的美国超市,柜台里摆放着超过 3 万件琳琅满目的各式食品,而你不知道的是,这 3 万多件产品可能只出自 4—5 家大型跨国食品公司,这些打着"家庭式农场的""传统的""纯天然"等宣传口号的产品,早已不是你想象中的家庭农场的产品,而是彻底被资本化的工业化食品。

过去 50 年里,美国农业加快了生产的集中与资本化转型,原来独立的各类家庭农场纷纷破产兼并,逐步沦为资本控制下的生产工具,而原来的农民则在工业化的生产方式下异化为失去独立性的产业工人,他们逐渐成为合同工,负责给大型跨国公司们生产工业化的农业产品。20 世纪 90 年代,大多数农民的收入急剧下降,农民资产净值的回报率已经从 20 世纪 70 年代的 10% 下降到 2%,而工业化食品加工部门的股票净值的年均回报率则从 1993 年的 13% 上升到 1999 年的 23%。③

---

① 黄宗智:《家庭农场是中国农业的发展出路吗?》,《中国乡村研究》2014 年第 1 期。
② 《食品公司》是由美国 Participant 传媒出品的 94 分钟纪录片。该片由罗伯特·肯纳执导,于 2009 年 6 月 12 日在美国上映。
③ 参见美国纪录片《食品公司》。

卡罗尔·莫里森是美国一家普通农场的农场主,她和美国第四大肉类生产商 Perdue 签订了肉鸡养殖的合同。在 Perdue 公司掌控的肉鸡养殖农场里,这些小鸡通常被密集地养殖在暗无天日的不通风的大型鸡舍里。卡罗尔说:"这不是养殖,这是规模化的生产,就像工厂里的生产线。"①通常的农场养殖需要 90 天时间,小鸡才能生长成熟,而在这些鸡舍里,经过 39 天的生产,这些鸡就能成熟下线了,但由于生长太快,骨骼和心脏并没有跟上肉的生长速度,所以这些鸡通常只能走十几步就跌倒了,因为它们无法承受身体的重量。这些跨国公司改变了食物的生产方式,他们不是在养鸡,而是在生产鸡肉。卡罗尔说,投资一座禽类养殖场通常需要 30 万美元,一旦农场主到银行借债投资建设,跨国公司就会在后续的生产过程中,不断地要求农场主升级设备,从而逐步控制农场,如果不照办,农场就会失去订单。这些农场在与跨国公司的订单合同中,收益越来越少,30 万美元的投资带来的是仅仅不到一年 2 万美元的收益,而这背后是跨国公司垄断程度的不断提高以及随之而来的中小农场谈判能力的逐步沦丧。20 世纪 90 年代末,4 家跨国公司——泰森、嘉吉、史威福特和全国牛肉加工公司控制了美国 84% 的牛肉加工,泰森、史威福特、史密斯菲尔德和荷美尔 4 家公司控制了全国 64% 的猪肉加工,嘉吉、ADM 和邦基控制了 71% 的大豆压榨加工,两个转基因巨头——孟山都和杜邦控制了美国 60% 的玉米和大豆种子市场。②

政府政策协助了跨国农业企业摧毁了美国传统的家庭农场农业。

---

① 参见美国纪录片《食品公司》。
② 威廉·恩道尔:《粮食危机》,中国民主法制出版社 2016 年版,第 100 页。

家庭农场：向左或是向右

美国农业部建立在林肯时期，被广大农民亲切地称为"美国人民的部门"，然而时至今日，它已经异化成为美国商业化农业的游说部。大部分农业补贴款没有发到苦苦挣扎的家庭农场主手里，而是给了大型商业化农业的经营者。数据显示，超过72%的农业补贴款被交到了大型农业集团手中，农场越大得到的补贴越大，而多数中小农场补贴甚少，甚至没有任何补贴。越来越多的研究表明，规模经济并没有带来更高的效率，也不意味着更有利于生态多样性、环境保护、食品安全和健康消费。大农场在与小农场的竞争中，凭借其资本密集型的优势，借助高额的政府补贴，往往以低于生产成本的价格销售；而小农场由于规模有限、利润率太低，无法对生产活动进行补偿，从而不断落入破产和兼并的陷阱，反过来，大农场通过兼并家庭式小农场从而不断扩大规模，以争取更多的政府补贴。

高度资本化、商业化的工业式农业，除了将垄断性收益放入少数人的口袋中之外，还给整个美国的社会与生态带来巨大的负面效应。20世纪90年代，一份提交给美国农业部长的报告指出：美国农业正从家庭式向商业化转变，其过程带来的社会成本非常巨大，整个农村的经济基础土崩瓦解，乡镇空无人烟。[①] 20世纪的最后20年里，美国的农民数量锐减了30万人，这些家庭农场的农民们由于无法与政府、资本联姻的工厂化农业竞争，纷纷被迫离开这一行业。

工业化食品的生产，虽然让农产品的价格有所降低，但带来的却是消费者对于食品不安全的忧虑上升。20世纪50年代，美国农民每年使用的抗生素约为50万磅，现在这个数字增长了50倍，其中80%直接

---

① 威廉·恩道尔：《粮食危机》，中国民主法制出版社2016年版，第96页。

被倒入饲料中以便让动物不生病。① 工厂化农场的动物们被终生限制在狭小的空间中饲养，以便于节省投资与管理成本，这让很多动物生病与发疯。抗生素的滥用，对人类健康构成了严重威胁，抗生素通过食物链进入人体，以前常用的一些救命药物现在对人类疾病已经毫无用处了。工厂农场和屠宰场的卫生条件也是造成每年大部分食源性疾病的原因，大多数与食物有关的疾病，是由于食物被动物粪便污染所致。而这几年在全球范围内被大量推广的转基因食物，则将食品安全的争议推向了高峰。包括欧盟等国家与地区，纷纷将转基因农产品种植与相关进口食品列入限制范围，但作为动物饲料的转基因大豆、玉米等还是大摇大摆地进入了大多数国家。中国也掀起了一场关于"主粮要不要转基因化"的激烈争论，引发了普通民众对转基因所带来的食品安全问题的极大担忧。工业化农场同样带来了巨大的生态环境污染隐患，20世纪90年代末，工业化畜牧业已经成为美国最大的水污染源。

著名历史社会学家黄宗智曾言："今天，美国的家庭农场已经是虚构多于实际、文化幻想多于经济实用的象征。"② 回头再看快速发展中的中国家庭农场，据农业农村部数据统计，截至 2012 年年底，中国家庭农场数量超过 87.7 万户，平均规模约 200 亩，经营耕地面积达 1.76 亿亩，占到全国承包耕地面积的 13.4%，已经成为中国农业现代化的重要力量。③

---

① 威廉·恩道尔：《粮食危机》，中国民主法制出版社 2016 年版，第 99 页。
② 黄宗智：《家庭农场是中国农业的发展出路吗?》，《中国乡村研究》2014 年第 1 期。
③ 《农业部：全国家庭农场达 87.7 万个，平均经营规模超 200 亩》，《经济日报》2013 年 6 月 5 日。

笔者认为,家庭农场无疑是中国未来实现农业规模化、机械化、现代化的重要载体之一,中央一号文件及各类政策也连续多年把发展家庭农场作为重点摆上议事日程。可以预见,在相当长的一段时间内,家庭经营作为中国农业生产的基础性地位仍然不可撼动,家庭农场将持续拥有广阔的发展空间。然而,在中国这个以小农为底色的农耕文明国家中,规模化的家庭农场最终还是无法成为农业生产的支配性力量。简单地计算一下,按照每个家庭农场 100 亩的生产规模来算,中国 18 亿亩土地只能分摊覆盖到 1 800 万户家庭,如果是 200 亩,那么覆盖的家庭数量将更少。而中国有 2 亿户农民家庭,因此可以预见,家庭农场只会是汪洋大海的小农经济的一种有限补充。

中国幅员辽阔,各地的经济基础、历史人文条件不一,因地制宜地发展适合自身的家庭农场模式,无论是政府主导的松江模式,还是市场主导的宁波模式,都有较高的借鉴与示范意义,但避免大规模地出现美国式的大工业化的工厂化农场,应是最基本的底线所在。

品牌农业：国家级战略

> 不论是20世纪90年代末期，抑或从今而后，品牌！品牌！品牌！它就是无上真理。
>
> ——纳奥米·克莱恩《NO LOGO 颠覆品牌全球统治》

松阪牛肉

2016年11月日本三重县松阪市的一次品评竞拍会，引发了媒体的广泛关注，因为这次品评拍卖会的主角是有"肉类中的艺术品"之称的松阪牛。饲养人畑敬四郎饲养的一头3岁的松阪和牛获得了最高奖，这头看起来和普通牛并无太大差异的黑毛和牛被拍出了惊人的2 580万日元（约合人民币160万元），引发了媒体和围观者的轰动。

日本和牛声名远播，而作为三大和牛之一的松阪牛更是在全世界最顶级的牛肉排名中高居首位。松阪牛肉以肥瘦相间的纹理和入口即化的口感被称为"肉类中的艺术品"，价格自然也是水涨船高，高达4 000元人民币一千克。松阪牛的高知名度来源于其对品质的精细化管控，一头真正的松阪牛被要求只能在松阪市中心的一小片地区进行饲养，它必须拥有完善的出生证明，父辈、祖辈也必须保留记录。要想成为一头合格的松阪牛，还必须经过一套严格的"松阪牛个体识别管理系统"的全程监控和管理。

松阪牛牛犊在 8—10 个月的时候,从指定的日本兵库县但马地区购进,然后在松阪市得到长达 3 年的精心照料。饲养人给牛喂以大麦、豆饼、麦麸和稻草的高级混合饲料,经常给其更换稻草,以保持居住环境清洁。为了促进牛的血液循环以保证皮下脂肪能够均匀分布,饲养人员使用日本烧酒为牛进行全身按摩。为了保障牛的健康成长,饲养员还必须每天给牛喝啤酒,以防止其食欲下降,并时不时地放点音乐,让牛保持愉悦的心情。从牛犊买入的那天开始,松阪牛必须进行严格的监控和管理,包括编号、拍照、采取牛鼻纹等,出售时还需要经过严格的检疫和肉质评级以颁发"松阪牛身份证明"。消费者可以通过可追溯系统查阅松阪牛的出生地、喂养饲料、肉质等级,甚至包括饲养员的信息等。

建立在精细严苛的高品质管理基础之上的松阪牛,创建出独一无二的高品质牛肉品牌,一跃成为世界级的顶级牛肉、日本天皇的特供牛肉,化身为日本国民心中的神圣存在,吸引了大批的国内外食客慕名前往。

松阪牛肉是最近 30 年日本涌现出的众多知名农业品牌之一。松阪牛肉背后的"品牌农业"战略早已成为日本的国家级战略,在外来农产品激烈竞争的严峻形势下,创建和培育本土的农产品品牌成为日本提升农产品价值和形象,增加农产品市场竞争力的重要手段。日本的农产品以价格昂贵著称,然而在廉价的国际农产品冲击下,消费者仍然首选本土农产品,本土农产品也往往是高品质、放心和美味的代名词。

日本农产品能保持极强的竞争力与生命力,其背后的品牌农业战略功不可没,这就要从日本的"一村一品"运动说起。

读懂乡村振兴：战略与实践

一 村 一 品

　　日本的品牌农业战略可以追溯至 20 世纪 70 年代末的"一村一品"运动。大分县知事平松守彦在贫困地区大山町的致富路径中得到启发，提出"孕育本地特产、活跃地方经济、培养专业人才、促进文化发展"的区域经济振兴理念。"一村一品"本质上是希望通过挖掘或生产具有地方特色的产品，可以是农作物、手工艺品，也可以是文化活动或者地方传统节日等，使得地方至少拥有一种具备地域特色的拳头产品，并力图形成产业基地，打入国内外市场。

　　贫困的大山町有幸成为"一村一品"运动的先驱，这个耕地面积不足 7%，在落后的大分县中还排列倒数的小村镇依靠务农根本无法维持村民的生计，人口流失非常严重。穷则思变的大山町由此提出"New Plum & Chestnuts"运动（梅子和板栗运动），把水稻增产的目标调整为高附加值的农产品生产和加工，并且雄心勃勃地喊出了轰动全国的口号，"种了梅子，到夏威夷去旅游吧！"——在 20 世纪 60 年代，去夏威夷旅游对于日本农民来说，还算是非常奢侈的行为。大山町的梅子一炮而红，并且迅速发展出梅子加工行业。梅酒、梅干颇有特色，还有每年举办的青梅大会异常火爆，吸引了大量的外来游客，大山町农协的收入在短短 10 年内就翻了 10 倍。大山町的成功给了平松守彦灵感与巨大的信心，这个拥有通产省和国土厅工作经验的大分县本地人回到家乡任职后的第一件事，就是开启了后来为全世界所复制的著名运动——"一村一品"。

　　"我们村里没有资源""我们没有学校""道路条件太差"，20 世纪 70

年代末的大分县和今天大多数的中国村庄一样,面临着各种短缺与困难,然而经过 20 年的发展,人口仅有 120 万人的大分县共计推广特色产品超 300 种,其中 15 项产品价值超千万美元,120 多项产值过百万美元,大分县的人均收入在 1994 年达到惊人的 2.7 万美元。[①] 香菇、丰后牛肉和麦烧酒三大品牌风靡日本,其他地区性的知名农产品品牌更是不计其数。

大分县"一村一品"运动主要从几个方向着手:

第一,找出特色,创建产业基地。按市町村的各自优势,找出独具一格的农产品品类,因地制宜地建立产业基地。包括牛产业、香菇产业、草莓产业和水产品等。

第二,加大研发,提升品质,依托质量打造产品品牌。以盛产橘子出名的津久见市,因为橘子品质一般,难以打开销路。在"一村一品"运动的带动下,津久见市大胆地扬弃掉原有橘子品种,改种"太阳女神"新品种,并大获成功。大分县大胆地引入各类农产品研发中心,成立香菇研究指导中心,运用生物工程技术,不断改良提升原有品种,使得大分县的香菇在全日本成为佼佼者,其出口量一跃占到全国总量的 20%。大分县在个人化的产品创新方面也颇有建树。高桥文子是一名普通的家庭妇女,本来打算开一家理发店的她在经过"一村一品"的相关培训之后,决定做点有创意的事情。她瞅准了寿司这种日本最常见的食品,在尝试制作"香鱼寿司""竹笋寿司"均告失败之后,高桥文子想到了大分县的特色产品香菇,她将香菇、萝卜和大叶混合制作成寿司饭,取名

---

① 李耕玄等:《日本一村一品的启示及经验借鉴》,《农村经济与科技》2016 年第 11 期。

"雪子寿司",并将其报到全国参加美食竞赛,最终意外获奖,引发了媒体的普遍关注。这种创意化的新寿司产品一跃成为大分县的名牌产品,并摆上了高级百货店的柜台,在高速公路休息区、铁路站点等都能看见它的身影。

第三,强有力的宣传与营销。品牌的传播离不开宣传与营销,而大分县则把营销看作是运动成功的关键要素。平松守彦亲自上马,倡导"爱用本县产品"运动,他放下知事的架子,身着民族服装,亲自在东京繁华的街区,向过往的路人推销大分县的柑橘、酸橙,引发了媒体广泛的关注。当日韩首脑会谈落户大分县时,平松守彦又及时推出本地产品制作的特色宴席来招待两国首脑,并利用媒体大肆推广大分美味。平松守彦更是依托自身的人脉关系,将大分县一款名不见经传的"吉四六"麦烧酒打造成为日本麦烧酒行业的冠军。每次平松守彦前往东京办事,他都会把烧酒带进高级饭店、高级料理店等高端场所与政府官员、公司高管共饮,并不厌其烦地将烧酒的饮法传授给店主,随着逐步拥有知名度,且在高端圈层流行,"吉四六"开始走向银座等中心区域,并顺利登上了首相府的酒单。"吉四六"麦烧酒不仅在日本高居行业榜首,而且顺利进军国际市场,成为日本烧酒的代表品牌。

"一村一品"运动大大地推进了大分县特色产品及农业品牌的发展,很多产品在日本已是家喻户晓,还有部分品牌已成为日本农产品的代表远销海外。经过多年的培育与发展,大分县每个地方都拥有了自己的拳头产品,少则一两种,多则十几种。在品牌农业的强势推动下,大分县的特色农产品年销售总额突破了1 200多亿,人均年收入高达2.7万美元,一举超越了全国的人均收入水平。

"一村一品"运动从大分县迅速蔓延至全国,正式开启了日本的"品牌农业"战略。山梨县因为拥有日本最大的葡萄产地而顺势打造水果之乡的"山梨品牌",盛产茶叶的静冈县打出日本茶的"静冈品牌",而围绕东京圈的千叶县则主导蔬菜和特色水果,"千叶品牌"家喻户晓。之后日本还陆续推出了其他战略和制度,如"本场本物""本地生产、本地销售"等,为日本农产品的品牌化打下了坚实的基础。2001年,农林水产省加大了农产品品牌战略规划的力度,提出了"品牌日本"的整体性农产品品牌形象。规划要求,日本农产品以高品质为核心抓手,农产品生产不片面追求高产,而是通过不惜成本地提高产品的营养成分,改善口感,从而在产品层面达到"品牌日本"的高附加值效应。

时至今日,在进口农产品的冲击下,日本的粮食自给率已不足四成,但大多数日本消费者还是愿意优先购买本国的农产品,归根结底还是因为日本的品牌农业形成的心智优势。在日本人眼中,本国的农产品在安全、口味以及质量方面都要优于进口农产品。

为了支持"品牌农业"的发展,日本政府给予了大力的行政干预与扶持,主要包括三个方面:

第一,对农产品品牌给予财政支持。设立专项基金,对农产品生产加工技术的研发、新品种培育及展示、注册商标的申请等进行全方位的财政支持。对品牌的扶持时间也由短期扶持变为长期扶持,时间为3年。

第二,成立农产品品牌相关机构。政府牵头设立农产品产业协会,专注于品牌问题,加强对品牌发展的培训及研讨等,此外还联合各个领域的专家学者、企业及社会团体,设立专门的工作组,制定农产品品牌的发展战略,为品牌发展提供全面长期的智力支持。

第三，建立认证制度，加强品牌的知识产权保护。大多数日本的农产品品牌都会出现来自地域的地理名称，而消费者同样对原产地十分关注。所以，日本的农产品品牌保护主要是制定和实施地理标志保护制度来实现，如松阪牛肉、宇治茶等。2004年，日本市场出现大量的假冒宇治茶，拉低了市场价格，损害了品牌价值，为了维护区域品牌形象，日本随后发布了宇治茶的定义及地理界定，使得宇治茶的年产量减少40％，从而有效地保护了品牌价值。

特产——中国品牌农业的机遇

2017年，中国人均GDP达到8 800美元。经过近40年的快速发展，一路的消费升级而来，国人发现周边的产品早已被品牌所包围，从服装到电器，从汽车到住房，从日用品到耐用品，几乎没有一个品类没有大企业或者大品牌的身影。然而在农产品领域，从主粮、水果、蔬菜、鲜肉、水产品到禽蛋等农副产品，品牌的痕迹却非常稀少，这是一块品牌荒芜之地，但也是品牌的机遇之地。

早在2011年，中国的食品消费开支就超越美国成为世界第一。庞大的市场让很多日常消费农产品品类塑造品牌成为可能。粮食、蔬菜、水果、水产、禽蛋、油奶，这些产品深入家家户户，人人需要，天天食用，是典型的快速消费品，是天然的孕育区域级乃至全国级大品牌的领域。然而，中国农产品营销大多还处在"萝卜青菜、装筐就卖"的初级阶段，品牌意识缺失。据国家社会科学基金的调研显示，中国95.6％的消费者认为农产品建立品牌是必要的，但只有0.9％的受访者对现有的农产品品牌"非常信任"，而选择"难以信任"的消费者的比例高达 83.2%。① 近些年,食品安全事故的频发,包括许多知名品牌东窗事发,进一步拉低了国人对中国农业品牌的信任度。

茶产业是中国农产品品牌缺失的典型产业,业界素有"中国七万茶企敌不过一家立顿"的说法。茶叶自古就是中国传统的优势产业,茶园面积占全球 60%,产量占到 40% 以上,也是世界上唯一一个生产绿茶、白茶、青茶、黄茶、红茶、黑茶六大茶类的国家,茶叶优势无与伦比。相比较,英国不产茶叶,然而却诞生出全球第一茶叶品牌立顿,年产值几十亿美元,成为无可匹敌的超级茶企航母。农村农业部市场与经济司司长唐珂感叹:"我国茶产业大而不强,关键原因在于缺少强势品牌引领。"②

那么,中国农产品品牌的突破口又在哪里?法国依靠三瓶水(葡萄酒、香水和矿泉水)享誉世界,美国的可乐和汉堡成为每一个人的盘中餐,韩国的烧烤和泡菜世界闻名,日本的寿司和和牛肉深入人心,这些都是国家级特产。毫无疑问,在消费者心智中已经占据一定位置的特产,是最容易包装成为品牌的产品品类。

特产因地域而生,而具有独一无二性、不可替代性。茅台酒的故事,很多人都有耳闻。日本人觊觎国酒茅台,于是便借考察之机,偷偷带了一块窖泥回日本,想要克隆茅台酒。依靠同样的窖泥,经过无数次试验,日本人酿造出的酒却完全不是茅台的味道。究其原因,乃是茅台酒窖泥中孕育着数不清的原产地微生物,这些微生物一到日本就水土

---

① 于永娟、李彬:《我国农产品品牌供给不足的内因分析》,载于《安徽农业科学》2018 年第 4 期。
② 参见《中国茶产业大而不强:万家中国茶企的利润为何不及一个立顿?》,搜狐网 2018 年 6 月 11 日。

不服，大量死亡，完全无法酝酿出原来的味道。不要说是日本人，就连中国人自己也无法复制克隆茅台酒。1975年，茅台酒受到产能的限制，供不应求，为了提高酒产量，茅台酒厂经过多次选址在遵义找到了第二厂址，为了尽可能地克隆出原先的味道，茅台酒厂把所有流程工序、设备和老师傅都带过去，就连灰尘也带了一箱。可就是这样高标准、精细化的复制，新厂酿出来的酒还是和原有的茅台酒千差万别，无奈，最后这个厂子生产的酒被命名为"酱香珍酒"。茅台酒的故事说明了特产的地域特殊性与独一无二性，特产的稀有性所带来的价值，以及初始知名度给品牌带来的基础流量，都是特产品牌化的先天优势。

特产是品牌打造的天然沃土。"青岛的酒、烟台的果、东阿的阿胶、乐陵的枣、章丘的大葱、莱阳的梨，还有潍坊的萝卜皮"，关于特产的顺口溜很多善吃的山东人都熟稔于心，而类似的顺口溜在全国各地数不胜数。中国地大物博，广袤的大地、多元的气候、丰富的地形地貌孕育出众多的地方特产和特色美食。据统计，中国拥有2 000多个"地理标志证明商标"、400多个"特产之乡"、48个"生态原产地保护"和779个"中华老字号"[①]，以食品和食品原料为主的中国特产，出产量高居全球第一，品种世界第一，花色口味世界第一，地理标志产品、原产地保护产品和特产之乡的数量也都是世界第一。

然而，中国当前的许多特产都没有从资源优势转化为市场优势，更难言品牌优势。很多地方特产都受限于发展理念、综合人才与资金等因素，自我禁锢在传统的狭窄发展轨道中，没有大市场、大品牌观念，始

---

① 参见《90%的农产品企业并不赚钱，这是为何？》，搜狐网-农业知事2017年3月27日。

终在低端徘徊,不会做标准、塑形象、彰显价值,顶级的资源只能长期地低效利用,令人扼腕。

情感——品牌的新战场

品牌的价值往往建立在两大基础之上:第一是功能,功能是基础,是必需;第二是情感,情感是衍生,是强需。在功能愈发同质化的今天,品牌的差异化塑造越来越依赖于情感。

几乎所有成功的品牌都在关注人的情感需求,他们兜售的不仅仅是产品本身,而是某种生活方式或是情感依赖。所以营销大师菲利普·科勒说:"星巴克卖的不是咖啡,是时尚与休闲;法拉利卖的不是跑车,卖的是一种近乎疯狂的快感和高贵;劳力士卖的不是表,是奢侈的感觉和自信。"

风靡全球的星巴克的商标是卡通化的"海妖塞壬",这个来自古希腊神话的海妖拥有妖艳的身姿和天籁般的歌喉,所有过往的船只和水手都难以在她的魔性歌声中逃出生还。星巴克把塞壬诡魅的歌声幻化成香浓馥郁的咖啡,俘虏了全球大多数咖啡爱好者。2016 年,星巴克在全球连锁咖啡市场的份额达到了惊人的 40%,而促使星巴克成功的核心还是情感魔力。有人做过一个测验,将星巴克与另外一个咖啡连锁巨头 Costa 的咖啡口味做对比,在不知情的情况下,消费者根本无法区别二者。星巴克前 CEO 霍华德·舒尔茨说:"星巴克是一张承载咖啡、戏剧和浪漫的魔毯。"诚如斯言,人们到星巴克,在精致优美的环境中与友人喝上一杯咖啡,慢慢地聊天,体验的是时尚与休闲,温度与浪漫的巧妙融合。星巴克在中国这个原本不喝咖啡的国度打开了庞大的市场,更是成为"小资情调"的代名词。

冰糖橙是云南的著名特产,味甜皮薄,甜中微微泛酸,像极了人生的味道。在昔日烟王红塔集团董事长褚时健种植之前,冰糖橙和其他特产一样,只是小有名气,更没有大的品牌诞生。2002年,保外就医的褚时健在玉溪哀牢山包下了一片果园,种上了冰糖橙,从此冰糖橙诞生出了一个新的品牌"褚橙",随之迅速在全国走红。褚橙有"励志橙"之称,褚时健的好友王石曾为褚橙大声吆喝,他引用巴顿将军的话来为好友鼓气:"一个人的高度不在于他走得多高,而是在于他低到谷底以后能反弹到多高。"褚橙的成功是典型的品牌人格化的成功,褚时健的个人经历与奋斗史幻化成品牌的情感力量,最终打动了消费者并愿意为其买单。

马云曾说:"未来创业成功的机会,来自你能为社会解决什么问题,你为社会解决的问题越大,你的机会就越大,你就会成功。"[①]笔者认为,国人已经吃饱多年,但尚未真正吃好。中国的农产品在质量、安全及口味层面还有巨大的提升空间。为农产品安全、农产品质量、消费者健康背书的农产品品牌显然是中国整体消费升级下的一大风口,品牌农业也将成为很多地区乡村振兴的重要抓手。

农村农业部将2017年定为品牌农业的推进年,农产品品牌化也被明确成为农业供给侧结构性改革的重要抓手,品牌农业战略已经上升为国家的制度设计。毫无疑问,中国依然还处在农产品品牌建设的起步期,任重道远,但充满了希望。

---

① 参见《马云:为社会解决的问题越大,就是越大的投资机会!》,创业邦2017年3月28日。

绿色生态农业：天人合一的和谐农业

富兰克林·金认为中国人像是整个生态平衡里的一环。这个循环就是人和土的循环。人从土里出生，食物取之于土，泻物还之于土，一生结束，又回到土地。一代又一代，周而复始。靠着这个自然循环，人类在这块土地上生活了五千年，人成为这个循环的一部分。他们的农业不是和土地对立的农业，而是和谐的农业。

——费孝通解读富兰克林·H.金《四千年农夫：中国、朝鲜和日本的永续农业》

假如你在法国旅行，随意走进街边的一家超市，家乐福（Carrefour）、卡西诺（Casino）或者欧尚（Auchan），你都不难发现印有有机认证标识的食品专柜。这些专柜食品琳琅满目，有奶酪、牛奶等乳制品，各类加工食品，还有新鲜的肉类、蔬菜和水果等，虽然来自不同的产地和生产厂商，但所有的食品包装上都印有大大的显眼的"AB"标识，这是法语 Agriculture Biologique 的缩写，意思为有机食品。"AB"标识可以追溯到第二次世界大战后，意为"以那些没有使用过一丁点化学肥料的植物为原料而制成的产品认证"。"AB"标识提倡不破坏生态平衡、人与自然和谐相处的农业生产原则，鼓励尊重当地的生态节律、生物多样性和自然循环。

在法国,食用有机食品已经成为中产阶级新的时尚潮流。无论是在超市、有机产品专卖店,还是在喧闹嘈杂的露天市场上,你都能看到有机食品的身影。有机食品已经成为法国家庭菜篮子中不可或缺的一部分。数据显示,10个法国人中就有9个消费有机食品,这一比例是10年前的一倍之多。相应地,法国的有机食品产业也呈现出欣欣向荣的态势,2014年以来法国有机食品销售年均增长率保持15%以上。从2007年开始,有机农业成为欧盟农业发展方向的重要组成部分,法国政府为此制定了一系列政策措施,包括给予补贴、税收抵免等,这大大地驱动了有机食品产业的快速增长。2017年,法国的有机农业耕种面积占到了该国农业耕种总面积的6.5%,这一数据虽然低于欧盟的平均水平,也远远落后于波罗的海国家、斯堪的纳维亚国家和奥地利(列支敦士登30.2%、奥地利21.3%、瑞典16.9%),但考虑到法国是欧盟最大的农业国及世界主要农产品出口国,这一比重也已十分了不起。2018年马克龙政府对外宣称,法国将快速推动农业的生态转型,到2022年法国将完成有机农产品种植面积翻番的目标。

根据法国2017年的一项民意调查,有机食品需求的日益增长主要来源于4个动机:保护自身健康、保护环境、产品的质量品味以及产品的安全认证。[①] 根据IFOAM国际有机联盟的报告,经济水平越高,有机食品市场所占据的份额就相应越高,欧洲尤其是北欧是全球有机食品人均消费水平最高的地区。从全球有机食品市场来看,过去的15

---

① 参见BRUNO DE MOURA FERNANDES、SARAH N'SONDE、李前:《法国:有机食品行业被迫改变初衷》,《进出口经理人》2018年第2期。

年,这一市场增长了4倍,预计在未来的相当长的一段时间内,全球有机食品市场还会保持良好的增长态势。①

全球最成功的有机食品零售商

2017年6月,美国电商巨头亚马逊宣布以137亿美元收购全食超市(Whole Foods Market),成为亚马逊有史以来最大的一笔并购交易。在亚马逊创始人贝索斯看来,食品杂货将是亚马逊未来最具潜力的收入增长点,未来10年亚马逊生鲜杂货店要达到2000家,而通过并购全食超市,亚马逊一次性获得了超过400家高端食品零售店。

全食超市堪称全美最大的、最成功的天然食品和有机食品零售超市,也是全美首家获得认证的有机食品零售商。创立于1980年的全食超市聚焦有机食品,在近40年的发展历程中一路顺风顺水,1992年成功登陆纳斯达克,如今已成为拥有456家门店、8.7万名员工、年销售额超157亿美元的有机食品零售的行业领导者。

全食超市有有机食品界的"谷歌"之称,在美国去全食购物,更像是一种生活态度,一种类似苹果公司的"果粉"的体验。对于食品,全食的创始人约翰·麦基有一种宛如宗教一般的神圣信仰,他认为经营全食超市是一桩有使命感的生意:"做食物的正宗经销商,为人类和地球创造健康和福祉。"②

走进全食超市,除了种类繁多的新鲜健康的产品,最有特色的,

---

① 参见IFOAM国际有机联盟:《世界有机农业概况与趋势预测2017年》报告。
② 参见《为什么被亚马逊收购的全食超市卖这么贵还这么成功?》,经济观察网2017年9月1日。

▲全食超市：有机食品界的谷歌

也是最能吸引消费者的是超市为各类产品配套的宣传册，这让消费者易于关注产品背后的故事，增强消费者的体验感，进一步提升消费者对于天然、健康、有机理念的认同。其中广为流传的是"罗西鸡肉"的故事：

> 罗西是一只生活在有机农场的鸡，天天过着幸福的生活，直到被送进屠宰场，经过一道道工序，变成了摆放在加州格兰戴尔全食超市冰床上的精美袋装鸡肉。罗西的一生是在加州葡萄美酒之乡的定制鸡舍中度过的。她的鸡舍通风、采光良好，陶质的地面上铺有干净的谷壳。她生前不是悠闲地啄食黄澄澄的玉米粒，就是在

鸡舍外的院子中散步。和多数食品店出售的家禽不同,罗西从来没用过抗生素或生长激素。[1]

全食超市成功的背后,是美国有机食品零售规模快速增长的 20 年。自 2000 年以来,这一新兴市场的复合增速达到了 14.1%,远高于同期 3.5% 的居民食品消费支出。全食超市全力聚焦高收入消费群体,门店一般选址在高收入和高知识人群集聚区,比如说曼哈顿中央公园对面的繁华商业地段。全食超市的食品价格总体比一般食品高出 20%,肉类高出 40%,但高收入消费群体的情有独钟保障了全食超市的盈利能力,这取决于全食超市对有机食品苛刻的品控。这些苛刻的品控包括:第一,严格把关供应商,合格供应商申请需填写长达 39 页的申请表格,除要求满足国家有机产品标准外,对动物喂食、放养和清洁,以及农作物种植环境、生产周期等细节均作了详细规定;第二,门店设置专门质量监督委员会评估监督并建立食品安全档案,一旦发现问题立即启动产品召回机制。[2]

全食超市的成功归功于受过良好教育、有较高收入的精英人士对健康、自然生活方式的追求,这种追求让全食超市成为过去 20 多年美国零售市场最耀眼的一颗明星,即使是在 2008 年金融危机之后,全食超市依旧保持着强劲的业绩表现,2009—2016 年公司的收入复合增速超过 10%。

---

[1] 参见《全食超市(Whole Foods Market)精品超市的运营之道》,搜狐财经 2017 年 6 月 6 日。
[2] 同上。

产能过剩与负外部性

2018年,《中共中央国务院关于实施乡村振兴战略的意见》中指出,我国发展不平衡、不充分问题在乡村最为突出,其中重要的一点就是"农产品阶段性供过于求和供给不足并存,农业供给质量亟待提高"。北大原校长、现代农学院院长许智宏曾言,中国农业面临结构性矛盾,"粮食产量实现了十二连增,但国库中的粮食和全年一年的产量相当,大量粮食挤压在国库,每年有很多损失,每年还要大量进口粮食,我们的农业生产没有符合社会的需求,一方面是结构性过剩,另一方面是结构性短缺。"[1] 许智宏还指出,中国的粮食生产依靠大量的化肥农药,难言是可持续农业,农业已经超过工业,成为中国最大的面源污染产业,其对环境污染的贡献率已经差不多占到我们国家环境污染的一半。诚如斯言,根据相关调查研究显示,越是农业现代化程度高的东部发达地区,污染水平越严重。2011年国务院公布的全国面源污染普查显示,中国农业的面源污染贡献度远高于工业与城市,其中农业在总磷的贡献上高达67%,总氮的贡献接近60%。山东诸城作为典型的农业产业化县级市,被大棚全部覆盖下的农村土壤已经完全丧失有机质,甚至毒化了。[2]

"中国拥有世界上80%的大棚、70%的淡水产品,生产全球67%的

---

[1] 参见《中国农业污染对环境污染贡献率近半,可持续发展待解》,搜狐网2018年6月30日。

[2] 温铁军等:《农业现代化的发展路径与方向问题》,载于《中国延安干部学院学报》2015年第3期。

蔬菜、50％以上的猪肉、50％的苹果以及40％的柑橘……而中国的人口只有世界的19％。"[1]据有关部门测算,中国蔬菜每年要浪费一半以上,浪费掉的农产品则以千亿计,这个数字大大超过了国家财政的种粮补贴。温铁军犀利地把矛头对准了农业生产的工业化思维,他认为是过去十多年来工商业资本的纷纷下乡造成了农业生产过剩。1997年东南亚金融风暴,中国外需大幅下降,迅速转换为制造业的生产过剩,过剩的工商业资本纷纷下乡,而有关部门则推出"农业产业化"政策服务于资本下乡;2007年美国金融危机爆发,紧接着中国出现第二次制造业生产过剩,剩余的城市资本再度涌入农村。诚然,产业化的农业生产方式提高了劳动生产率,但也伴随着巨大的市场风险,农民"倒奶""菜烂在地里"的过剩现象愈加频繁地见诸报端。而以追求资本收益为唯一目标的工业化农业生产模式,必然漠视其所造成的相关负外部性。在温铁军看来,农业的所谓"现代化"必然创造出双重的负外部性[2]:一重是严重地造成了资源环境的破坏,江河湖海水的污染,土壤的重金属污染以及大气的污染,农业污染已经成为我国的第一大面源污染,而如今人们在讨论农业现代化的时候,经常有意无意地将其忽略;第二重是严重的食品不安全问题,舌尖上的污染已经成为每一个国人心中的担忧与无奈。

绿色生态农业将是未来中国农业供给侧结构性改革的一条重要主线——由过度依赖资源消耗、主要满足量的需求,向追求绿色生态可持续、更加注重满足质的需求的转变。

---

[1] 温铁军:《居危思危——国家安全与乡村治理》,东方出版社2016年版,第188页。
[2] 同上。

天人合一的农业哲学

中国是一个拥有几千年农耕文明的国家,在漫长的农业生产实践中摸索出了一套独特的农业生产哲学。最具代表性的便是"天人合一"的生态观和物质能量循环观。老子说:"人法地,地法天,天法道,道法自然。"①"天人合一"的哲学思想认为宇宙自然是大天地,而人是一个小天地,人与自然本质是相通的,故一切人事都应该顺乎自然规律,达到人与自然的和谐状态。中国农民在传统哲学思想的影响下,对农业生态和物质能量的循环发展出一套朴素的价值观,并衍生出一套行之有效的耕作方式。比如说被联合国列入"世界非物质文化遗产"的二十四节气的发明,就是中国农民对于自然气候规律的认识和遵循。二十四节气是中国古代指导农业生产的指南针,在农民朴素的世界观中,农业活动的循环体现在一年四季的交替中,忠实地遵循四季自然变化的规律,才能迎来农业作物的丰收。

几千年来,中国耕地地力不但没有衰竭,而且土壤的肥力还越来越高。究其原因,乃是因为中国农民尊重农田休养生息、物质能量循环利用规律的结果。中国农民实行豆科植物与其他植物轮作的方式来保持土壤肥沃,将人畜粪便、作物秸秆、河塘淤泥等还田,不断培育地力,改良土壤。

中国农民独特的农耕文化还引起了西方人的关注。早在1909年,美国农业部土壤局局长、威斯康星大学教授富兰克林·H. 金远涉重洋

---

① 语出《道德经》第 25 章。

游历中国、日本及朝鲜半岛,他饶有兴致地对三个东亚国家古老的农耕体系进行了深入地考察和反思,写出了《四千年农夫:中国、朝鲜和日本的永续农业》一书,该书后来成为20世纪50年代美国有机农业运动的圣经。这位细心的西方观察家惊讶地发现中国农民早就掌握了利用豆科作物保持土壤肥沃的技术,而欧洲的科学家直到1888年才发现豆科植物对于固定土壤中氮素的作用。中国农民为了保持土壤的肥力,将一切含有有机质的废物都用于还田,包括人和动物的粪便、运河底挖出的晒干后的泥土,还有一切不能吃或者穿的东西燃烧之后的灰烬,这些废物最后都变成了有效的肥料,富兰克林·H. 金认为这是一种比美国人做法更为优越的施肥方法。

费孝通曾经谈论过他对《四千年农夫:中国、朝鲜和日本的永续农业》的看法,"富兰克林·H. 金认为中国人像是整个生态平衡里的一环。这个循环就是人和土的循环。人从土里出生,食物取之于土,泻物还之于土,一生结束,又回到土地。一代又一代,周而复始。靠着这个自然循环,人类在这块土地上生活了五千年,人成为这个循环的一部分。他们的农业不是和土地对立的农业,而是和谐的农业。"[①]费孝通坦诚该书对他的观点影响很大,引导他得出中国传统社会的特色是"五谷文化"或"乡土社会"这个概念。

沿袭千年的共生系统

"种植一季稻、放养一批鱼、饲养一群鸭",这是贵州从江县苗侗民

---

① 费孝通:《社会调查自白》,知识出版社1985年版,第33页。

族沿袭上千年的传统农业生产方式。2011年从江县侗乡"稻鱼鸭共生系统"被列为全球重要农业文化遗产保护试点，2013年入选中国第一批重要农业文化遗产。

每年春天的谷雨前后，辛勤的侗乡人开始把秧苗插入稻田，鱼苗同时放入，等到鱼苗长到两三指大，鸭苗再被放养进稻田。在侗乡人眼中，"鱼无水则死，水无鱼不沃"，稻田为鱼和鸭的生长提供了生存的环境和丰富的饵料，鱼和鸭则为稻田清除了虫害和杂草，大大地减少了农药和化肥的使用。侗乡人饲养的鸭种是世代选育驯化的小香鸭，个头小的小香鸭灵活地在水稻间穿行而不撞坏水稻，鱼和鸭的来回游动搅动了土壤，无形中帮助稻田松土，排泄物又成为水稻上好的有机肥。

每年的春夏之交，在侗乡高低错落的梯田村落深处，在闪着金光的稻田之中，鱼儿游动跳跃，香鸭悠闲觅食，构成了一幅绝美的世外桃源画面。到了收获稻谷的时节，苗家人开始收鱼捕鸭，稻花鱼鱼肉细腻、鲜美无比，香鸭硕大，肉质肥而不腻。从江县的"稻鱼鸭共生系统"不仅养活了世代的苗家人，还衍生出一套生态旅游的观光模式。每到收获季节，慕名而来的国内外游客亲身体验梯田捕鱼、田边烧烤，他们品尝着香禾糯米、稻花鱼以及小香鸭，给苗家人带来了额外的旅游收入。

2015年，从江县创建5万亩稻鱼鸭生态产业示范园，这一园区也被纳入了省级农业产业园。这一保存良好的传统生态农业生产方式，不仅发挥出良好的生态效益，而且给当地少数民族带来了巨大的经济效益。

CSA 社区支持农业

社区支持农业，全称 Community Support Agriculture，简称 CSA，

起源于20世纪70年代的瑞士,消费者为了寻求安全高质量的食物,与那些希望建立稳定客源的农民携手合作,建立稳定的供需合作关系。CSA在日本得到了充足的发展,20世纪六七十年代的日本经济开始腾飞,富裕的中产家庭开始关注农药对食物的污染,日本家庭主妇们与周边生产有机食品的农户或者农场达成供需协议,在日本这种协议被称为"Teikei"。城市社区居民通过预付款加入农场成为会员,农场按照事先约定组织生产,会员可以参与生产或者采摘过程,农场则通过物流给会员定期配送有机农产品。

CSA模式的优势主要有三点。第一,直接分销。免去了中间商环节,节省了流通成本,降低了通常昂贵的有机食品的价格,使得大多数社区居民有能力消费有机食品。第二,风险共担。社区居民预付未来一年的农产品费用,实现了农场生产的变相众筹,降低了农场的经营风险,避免了产品生产出来销售不出去的困境。第三,建立信任。农场与社区居民之间建立了直接的合作、监督与信任关系,在稳定农场收益的同时,切断了农场使用化肥农药的冲动,同时社区居民通过高频次的互动参与,对农场的生产进行监督,保障了有机食品的安全性,实现了农产品的可追溯。

CSA的优势让其一度风靡全球,美国、日本、欧洲都能看到其身影,而第一个将CSA引入中国的人是一位女博士。石嫣是中国人民大学农业与农村发展学院的博士,一次偶然的机会,她被公费派往美国的一个小型生态农场实习,在明尼苏达州的地升农场,石嫣经历了半年的"洋插队"生活,和地道的美国农民一起生活、一起劳作。在地升农场,石嫣第一次接触到了CSA。石嫣发现这个小型农场和她印象里机械化的美国大农场大相径庭,这里没有化肥,也没有农药,农场的经营者与自然和谐相处,过着一种天人合一般的生活。她看到农场进行严格的垃圾分类,烂掉的菜和吃剩的食物等厨余垃圾都会被储存起来,经过发酵成为来年土地的肥料。屋顶设置的雨水收集装置,供给了农产种菜所需要的水量。地升农场还提倡"食在当地,食在当季,本地生产,本地消费"(buy local,buy fresh),这种可持续发展的小而美的农业生产模式给了石嫣很大的触动。石嫣决定将CSA复制到中国,2009年,她在位于北京郊区的凤凰岭脚下开辟了一块20亩的土地来实践CSA项目,她给这个项目起了个可爱的名字"小毛驴市民农园"。

小毛驴市民农园的功能主要有三个,一是给会员提供有机蔬菜的配送,二是普及宣传有机农业的知识,三是给城市居民、亲子家庭提供周末休闲、农事体验的服务。短短三年,小毛驴市民农园获取了巨大的关注度与认可度,会员数量超过千人,亩均产值超过3万元,5倍于常规农业价值,超过300多家媒体进行相关报道,4万多相关团体及政府机构前往参观考察,成就了小毛驴超千万的品牌价值。

有机食品作为全球的一个新兴产业,拥有无限美好的前景。而中国凭借其规模已经悄然进入世界有机食品市场的前四位,仅次于美国、德国和法国。多项预测报告都显示,未来中国有机食品市场的复合增长率都将维持在15%左右。对于消费者而言,一方面是消费升级之后对绿色健康食品的不断需求,另一方面是有机食品的假冒伪劣问题以及高昂的价格,而CSA同时解决了高物价和信任度的问题,因此,CSA代表着一种更为低成本、更为有效的推广有机农业的方式。

据数据统计,2016年中国蔬菜总产量7.8亿吨,人均超过550千克,而真正被吃掉的只有3亿多吨,不到总产量的一半。而这些蔬菜在

绿色生态农业：天人合一的和谐农业

种植过程中消耗了过多的地下水,使用了大量的化肥、农药等,给资源环境造成了巨大的破坏。中国工程院的一项重大咨询项目显示[1],华北地区的蔬菜产能远远大于需求,且耗水较多,浪费较大。华北地区是我国缺水最严重的地区,资本化农业的发展导致了大量开采地下水,每年超采55亿立方米,有些地方的地下水位严重下降,甚至已经采取深层的存压水、高氟水等,对人的健康产生了影响。

笔者认为,过去40年,随着金融全球化的逐步深入,资本正悄悄成为控制这个世界的主宰。资本的逐利天性催生出一套放之四海而皆准的价值体系,即"增长主义"和"消费主义",这一套价值观从遥远的西方发达国家漂洋过海来到东方,与贫弱已久的中国积累财富的欲望一拍即合。在如今这个被"增长主义"与"消费主义"主导的社会中,朴素、勤俭,避免奢靡和浮夸等中国传统的文化精神品质似乎已经难以占据中心位置。相反,增长理论与拜物主义占据了社会话语的正义地位,然而这种以无限度消耗资源、破坏生态环境的模式已被证明难以永续。

我们不妨回头从传统的农耕文明中汲取养分,因为我们的农耕文化不仅仅符合资源环境可持续的要求,更是当下消费不断升级背后市场的迫切需求。正如100多年前富兰克林·H.金所言,中国人拥有无与伦比的可持续农业传统,还有理性化的低消费观,人与食物、土地构成了生态闭环的平衡。中国的农业不是和土地对立的农业,而是天人和谐的农业。

---

[1] 参见《华北地区地下水超采累计亏空约1 800亿立方米》,《新京报》2019年3月22日。

农业4.0：未来农业图景

> 这种讲究生产力和效率的工作应该是机器人的工作，100年后，我们人类甚至会为自己曾经做这些工作而感到羞耻，人类更应该去从事那些属于创新类的工作，比如艺术、探索、体验和科学等。
> ——凯文·凯利

2018年9月，全球首个无人农场在英国腾空出世。这是由英国哈珀亚当斯（Harper Adams）大学的农业工程师团队牵头创立的实验性农场项目，在没有任何人进入农场的情况下，由无人操控的机械自动完成从翻土、播种、施肥、灌溉到收成的全过程，而无人机则扮演了监督员的工作，给予农作物生产全过程以监督。这个由3位科学家组成的研究小组开发了多种自动化机械，包括一台自动拖拉机、一台自动联合收割机和一架农业无人机。拖拉机由农场主在操控室操作，负责播种和喷洒，收割机负责自动收割，而无人机负责采集"四情"[①]数据，进行空中评估。

这个无人农场项目的成功，似乎验证了当今自动化农业已经不存在技术障碍，只要将各项技术整合起来，创建一套系统，就可以实现农

---

① "四情"是田间作物的墒情、苗情、病虫情及灾情。

业生产的无人化。这个农业工程师团队认为,无人农场代表着未来农业的某种图景,借助于自动化技术与物联网,农民最终将从土地和辛勤的劳作中释放出来,农业也将迎来新一轮的革命。

从工业4.0到农业4.0

2013年的德国汉诺威工业博览会首次提出工业4.0战略,德国学术界和产业界普遍认为,工业4.0将是以智能制造为主导的第四次工业革命,即通过深度应用信息通信技术,推动实体物理世界和虚拟网络世界的融合,在制造领域形成资源、信息、物品和人相互关联的"信息物理系统",推动制造业向智能化转型。

2008年全球经济危机之后,世界主要发达国家和新兴经济体纷纷将产业战略重点转向制造业,这次战略大调整背后,是物联网、大数据、云计算、人工智能为代表的新一轮科技革命的喷涌,各国精英们已经敏锐地意识到,这些新的技术手段与传统制造的融合代表着未来产业革命的方向,更将赋予这些国家强劲的竞争力。2012年,一贯鼓吹制造业回流的奥巴马政府发布了《先进制造业国家战略计划》,之后德国发布《工业4.0战略》,英国和法国相继推出《工业2050》和《新工业法国计划》,日本发布《科技工业联盟》,在新兴经济体中,印度出台《印度制造》,中国则在2015年推出《中国制造2025》。

物联网、大数据、人工智能等新的技术、信息流的无孔不入不仅仅推动了工业的变革,也在悄无声息地改变农业的生产方式。如果说工业技术与生产模式从1.0到4.0,分别跨越了机械化、电气化、自动化,最终跃升到智能化,那么世界各国农业的发展历程也大致可以分为四个阶段。

农业1.0是以人力与畜力为主的传统农业。"面朝黄土背朝天",最基本的劳动工具得到使用,工具虽然对人类体力消耗有一定的缓解,但并没有从根本上把人从繁重的农业体力劳动中解放出来。

农业2.0是以农场为标志、以机械化为主要特征的大规模农业。农业2.0也被称为机械化农业,是以农业机械代替人力、畜力,将落后低效的传统生产模式转变为先进高效的大规模生产方式。

农业3.0即自动化农业,是以现代信息技术的应用和局部生产作业自动化、智能化为主要特征的农业。随着计算机、电子和通信技术以及自动化装备在农业中的应用越发普遍,与机械化农业相比,自动化农业的资源利用率、土地产出率和劳动生产率更高。

欧美农业普遍经历了传统农业、机械化农业和自动化农业三个阶段,且基本已经实现了现代化,随着物联网、大数据、云计算以及人工智能等新的技术手段的成熟,农业将迎来以无人化为主要特征的4.0阶段。

何谓农业4.0

农业4.0作为新兴的概念,尚未有明确的定义。不过学术界已经在尝试勾勒农业4.0的轮廓。

中国农业大学教授李道亮是农业4.0研究的先行者,他从工业4.0中得到启发,认为"农业4.0是以物联网、大数据、移动互联、云计算技术为支撑和手段的一种现代农业形态,是智能农业,是继传统农业、机械化农业、信息化(自动化)农业之后,进化到更高阶段的产物"。[①] 中国工程

---

① 李道亮:《农业4.0——即将到来的智能农业时代》,《农学学报》2018年8月刊。

院院士金涌则认为农业4.0除了智能化,还应包括生态化这个侧面,即"农业4.0既是生态农业,也是智能农业。它是涉及植物学、土壤学、栽培学、分子生物学、化学工程学、机械工程学、信息工程学、工程管理学等多学科的交叉,是循环经济、低碳经济、生态保护的主战场之一"。[1] 温铁军将农业4.0的内涵拓展到了社会层面,他认为农业4.0一方面是互联网+,另一方面是社会化的、城乡合作的、互动的、生态化的。[2] 农业4.0是在3.0的基础之上,全面推行农业的社会化和生态化,促进城乡结合、广泛参与的社会化农业,共同维护生态农业的综合性、包容性发展,最终促进农业经济回嵌社会、回嵌资源环境,达至人类回嵌自然。

综上所述,农业4.0包括了三个层面的融合互动:

第一,经济层面的"三产融合互动"。农业4.0将促进一、二、三产业的融合互动,通过把产业链、价值链等现代产业组织方式导入农业,更新农业现代化的新理念、新人才、新技术、新机制,形成新产业、新业态和新模式,从而培育出新的经济增长点。

第二,社会层面的"三农融合互动"。农业4.0统筹考虑农业、农村和农民,最终促进三农的协同发展。通过发展农业4.0,带动农村的生态宜居、文化复兴,带动农民生活富裕,实现三农的融合互动发展。

第三,生态圈层面的"三生融合互动"。农业4.0旨在打造一个泛农业的生态圈,对生产、生活、生态的所有资源进行再整合,通过促进城市与乡村、工业与农业、知识与资本、线上与线下等多要素的融合互动,让乡村不仅成为农业的生产空间,而且成为一种令人向往的宜居家园。

---

[1] 徐骞:《农业4.0:为粮食安全和生态文明带来什么?——访中国工程院院士金涌》,《中国农资》2016年8月刊。

[2] 温铁军:《农业1.0如何向农业4.0演进》,《中国科技财富》2016年6月刊。

而将这些"三产""三农"以及生态圈各要素融合互动的手段,就必须依赖以互联网为依托的各类信息技术的集成与应用。如果说农业3.0解决了农业的局部自动化与智能化,那么农业4.0则是通过信息技术的集成应用,包括更为透彻的感知技术、更广泛的互联互通技术和更深入的智能化处理技术,来实现农业全产业链条中所有信息流、资金流、物流等的有机协同和无缝对接。

长期关注人工智能的李开复曾言:"15年内,人工智能和自动化将具备取代40%—50%岗位的技术能力,主要集中在重复性劳动、有固定台本和对白内容的各种互动、不需要与人进行大量面对面交流的工作等领域。"[1]机器取代人的趋势让很多人担忧,人工智能的普及会让很多人下岗失业,人工智能是否值得发展?也有很多人持完全不同的意见,硅谷的"未来帝"凯文·凯利则认为,人们当下争夺的大多数工作根本不应该由人来做,比如工厂流水线上的工作,或者是在商店里数钱和把箱子搬进仓库,"这种讲究生产力和效率的工作应该是机器人的工作,100年后,我们人类甚至会为自己曾经做这些工作而感到羞耻,人类更应该去从事那些属于创新类的工作,比如艺术、探索、体验和科学等。"[2]

农业显然是属于人工替代的产业之一,而农业4.0最终将成为无人化的一种生产与管理系统。在未来的农业生产图景中,运行在大田、农场、种植工厂、畜牧工厂等中的不再是传统的农具和机械,而是通过物联网技术连接起来的一整套自动化设备,它们构成一个拥有感知能

---

[1] 参见《李开复:人工智能或将取代人类近50%工作》,千龙网2018年9月3日。
[2] 参见《凯文·凯利谈人工智能:大多数工作根本不应该由人来做》,腾讯网2019年1月15日。

力、监测能力、分析能力、判断能力和实施能力的人工智能系统。这套建立在全面智能与自动化上的系统,将对现有的资源进行最佳化配置,无论是农产品的生产、加工、包装、运输、存储、物流或是交易等环节,都将实现智能化下生产效率、生产成本以及环境保护的最优控制。

中国农业代际演进

我国幅员辽阔,农业发展水平参差不齐,在不同区域呈现出不同的代际差别。根据中国农业大学教授李道亮的研究,我国农业1.0、2.0、3.0和4.0在全国范围的分布比例大致为20%、66%、13%和1%。[①] 如果按照70%作为进入下一代的判定标准的话,我国农业代际演进总体处于2.0向3.0过渡的阶段,大约在2050年我国农业总体完成以农业3.0为标准的农业现代化。

大约还有20%左右的农业生产方式还处在人力手工作业为主导的农业1.0阶段,这些区域大都分布在我国的西部地区,如四川、贵州、云南、西藏、甘肃等地。少数农业生产环节开始应用简单的机械装备,但因为这些地区经济发展水平较为落后,可耕种土地往往较为分散,机械化成本相对较高,因此农业1.0阶段还将在这些区域长期存在。

我国大宗农作物的主产区基本进入了农业2.0阶段,农业的机械化在全国范围内大概占到66%左右,以中东部地区、西部平原地区、新疆生产建设兵团以及东北垦区等为主,农用机械广泛地应用于各个生

[①] 李道亮:《农业4.0——即将来临的智能农业时代》,机械工业出版社2019年1月版,第28—29页。

产环节，这些地区土地较为集中，易于普及机械化。根据农业部的规划，我国农业机械化率大概在 2020 年左右跨越 70% 的门槛。

农业 3.0 在全国范围内大概拥有 13% 左右的比重，其主要分布在沿海和东部地区、中西部经济发达地区，当前主要以示范为主。和欧美发达国家农业普遍实现 3.0 阶段的发展水平相比，我国农业总体发展水平较为滞后，普遍实现农业 3.0 也成为乡村振兴 2050 年制定的主要发展目标之一。

农业 4.0 目前仅存在于国内个别环节、个别企业和个别领域的实验应用阶段，在全国范围内比重几乎可以忽略不计，即使放在全球视野中，农业 4.0 也是新概念、新的研究对象，中国目前正在这一领域加大研究与探索的力度。

农业 4.0 产业链

农业 4.0 的产业链条主要涵盖生产、经营、管理以及服务四个方面。这一链条以"互联网＋"为纽带，将传统产业链条中的重要环节通过现代信息技术高度整合和优化，不断降低成本、优化质量、提高效率，最终提升农业的综合竞争力。

农业 4.0 的生产端通过建立"感知—传输—处理—控制"的闭环应用来提高设施园艺、大田种植、畜禽养殖、水产养殖等的智能自动化水平，通过按需控制和精细管理来实现农业的节本增效。信息感知成为智能自动化生产的首要环节，这可比农夫的眼睛、鼻子等感知器官，物联网将上至卫星遥感、中至无人机、下至地面传感器串联成一套立体化的感知系统，精准地对土地、农作物及畜禽进行数据收集。数据经过传输进入中央处理器,这如同农夫颇具经验的大脑,通过对收集的数据进行及时的处理,形成快速的决策系统以指导无人拖拉机、无人收割机等自动化设备的运转,后者好比是农夫的双手。不同的是,这一套高度拟人化的设备,与传统的农夫相比,无论是在哪个环节都大大地提升了效率与精准度。数据与机器最终将代替农夫,成为农业生产的主角。

农业4.0的经营端,是以电子商务和智能流通为代表的新型经营模式。通过"互联网+"将农产品、农业生产资料的流通与交易,以及农村特色旅游等线上线下融合化,不断扩展农业经营的网络化,促进农业农村经济的发展方式转变。

农业4.0的管理端,通过大数据、云计算等信息技术改造现有的农业管理系统,将电子政务、应急智慧、监测预警、质量追溯、数据调查等常规管理模式搬到网上,进行在线化管理,通过数据共享和业务协同,最终实现管理效能的提升。

农业4.0的服务端,旨在针对农民和新型农业经营主体,不断创新服务方式,为农业生产者提供及时、精准、高效的信息服务。随着大数据、物联网等技术的深入发展,农业生产的信息服务将变得越来越全面化与精准化,为经营主体系统性解决产前、产中、产后等服务。中国大数据掌控者之一的马云曾言:"由于大数据时代的出现,我们对计划经济和市场经济将进行重新定义,我们在过去的五六十年,大家认为市场经济要比计划经济好很多,但我个人觉得,未来30年,市场经济和计划经济将会被重新定义。"[①]马云的逻辑支撑是万物互联的时代,人类获

---

① 参见马云:《大数据时代,市场经济不一定比计划经济好》,腾讯科技2017年5月31日。文章来自马云在贵阳数博会上发表的《数据创造价值、创新驱动未来》的主题演讲。

得数据的能力将远远超过想象,很多原本通过市场自动调节的经济现象完全可以通过精准的计划和预判来替代。同样在农业领域,按需供给时代的来临也许并非不可想象,农业生产什么、生产多少的问题或许在将来的某一天能够精准地被大数据所解决,生产过剩与有效供给不足也就自然迎刃而解。

中国的无人农场

2018年7月,江苏兴化国家粮食生产功能示范区内的一块500亩的农田里,十几台无人农机鱼贯而入。这是我国首轮农业全过程无人作业试验,由工信部、农业农村部等多部门指导,中国车载信息服务产业应用联盟和兴化市主办,超过100名国内外专家、政府和企业界人士到现场参观。

在众人的注视下,用了一个下午的时间,十几台无人机成功地进行了从整耕土地、打浆、插秧、施肥施药到收割的全流程作业,这些无人机可以实现厘米级的定位精度,12个来自汽车、农机、电子信息等领域的团队共同协作完成,这也是中国投入智能农机种类最为齐全、数量最多的一次农业无人化操作。根据媒体的报道,这一无人作业试验将在兴化、黑龙江、重庆等地进一步开展试验,在对标国际先进作业模式和技术趋势的基础上,按照农机、农艺、农业三个层级,以及土地、机器、算法、平台四个要素,组织全国近百家企事业单位和地方政府协同推动,计划到2025年在兴化市和其他农业代表性地区分级、分期、分布建立无人农场。本次试验最终将循序渐进实现耕作、管理、收割、储存及运输的数字化、智能化和网联化,实现农业生产的精准化、集约化、规模化和无人化,促进农业体质增效降本,将农业生产打造成为智能制造的车间和工厂。

未来乡村图景

长期致力于新农村环境建设的画家孙君曾经预言:"中国未来30年,乡村将成为奢侈品。"①这句话一度成为媒体及朋友圈的金句。孙君认为随着中华信仰、乡村文化、自然为本等传统价值的回归,乡村必然会取代城市成为人人向往的居住空间,而城市很可能会沦为"警察与小偷共存的地方"。孙君看到了城市人群对乡村价值的肯定趋势,但从发达国家城乡发展史的角度来看,城市未必会变成"警察与小偷共存的地方"。从经济学物以稀为贵的一般规律来看,未来30年中国广大的乡村或许也难以成为奢侈品,但孙君的价值判断无疑是正确的,那就是乡村正越来越变得珍贵,这种价值也越来越显性化。

根据联合国的城镇化报告,到2050年全球将有70%的人口居住在城市地区,而中国的城镇化率显然将超越这个水准,农业人口的减少带来了农民收入增长的可能。邻国日本2018年的农业人口数量已经跌破了200万,仅占有全国总人口的1.5%,而日本农民的年收入与城市收入水平相当,这与欧洲、美国的情形相似,跨入农业3.0阶段的发达国家的农民年收入与城市水平的差距普遍并不显著。随着农业4.0时代的到来,自动化农业的高级化、无人化农业将削减更多的劳动力,农业拥有更高的产出效率,农民的收入将更上一层楼。

---

① 参见孙君:《中国未来30年,乡村将成为奢侈品》,"北京绿十字"微信公众号。

读懂乡村振兴：战略与实践

高科技赋能的农业4.0使得农民摆脱了田亩之累，面朝黄土背朝天的传统农民消失了，取而代之的是拥有高学历、高科技文化素质的职业农民。进入农业4.0时代的农业生产，无人农场、无人果园、无人物流、无人电子商务等无人化生产流通交易模式将成为主流，职业农民只需要偶尔摆弄一下手机就能掌控农业生产的全过程，而机器人将代替人工进行器械维修、保养及所有繁重琐碎的工作。职业农民无需日晒雨淋，黝黑的皮肤、粗糙的双手离他们远去，从外观上看他们和城市白领并无二致。他们在轻松从事农业生产的同时，还能享受到静谧美妙的田园风光，这让农民这个职业令人艳羡。与此同时，深入到每个县级市的高铁与互联网让农民轻松便捷地享受到城市的服务与资讯，乡村的基础设施、公共服务设施等水平与城市的差距愈发缩小。农民不再是荒野之外的流浪者，他们将通过快速交通及信息网络与城市生活快速联通。

笔者以为，在不远的将来，乡村将成为最广泛的新旅居空间，城市人群与职业农民一样，会成为"城乡双栖人"。随着全息投影3D技术的成熟，人与人可能并不需要面对面就能完成深层次的沟通交流，这是继电话和视频之后的又一次革命。通过全息投影3D技术，人与人之间的沟通效果与面对面的差距变得微乎其微，这使得远程办公的比重大大提升。上班族无需在同一物理空间中济济一堂，就能感受到老板和同事的细微表情、情绪乃至气场的变化。这同样适用于远程教育、远程医疗等。最终，远程革命将推动城市人群向外寻求更为宽敞、更便宜、更贴近自然的生活空间，他们将在城市与乡村之间穿梭，从目前的"5天在城市，2天在乡村"转变为"2天在城市，5天在乡村"。职业农民同样拥有更多的闲暇时光，他们和城市人群一样，都将成为"城乡双栖人"。

旅居：乡村旅游4.0

方宅十余亩，草屋八九间。榆柳荫后檐，桃李罗堂前。暧暧远人村，依依墟里烟。狗吠深巷中，鸡鸣桑树颠。

——陶渊明《归园田居》

顾渚模式

浙江长兴县水口乡的顾渚村，地处苏浙皖三省交界地，因茶圣陆羽在此撰写了《茶经》而小有名气，不过它近段时间出名则是凭借了它的另外一个绰号"浙江上海村"。2018年，总人口不过2 500人的顾渚村全年游客接待量达到了356万人次，80%的游客来自上海，这其中又以上海老年人居多。在当地人眼中，距离上海仅有150公里的顾渚村已经成为名副其实的"上海老人后花园"。

顾渚村这个原本名不见经传的小山村，如今已经成为火遍长三角的休闲养生乡村，超过450家农家乐构成了这个村庄的接待主体，在村里随处都能见到操持着上海口音的老人，少则70元、多则150元就能在村里的农家乐住上一天，从班车、住宿到餐饮一并囊括，来自上海的大妈大爷们在这一住就是一个月或者几个月。

顾渚村农家乐的发展史要追溯到1993年，一位年过七旬名叫吴瑞

▲山清水秀的顾渚村

安的上海老中医，梦想着为上海低收入老人创办一所集康复、疗养和旅游于一体的疗养院，在上海周边辗转多处之后，他最终看上了顾渚山脚下的这个不起眼的小村庄。这个取名来自上海与长兴、名叫"申兴"的康养疗养院一开张，就受到了上海老年人的欢迎。随着接待的老年人越来越多，疗养院的床位变得紧张，最后吴瑞安开始与村里的普通民宅合作，让他们添置床位，于是顾渚村的第一家农家乐"王塔庄"便诞生了。此后的十多年，顾渚村农家乐的数量如雨后春笋一般疯长，截至2018年，小小的村庄里农家乐的数量已经超过了450家。

顾渚村山清水秀、民风淳朴，距离上海又较近，加上较低的消费水准，因此无需广告，凭借着口口相传就吸引了众多的上海老人前来疗养度假。"吃农家饭、住农家屋、干农家活、享农家乐"是顾渚村农家乐的主打招牌，"在上海外滩喝一杯咖啡的钱，不如在顾渚村里享受24小时的森林浴",30多辆大巴小巴免费接送的殷勤服务更是让顾渚村很快便在精打细算的上海老人群里口口相传。

顾渚村一跃成为浙北最大的农家乐集聚区,与南边莫干山成规模的高大上的洋民宿集聚区相比,顾渚村的农家乐追求的是"低成本的接地气"。莫干山中高端民宿一晚上的价格都在千元以上,而顾渚村只有前者的1/10,较低的消费水平也使得游客的逗留时间拉长,莫干山民宿度假的普遍逗留时间在1—2日,而顾渚村的游客停留时间要长得多,很多上海老人一住便是几周、一个月甚至是几个月。

顾渚村创造出了乡村旅游的"顾渚模式",而"顾渚模式"则属于乡村旅居的范畴。

乡村旅游 4.0

乡村旅游从简单的景点依托型农家乐一路走来,大致可以分为4个阶段。

乡村旅游1.0阶段,主要指的是简单的农家乐旅游,这些最早的农家乐大都依托一些成熟的景点布局,游客在参观完主要景点之后,通常选择这些农家乐吃个农家饭、看看农家田。这个阶段的农家乐数量少、附加功能少,简单地提供些农家饭菜构成了乡村游的全部内容。

乡村旅游2.0阶段,开始注重对城市消费人群休闲需求的满足,即除了吃,还需要增加一些体验性的休闲产品,包括采摘、垂钓、参与耕作、亲子农田游戏等休闲体验型项目。这种体验型的农家乐,在餐饮的基础上拉升了产业链条,增加了经营者的收入来源,也增强了城市消费人群的休闲体验感,一举多得。

乡村旅游的3.0阶段,即成熟的乡村度假阶段,经营者更加注重"月色经济"的打造。让人住下来意味着更多的消费可能,高端民宿、温泉酒店、度假村等度假产品层出不穷,城市消费人群的逗留时间也随之增加到2—3天,围绕住宿多元化的休闲体验项目不断增加,消费客单价因此大幅提升。

乡村旅游的4.0阶段,即更为深入的乡村旅居阶段。与一般的乡村度假游相比,乡村旅居的逗留时间要更长,从数周到数月,而不是仅仅2—5天。旅居从"游"变成了"居",也就意味着生活化的居住氛围在增强。举例说明,一个明显的差别就在旅行者是不是愿意自己生火做饭,短时间度假游客更愿意选择酒店提供的饭食,但长时间旅居的游客则一般性选择自己生火做饭,去菜场挑上三五小菜,自己动手丰衣足食,日常生活的场景与氛围便随之展现出来。生活化的居住氛围的增强,必然要求旅居地在社区基础设施与配套方面同步跟进,菜场、超市、银行等生活配套不可少,丰富多元的日常休闲活动同样不可缺,散步、跳舞、棋牌以及各类文艺活动。最为关键的还通常要有陪伴同行,因为长时间地独居异乡难言是一种享受,所以从旅居的模式来看,家庭式旅居或者三五好友共同旅居是最为常见的模式。最后一点,乡村旅居跟短时度假相比往往是中低成本的,因为旅居的时间更长,旅居者难以像短时度假一般承受高昂的日消费单价,因此中低端的消费成为乡村旅居的主流。

寻找健康之旅——巴马现象

广西巴马是知名的世界长寿之乡,其百岁以上老人的比例在世界5个长寿区之中排名首位。因为山清水秀、高地磁、区域内负氧离子含量较高,还有被人们认为有治病效果的山泉水等原因,巴马迅速成为养生旅居人群的追逐目标。2006年巴马的旅游接待人数仅有11万人,而10年之后的2017年涌入巴马的旅游人口达到了525万人,创造出了广西旅游史上的"巴马现象"。

巴马的长寿基因经过似有似无地夸大包装之后,成为很多顽疾乃至癌症患者改善健康状况最后的希望——在巴马住上一段时间,健康长寿将自然回归。长寿之乡随之成为一些"候鸟病人"眼中的治病圣地,喝当地的长生山泉水、吸氧、磁疗……不少"候鸟病人"每年都会固定来巴马住上一段时间,原本清静的小山村顿时变得喧闹起来。

坡月村是巴马健康核心区的村落之一,原本只有几百人的小村屯,在每年的旅游高峰期要涌进来几万的外来常住人口,生态环境及资源承载力面临极大的考验。在巨大的商机面前,巴马的宁静与祥和被打破了,憨厚朴实的民风也变质了。坡月村百魔屯的原住民只有200人,但栖息在这个小村子里的候鸟人群却是这个数字的几十倍。大量养生人群的拥入,让外来的投资者看到了赚取暴利的可能性。他们与农户商定,在宅基地之上修建7层以上的养生公寓,建成之后的一层供农户居住,其余层面由投资者经营30年,30年之后,整栋楼归农户所有。巨大的利益诱惑让原住民难以抗拒,于是迅速地,这些原本清秀质朴的小村子慢慢变成拥挤突兀的水泥森林。由于基础设施建设的滞后,大量的污水及垃圾得不到及时的处理,巴马山清水秀的生态环境面临着巨大的挑战。巴马县委书记王军曾对巴马的过度商业化开发颇为遗憾:"过度神话的巴马长寿养生现象实际上损害了巴马的形象。"[①]

---

① 参见《广西巴马:养生好去处,但忌过度解读》,新华网2017年4月21日。

▲养生天堂里的水泥森林

面对巴马的商业异化，很多人叹息拥有无与伦比的资源优势的巴马已经沦为一个"失败的案例"。但从长远来看，笔者认为这只是巴马发展过程中的粗放阶段，巴马作为国家级贫困县，在发展与保护的最初阶段，天秤向发展倾斜多一点实属情有可原，相信巴马最终会走入精细化、科学化发展的新阶段。2013年广西壮族自治区牵头制定《巴马长寿养生国际旅游区发展规划》，以巴马为中心区域，将周边的东兰、凤山、天峨等多地协同打造成为养生度假、生态休闲、文化体验为主题的生态旅游基地，为巴马的发展减轻压力。规划突出巴马的后续发展将进一步强化生态环境保护意识，坚持先规划后开发、先保护后开发的原则。

巴马现象无疑是国内众多拥有天然康养优势资源地区的一个典型

样板。随着富裕有闲的旅居人群越来越多,人们对于康养长寿的追求越来越执着,这些地区都有机会迎来美好的发展"钱景",但摆在他们面前的问题依然现实,即如何在发展与保护的天秤之上找到平衡点,在不破坏资源环境的前提下走出一条永续的发展之路。

寻找温暖之旅——三亚与攀枝花

常年温暖的海南三亚是中国冬季旅居的最佳城市之一。每年冬天,大量东北人穿着貂皮、拉着满箱子的库存从东北来三亚过冬。有媒体报道,三亚的常住人口约70万左右,40万人为外地人,其中东北人就占据了20万左右,以至于三亚市市长李柏青曾惊叹:"如果东北的几十万人一夜撤出三亚的话,三亚基本就是座空城了。"更有人笑言:"海南是东北第四省,三亚市是东北省三亚市。"

东北人喜爱海南的新鲜空气、蔚蓝的大海以及温暖的气候,尤其是东北老人。一入冬季,由于天气太冷,东北的老人容易得关节疼痛、风湿病和呼吸系统疾病,在海南,他们的身体比以前要好很多。因此,只要稍有积蓄、条件允许的老人都会背井离乡、千里迢迢地赶来海南过冬。

向往温暖的东北候鸟人涌入三亚,给三亚常年疲软的房地产注入了一针强心剂。这段历史可以追溯到20世纪90年代,海南的房地产泡沫破灭,房地产价格一落千丈,大量空置的住房变得无人问津。1998年,朱镕基大刀阔斧推行国企改革,拿到一笔遣散费的下岗东北员工看上了海南廉价的楼市,纷纷南下聚居海南。东北人流行一句话:"有钱就去三亚买房",这一嗜好一保持就是20多年。有数据显示,2017年

读懂乡村振兴：战略与实践

三亚市近半的商品房购买者来自东北，就连楼盘的销售口号也肆无忌惮地打着东北人的字样："哪个东北人没有套海南房？瞰海美宅即将全球发售！"三亚作为典型的旅游城市，产业相对疲软，当地人均月收入仅3000多元，而房价却已经突破3万元，这引发了当地人的强烈不满。2018年4月，针对疯狂买房的东北人，三亚出台限购政策，而这一政策导致的直接结果是三亚地方税收总额直接下跌了50%，三亚对于房地产的依赖度、对于东北人的依赖度可见一斑。

攀枝花因其常年充裕的阳光有"四川的三亚"之称，这个曾经以矿产为傲的资源型城市和其他遭受"资源诅咒"①的城市一样，不得不转型寻求更加多元的发展方式。最终，康养旅居成为攀枝花新的城市发展战略。

攀枝花一年四季阳光明媚，全年日照在2700小时以上，仅次于拉萨。年平均气温20摄氏度，冬季温暖晴天多、日照足，空气干净清洁、云雨稀少，攀枝花因而有"东方太阳谷"之称。这个以花为名的城市更是各类鲜花的盛产地，沐浴在温暖阳光的包裹中，徜徉在鲜花的烂漫中，寻找温暖与健康的候鸟人群纷至沓来。

2013年攀枝花发布《中国阳光康养旅游城市发展规划》，标志着攀枝花的转型开始。时年旅居攀枝花过冬的"候鸟老人"星星点点，仅有3万人次，而4年之后的2017年这个数字井喷突破了15万人。这些旅

---

① 资源诅咒（Resource Curse）是一种经济术语，又被称作"富足的矛盾"（Paradox of plenty），指的是国家拥有大量的某种不可再生的天然资源却反而形成工业化低落、产业难以转型、过度依赖单一经济结构的窘境，丰富的自然资源可能是经济发展的诅咒而不是祝福。

居人群不仅仅来自周边的城市,其中很多是从上海、北京等地慕名而来。每当冬季来临,温暖的攀枝花就开始喧闹起来,从普通的农家乐、中端的养生度假村到各类旅游小镇,无不充斥着候鸟老人的身影。

攀枝花凭借其独特的气候优势,赫然位列"全国十大避寒旅游名城",已然成为四川中高端冬季旅居的目的地。在康养旅居上尝到甜头的攀枝花大步迈进,已编制完成包括战略定位、空间布局、产业体系等在内的一系列规划,未来将以康养旅居为主线,促进康养旅游、养生养老、生态农业等融合发展,打造成为全国知名的冬季康养旅居胜地。

一个地区的气候优势,是其拥有的无法被复制的独特竞争优势,海南三亚和攀枝花等地率先充分地利用了自身的气候比较优势,与越来越宽广的旅居与养老市场结合,促进了自身的快速发展与成功转型。

旅居养老商业模式

从目前旅居市场的消费主体来看,健康老人占据了绝对主力的位置。随着中国养老市场的逐步成熟,旅居养老表现出巨大的市场潜力。传统的养老模式已经很难满足新生代老人的要求,到气候适宜、风景秀美、设施齐备的异地旅居养老将成为新的市场爆发点。

乌镇雅园被誉为中国旅居养老小镇的样板作品,这个由绿城宋卫平亲自操刀的作品位于上海、杭州、苏州三地的几何中心处、旅游名镇乌镇的近郊田园。凭借乌镇成熟的景区运作以及每年千万级的游客量,乌镇雅园底气满满,加上乌镇成为世界互联网大会永久举办地、乌镇全面推进"互联网+养老"模式等诸多利好,乌镇雅园的先天优势明显。以新民国风为主要建筑风格,以江南园林为造林手法,引入欧洲品牌的康复医院、养老护理中心，创造性地设置老年大学，宋卫平的养老地产标杆项目从一开始就谋划"要让中国的老人有尊严地养老"，乌镇雅园也被定位为一座国内功能齐备、设施先进、模式丰富、规模庞大的复合型度假养老小镇。

从商业模式来看，乌镇雅园延续了绿城房地产开发的一贯思路，即从养老公寓和别墅产品上获得巨大的投资回报。这个远离城区的田园型小镇更是一跃成为嘉兴最贵的楼盘，别墅价格最高可达到2.5万～3万元/平方米，前期2 000多套的公寓和别墅全面售罄，且带动了售价上浮50%。客户群体主要来自杭州和上海，这个群体以高知识为主要特征，包括退休的官员、大学老师、医生等。根据行业估算，绿城以其品牌效应获得了较低的拿地成本红利，相关的养老配套上虽然投入了较大的成本用以保障品质，但良好的地产销售业绩最终还是保证了整个项目的成功。

宋卫平曾表示乌镇雅园是他最满意的养老地产项目，因为乌镇雅园让中国的老人找到了养老的尊严。宋卫平满意的或许不仅仅在于此，更在于乌镇雅园的商业模式是可复制的。旅居养老无疑给养老地产、旅游地产带来了新的发展机遇，在各路资本纷纷下水的同时，我们也注意到在养老配套需要长时间运营以完成商业自我循环的条件下，地产板块的快速变现始终还是旅居养老的主要盈利模式。

乡村——城乡居民共同居住地

从发达国家城镇化发展规律来看，伴随着城镇化的退潮以及逆城镇化的勃兴，乡村普遍出现了从单纯的农民居住地变为城乡居民共同居住地的转变。国家乡村振兴规划的一大战略目标亦在于将乡村打造成为新的宜居型居住地。根据原住建部副部长仇保兴等人的预判,中国的城镇化峰值将出现在70%左右,而并非像以往人们所推测的达到85%以上。这个预判有两个依据:第一,中国是一个农耕文明历史悠久的旧大陆国家,与城镇化率达到85%以上的美国等新大陆移民国家相比,农民对于土地的黏性要强得多;第二,农民工数量趋于稳定,每年农村进入城市的人口正逐步减少,55岁以上的农民工返乡数量快速增长,逆城镇化现象加剧发展。70%峰值的城镇化率意味着未来至少还将有5亿人居住在乡村,因此乡村振兴正当时,乡村振兴必须为这5亿人提供一个适宜生产、适宜居住、适宜旅游、适宜养老的新空间。

法国是欧洲著名的农业大国,第二次世界大战以后,法国进入了重建和振兴的新阶段,从1945年到1970年代中期的30年时间,史称"光辉30年",也是法国城镇化率快速增长的时期,城市人口比重从1946年的53%增长到1975年的72%。和大多数快速城市化的国家一样,"光辉30年"期间,法国乡村地区的人口持续减少,农业人口老龄化现象严重。但从1960年开始,越来越多的年轻人开始返回乡村地区工作和生活,特别是回到文化和自然资源较为丰富的法国西部和南部地区。1970年以后,逆城镇化现象进一步凸显,随着法国政府加大对乡村振兴的扶持力度,乡村的自然空间得到保护,住房条件、基础设施还有公共服务水平与城市之间的差距大为缩减,一些乡村聚落因为生态环境优美、设施齐全、住房价格低廉开始吸引城市人口迁入。

法国乡村开始从单一的农产品生产地转变为休闲旅游目的地、生态环境保护地和城乡居民共同的居住和休憩地。入城市郊区机动化水平的提升使得城郊乡村地区成为人口回迁的主要目的地,这些地方集中分布在巴黎 150—200 公里以及距离地区级大城市 50—60 公里的范围内。除此以外,地中海沿岸、著名的风景区周边(比利牛斯山区、阿尔卑斯山区等)吸引着越来越多的城市新移民的迁入与旅居。[1] "二套房"就是一个很好的佐证,法国人热衷于购买城市主要住宅之外的第二套房以用于乡村度假,而这些房屋一般都布局在风光秀美的沿海及山区周边。数据显示,法国乡村地区的二套房比例在 1961 年仅仅只有 9.1%,这个数据在 1984 年攀升至 23.3%。每当夏季度假期或者冬季圣诞季来临,长龙一般的车流会从巴黎等大都市倾巢而出,涌向这些乡村度假地区,法国人会花上 2—4 周的时间度过一个宁静舒适的假期。

在法国乡村地区居民的结构组成上,退休养老人员以近 30% 的比重成为乡村居民的第一大群体,远远超过了农民群体,后者的比重仅有 20%。[2] 低成本的宁静乡村成为法国城市退休人群的旅居首选地,可见叶落归根并非仅是中国人的独有情节。城市中高层管理人员、雇员和工人也热衷在乡村寻找栖息居所,人们迁移的考量因素开始由以"经济因素"(如收入水平、就业机会、失业率等)为主转变为以"生活质量"(公共服务水平、气候、污染、生活成本等)为主。

法国的广大乡村已经成为城乡居民共同的居住地。笔者认为,这种出现在发达国家的普遍的规律性现象毫无疑问会在中国的下一个 30 年重演。

而以村落、田园、小镇、风景区等为背景的乡村养老无疑会在乡村

---

[1] 汤爽爽、冯建喜:《法国快速城市化时期的乡村政策演变与乡村功能拓展》,载于《国际城市规划》2017 年第 4 期。
[2] 数据来自法国统计局 INSEE 官网。

旅居现象中占据重要的位置：一方面,随着乡村振兴的深入,乡村基础设施、公共服务设施的不断完善,乡村宜居宜养的水平将随之提升；另一方面,笔者判断,随着农村宅基地的市场化改革在未来 30 年的持续推进,城市人群特别是退休养老人群将在乡村找寻到安养的栖息居所,这个大趋势将爆发出巨大的投资商机。

宅基地三权分置：变与不变的平衡

> 我们要改革，但是步子要稳，因为我们的改革，问题复杂，不能要求过急，开始时步子要小，缓缓而行，必须避免反复出现大的"马鞍形"。
>
> ——陈云

首张不动产权登记证

70岁的王定龙一头白发，是浙江象山县鹤浦镇小百丈村的一名普通农民。王定龙20多年前就开始外出打工，虽然收入不高，每月才1 000多元，但他觉得总比窝在村里种橘子的收入要好。只有在每年的春节，王定龙一家才会回到村里和亲戚朋友碰面，一家人在村里还有一处两层老宅，面积140多平方米。因为逐步在城里稳定下来，回村的频率减少，老宅也就渐渐被闲置，时间一长，破败不堪，难以居住。

王定龙始终没有把这破屋子当回事，直到前段时间村里有人通知他，有人想出高价要租村里的房子，包括他的房子，他才兴冲冲地赶了回来。让王定龙没有想到的是，签约仪式搞得很隆重，除了蜂拥而至的大批记者，象山县委书记也出席了。当王定龙作为出租方代表从县委书记手中接过宅基地资格权人证书的时候，他意识到手中这本从未见过的证书分外沉甸甸。这是浙江省第一本农村宅基地"三权分置"的不动产权登记证,除了王定龙的资格权人证,承租房屋的民宿开发商也从政府手中领取了使用权人证。

象山县鹤浦镇是全国首批农村宅基地"三权分置"的试点之一。2018年中央一号文件《中共中央国务院关于实施乡村振兴战略的意见》中提出:"完善农民闲置宅基地和闲置农房政策,探索宅基地所有权、资格权、使用权'三权分置',落实宅基地集体所有权,保障宅基地农户资格权和农民房屋财产权,适度放活宅基地和农民房屋使用权。""三权分置"维持了原有的集体所有权不变,将原有的农户的占有使用权一分为二,即资格权和使用权,资格权意味着农户作为村集体的一员,依然可以无偿分配一套宅基地,而使用权意味着宅基地可以作为要素商品参与市场流动,不仅可以转让,更可以参与银行抵押。农村宅基地是农村土地改革的"最后一块地",这一项政策也被认为是一次重大理论和实践的创新,这很可能大大激活广大农村沉睡的宅基地资源,使之迸发出巨量的商业价值。

鹤浦镇小百丈村,位于象山县南田岛的中部,与大沙景区隔山相望,依山傍水,风景秀丽。村里一直以柑橘种植为主要产业,收入瓶颈明显。意识到乡村旅游的广阔前景,村党支部书记王叶永开始盘点村里的旅游资源,老石屋、水库、百亩茶园、千亩柑橘园还有张苍水兵工厂遗迹,毗邻大沙景区的天然优势使得小百丈村具备了旅游开发的潜质,这也吸引了多家旅游公司的目光,多个投资人看中了小百丈村,然而最终还是少了临门一脚,合作协议难以达成。王叶永始终不明白其中的缘由,最后还是投资人告诉了他其中的原因——与村民签订宅基地租约隐藏着较大的风险。在投资人眼里,承租老百姓的宅基地,仅仅通过一纸租约约束,投资方心里难以安稳。对于投资方来说,这个项目是一个大几千万甚至是上亿的投资,需要长期地投入与经营,一旦房屋主临时变卦想要涨租甚至是收回房屋,投资人将面临巨大的损失,这样的风险在民宿界已经是屡见不鲜,也就是说"产权的不明晰"让投资人望而生畏。

农业农村部副部长韩俊认为,宅基地"三权分置"的改革探索是借鉴了农村承包地"三权分置"的做法,目的是改革现有的宅基地制度存在的问题,即大量农房、宅基地的常年闲置。韩俊列举了武汉市的数据,2016年年底武汉全市1 905个行政村,农村房屋73万套,其中长期空置的农房占到15.8%[1],这个比例在东部一些发达城市周边还要更高。韩俊总结说,这些大量的农房和宅基地闲置,任其破败是一个巨大的浪费,利用起来就是一笔很大的财富。

放活还是稳定

在政策制定者眼里,宅基地的"三权分置"是"稳定"与"放活"的某种新平衡,既维护了农村社会组织结构及土地占有关系的稳定性,为现代化提供了社会稳定器与风险蓄水池,又能顺应部分农民想流转宅基地使用权的意愿,同时助力城市资本下乡促进乡村新业态发展,"三权分置"很好地把握住了"变"与"不变"的辩证关系。

然而,在政策制定者内部,也有存在不同的声音。国务院发展研究中心原副主任刘世锦就认为乡村振兴需要在农村土地制度改革方面迈

---

[1] 2018年2月5日国务院新闻办公室新闻发布会,中央农村工作领导小组办公室主任韩俊、副主任吴宏耀就2018年中央一号文件《中共中央国务院关于实施乡村振兴战略的意见》进行情况介绍。

出更大的步子,其中农村宅基地要加快流转速度。刘世锦认为这方面改革进展缓慢的原因在于一些保守的、似是而非的观点。他举例说:"有些人担心,农民把宅基地卖了,去买酒喝,房子没了,无立身之本,以后会出大事,影响这个社会。然而这样的人,一百个里面能有几个?农村有这样的人,城里难道没有?我们不能因为一两个人,就把九十八、九十七个人抹杀掉。"①刘世锦否认了不开放农村土地市场、不允许转让宅基地是保护农民利益的观点,相反,他指出"一个产品真正的价值体现出来需要两个条件,一是产权要界定,二是一定要进入交易,农民有什么东西值钱,那就是块地"。他认为只有放开市场交易,农民才能得到财产性收入的增长,这才是真正的保护农民利益。②

和刘世锦抱有同样观点的还有周其仁。周其仁早年师从中国农村改革政策研究的核心人物杜润生,一直是农村土地制度改革的市场派代表。市场派的共识认为城乡协调发展的根本在于城乡之间能否打通土地、资金、人员等要素的通道,让市场配置资源。市场派的共识在政策中越来越得到体现,《关于实施乡村振兴战略的意见》中就再次明确提出"使市场在资源配置中起决定性作用,更好发挥政府作用,推动城乡要素自由流动、平等交换"。周其仁认为中国的农村存在巨大的宅基地存量,然而这笔存量却无法在城乡之间自由流动,更难以变现为巨大的财富,周其仁开出的"药方"很简单:"农民的宅基地问题,在我看来是很简单的经济问题,你愿意留就留,你愿意租给别人就租给别人,你愿意卖就卖。"③

---

① 参见《刘世锦:要让农村宅基地流转给小产权房出路》,新浪网2018年9月17日。
② 同上。
③ 参见《周其仁:改革要斟酌,不能把任何变动都叫改革》,财经网2014年6月25日。

这些年,市场派显然在农村土地政策制定中占据越来越主动的位置,但他们总能感受到一股往后的拉力在牵扯。贺雪峰是"华中乡土学派"的开创人,他在华中科技大学创办的"中国乡村治理研究中心"在中国三农界一直被推崇备至。2011年,贺雪峰主动挑起了一场与周其仁的学术争论,这场关于农村土地制度改革的论战吸引了各大媒体的注意。贺雪峰首先把矛头对准了周其仁牵头推动的"成都土改"。在出版的《地权的逻辑》一书中,他指出"对于大城市、大农村的成都市来说,以农村土地产权改革为核心,以扩大市场化程度为手段的城乡一体化改革,明显存在乌托邦情绪,即使成功对于全国农村也并不具有借鉴意义。"[1]贺雪峰认为市场化改革导向下,"给予农民更多的土地权利,可能反过来损害农民的利益"。周其仁针锋相对,反驳其观点乃是奇谈怪论,"因为它完全得不到中国土地革命、土地改革、家庭联产承包责任制改革等大量可观察经验的支持"。[2] 贺周二人的火力交叉点集中在多个方面,但其核心争论点乃是土地制度是否应该更市场化。贺雪峰观点犀利,指出土地制度的激进市场化改革将会给农民利益带来损害:"一些学者打着给农民更大土地权利的幌子来为土地私有化鸣锣开道,本质是为资本掠夺农民制造舆论。"[3]

贺雪峰的观点得到了相当一部分学界专家的认同,温铁军在研究巴西、印度等发展中国家土地制度与经济危机经验之后,指出这些发展

---

[1] 贺雪峰:《地权的逻辑——中国农村土地制度向何处去》,中国政法大学出版社2010年版,第266页。

[2] 参见周其仁:《给农民更多的土地权利真的会损害农民的利益吗?》,经济观察网2011年7月22日。

[3] 参见贺雪峰回应周其仁的评论文章:《周其仁的地权观点为什么是错的》,爱思想网2013年8月3日。

中国家的土地集中在少数人手中,城乡之间劳动力的流动呈现单向化而非弹性的双向化,农村由此丧失了现代化稳定器与劳动力蓄水池的天然功能,城市危机一旦爆发,无法将失业人口导入三农,导致危机在城市硬着陆,由此产生出贫民窟这样的城市肿瘤。温铁军在《八次危机》一书中指出自中华人民共和国成立以来,国内发生了八次经济危机,在城乡二元对立的基本体制背景之下,工业化、城镇化以及整个体制改革所产生的制度成本均向"三农"转嫁,因而由城市而引发的经济危机往往可以通过农村实现"软着陆",原有体制得以维持,而不能向农村转嫁的危机,则导致了硬着陆,并引发了财税金融乃至整个经济体制的重大变革。① 温铁军呼吁应该加大对三农的支持,加固三农作为现代化稳定器与劳动力蓄水池的功能,从而对抗各种因外部化引发的经济危机。

以贺雪峰、温铁军为代表的一派意识到现有的土地制度在保护农民利益、维护社会稳定、对抗经济危机等方面发挥着不为人知的重大作用,因此旗帜鲜明地反对激进的市场化改革。在贺雪峰看来,农村宅基地属于村社集体所有,是村社集体成员的农户家庭免费获得、无偿使用的一项基本福利,因此天然带有社会保障的属性,不能简单地看作是财产性权力。中央农村工作领导小组原副组长陈锡文也认为社会保障是不能用来交易的。②

贺雪峰等人担忧,"三权分置"名义上保护资格权,但放活宅基地使用权的背后肯定会加大对使用权的物权保护,从而使得农民的"资格

---

① 温铁军:《八次危机》,东方出版社2013年版,第18页。
② 参见《陈锡文:不能老是对不起农民》,土地资源网2010年9月1日。

权"变成名义上的,随着城市资本下乡,农民将彻底失去宅基地使用权,宅基地的社会保障功能也会丧失殆尽。

中国的改革素来以渐进化为显著特点,中国社会主义经济建设的开创者和奠基人之一陈云曾总结中国式改革的特点:"我们要改革,但是步子要稳,因为我们的改革,问题复杂,不能要求过急,开始时步子要小,缓缓而行,必须避免重复和出现大的'马鞍形'。"[1]习近平指出:"三农问题是关系国计民生的根本性问题。"

笔者认为,在关乎根本性问题的改革上,尤其在涉及农民承包地及宅基地问题上,决策者必然沿袭以往的成功经验——以"稳定"为原则,以"渐进"为特点,以"试点"为手段的改革方式,从而避免出现重大风险甚至是不可挽回的错误。

宅基地"三权分置"是农民承包地改革的一个天然延续,是中国土地制度改革的一项重大理论与实践创新。在保障稳定的基础之上,政策巧妙地构建出弹性的多维产权,既维护了既有的农村社会组织结构,保证了原有的土地占有关系,同时在市场化的方向上迈出了积极的一步,为宅基地要素在更宽广的城乡范围内流动敞开了大门。

2017年中国社科院农村所发布的一项报告显示,新世纪第一个10年,农村人口减少了1.33亿。每年因农村人口的减少,新增的农村闲置住房高达5.94亿平方米,折合市场价格约4 000亿元。2018年,宅基地"三权分置"的改革试点在浙江、山东、安徽等多个省份展开,标志着这项旨在盘活乡村巨量沉睡资产的改革正式启动。

---

[1] 参见1979年陈云给中央的关于财经工作的信。

脱贫攻坚：乡村振兴的优先任务

打好脱贫攻坚战是实施乡村振兴战略的优先任务。

——习近平

2016年,《新京报》一篇《悬崖上的村庄》将四川凉山州昭觉县支尔莫乡的阿土勒尔村推向了前台,引发了全国范围内的广泛关注,阿土勒尔村一跃成为全国闻名的"悬崖村"。

"悬崖村"阿土勒尔村地处高深峡谷的悬崖台地之上,与地面垂直距离高达800米,72户村民构成了这个规模不算大的聚居村落。因为交通不便,村子自古以来便遗世独立,与外界相连需要通过攀爬17条垂直的藤梯来完成。在这篇篇幅不长的报道中,最引人注意的是村里的孩子们攀爬藤梯的照片,由于小学建在悬崖下面,村子里10多个6—15岁的孩子不得不通过攀爬悬崖来完成上下学。在照片里,这些面容稚嫩但身手敏捷的孩子背着书包在陡峭地几乎成90度的峭壁上拾级而上,让人心惊。据支尔莫乡的党委书记所说,这条陡峭的上山之路已经葬送了至少七八个人的性命,而摔伤的人就更多了。由于上下山都由家长护送,暂时还没有出现学生摔死的情况,但危险时有发生。前些日子一个学生在攀岩时滑了一下,幸好崖边的藤条挡住,才捡回一条性命。

《新京报》的这篇报道让很多习惯了城市生活的"80后""90后"年轻人诧异：国内还有这般贫困的地区？

四川省凉山彝族自治州，因"群峰嵯峨、四时多寒"而得名，是少有的直接从奴隶社会进入社会主义社会的少数民族地区。因为生存环境恶劣，对外交通不便，凉山州彝族同胞长期与世隔绝，呈现出大散居、小聚居的分布状态，全州11个民族聚居县无一例外的都是国家扶贫开发工作重点县。凉山州是中国贫困问题最突出、致贫原因最复杂的地区，也是中国深度贫困地区的特殊样本。

根据国家统计局的数据统计，按照农民人均纯收入每年2 300元的国家农村贫困标准测算，2012年中国农村贫困人口数量还有9 899万人。随着国家长期以来对扶贫开发的持续投入，目前剩余的农村贫困人口多数是"贫中之贫、困中之困，数量大、程度深，大多居住在地理位置偏远、资源匮乏的革命老区、民族地区、边疆地区或生态脆弱地区，贫困程度更深，自身发展能力更弱，脱贫攻坚成本更高、难度更大，且很容易因病、因灾、因学等致贫返贫"。而凉山州就是其中的典型地区。从全国范围内来看，中西部省份的贫困发生率普遍更高，内蒙古、广西、贵州、云南、西藏、青海、宁夏和新疆8个民族省区的农村贫困发生率超过了20%，贫困地区农村居民人均收入只有全国水平的六成，与城镇水平的差距也更大。

中共"十八大"以后，以习近平为核心的党中央把扶贫开发摆在治国理政的突出位置，开创性地提出"打赢脱贫攻坚战"的重大战略决策与部署。

2012年年底，新当选的中共中央总书记习近平开启了极具象征意义的第一和第二次国内考察，他的首选考察地选择了改革开放的排头兵——深圳，这也被国内外媒体解读为新的中央政府在对外释放"不断深入改革与扩大开放"的信号。而习近平的第二次国内考察则稍许出乎人的意料，他将目的地定在了河北省国家级贫困县阜平县。习近平在阜平调研中指出："消除贫困、改善民生、实现共同富裕，是社会主义的本质要求。"在习近平看来，解决中国的贫困问题不仅仅是社会主义的本质要求，是执政党的重要使命，也是2020年小康社会目标的底线任务——"小康不小康，关键看老乡，关键在贫困的老乡能不能脱贫。"打赢脱贫攻坚战，更加意味着在中华民族几千年历史上首次彻底消除绝对贫困现象，这对于中华民族、对于整个人类而言都是具有重大意义的伟业。对于当下积极谋求更高国际地位、更多话语影响力的中国而言，中国的脱贫对于世界大多数发展中及欠发达国家无疑具备重要的价值导向意义。在全球财富分配日益不均、发达国家社会撕裂的国际大背景之下，习近平创造性地提出"没有贫困、共同发展的人类命运共同体"这一主张，无疑是其作为大国领袖的全球视野的最好体现之一。

精 准 扶 贫

2013年11月，习近平来到湖南武陵山区的十八洞村考察，并首次提出了"精准扶贫"的战略思想。在十八洞村村民家门口的前坪上，习近平指出："扶贫要实事求是，因地制宜。要精准扶贫，切记喊口号，也不要定好高骛远的目标。"十八洞村由此成为"精准扶贫"的首提地。在习近平看来，"扶贫开发推进到今天这样的程度，贵在精准，重在精准，成败之举在于精准。搞大水漫灌、走马观花、大而化之、'手榴弹炸跳蚤'不行。"精准扶贫思想，简而言之就是通过做到"六个精准"、实施"五个一批"来解决"四个问题"。

"六个精准"指的是扶贫对象精准、项目安排精准、资金使用精准、措施到位精准、因村派人精准和脱贫成效精准;"五个一批"则指发展生产脱贫一批、异地扶贫搬迁脱贫一批、生态补偿脱贫一批、发展教育脱贫一批和社会保障兜底一批;而最终要解决的"四个问题"就是扶持谁、谁来扶、怎么扶和如何退。自此,精准扶贫、精准脱贫成为指导中国脱贫攻坚战的基本方略与行动指南。

发展生产脱贫

产业是脱贫之基、强域之本、致富之源,更是实现贫困人口脱贫致富的必由之路。除了常规型的农业产业扶贫、乡村旅游扶贫等方式,国内很多贫困地区探索出一些符合自身实际状况的产业脱贫新方式,让人眼前为之一亮。

山西天镇县是一个传统的山区农业县,221个行政村中有120个贫困村,超过4.66万贫困人口,全面脱贫任务十分艰巨。由于当地缺乏大的产业支撑,大量的农业闲置劳动力无法本地化就业,特别是妇女闲置劳动力就超过了2.6万人。天镇县看到了离县不远的北京、天津对于家政服务的巨量需求,创新性地培育"保姆经济"[1],打开了一扇脱贫新窗口。

根据北京家政服务协会的测算,北京家政服务缺口高达150万人,

---

[1] 参见中共中央组织部干部教育局等:《脱贫攻坚》,党建读物出版社2017年版,第71—77页。

特别是老人陪护、病患护理和婴幼儿看护。在县扶贫办的牵头组织引导下,天镇县与北京、天津劳务就业部门开展合作,一方面组织家政就业培训,另一方面建立劳务输出的合作平台。天镇县特别注重家政技能的培训,把培训定位在育儿嫂、月嫂和护理师等几个细分的、市场紧俏的需求之上,与北京多个区的家政服务中心建立起培训、用人机制及劳务输出的全面合作机制,同时还与北京的职业大学合作,不断提高保姆的礼仪技能,更新知识结构等。从长远来看,天镇县有意识地打造保姆经济的"天镇品牌",非常具有前瞻性。

天镇县创造性地通过发展"保姆经济",结合市场导向,充分发挥了妇女在脱贫攻坚中的作用,具有很高的启发意义。

广东省肇庆市在资产收益实践方面创造出新的脱贫模式。肇庆是岭南名郡,虽然距离经济发达的广州市不远,但因其地处粤桂交汇的边缘山区,所以仍然存在着136个省级贫困村,脱贫之路困难重重。

和大多数农业贫困区一样,肇庆刚开始主要通过发展传统种养业进行扶贫,但受到特殊天气、病虫疫情和市场价格等因素的影响,扶贫成效并不好,扶贫资金相当一部分打了水漂。在总结之前扶贫开发的经验基础之上,肇庆市探索把各级扶贫资金用于建设或者投资商铺、厂房、水电、光伏发电等项目,在保障资金安全的前提下,持续稳定产生扶贫收益。

肇庆市广宁县金山村竹子资源丰富,但给村里投资办竹子加工厂的风险又不小。在权衡利弊之后,肇庆决定将金山村的扶贫资金在广宁县城购置商铺,每年租金收益10万元,同时,又将一部分扶贫资金以借款的形式借给了村里的一家制香用竹签的民营企业,每年收取4万元的利息。这样既稳定了村里的年收入,同时又规避了直接投资建厂的风险,村民还可以在企业谋得一份工作,实现了一举多得。肇庆市端州区把对口帮扶8个贫困村的资金,用于建设端州城区的大型农贸市场,每年给每个贫困村稳定地带来9万元收益。而肇庆高新区则将对口帮扶7个贫困村的资金,用于在园区内建设大型厂房,为每个贫困村每年收取固定收益10万元。

肇庆摸索出一套"一村一商铺"[①]的长效脱贫模式,截至2015年,肇庆市通过购置、建设商铺形式扶贫的项目超过130个,总投入达到9 170万元,总收益超过1 000万元。

肇庆市充分意识到发展传统产业所面临的各种风险,采用更为保守但稳定的资产投资收益模式,为广大的贫困村带来了脱贫致富的"定海神针"。

山东甄城县积极推动"扶贫车间下乡",探索出贫困村村民家门口就业的脱贫新模式。甄城县有省级贫困村103个,超过8万人的贫困人口规模,且这部分贫困人口外出打工的能力较低。

甄城县是全国发制品的购销集散地,近年来,发制品、户外家具等劳动密集型产业保持了25%左右的增幅,用工需求量巨大。县里看到一边是贫困村群众就业难,另外一边是城区企业招工难,于是创新式地推出"扶贫车间下乡"模式[②],鼓励引导发制品和户外家具企业把部分工序转移到村子里面来。从2015年起,县里尝试利用村子里的小学旧

[①] 参见中共中央组织部干部教育局等:《脱贫攻坚》,党建读物出版社2017年版,第94—99页。

[②] 参见胡富国:《读懂中国脱贫攻坚》,外文出版社2018年版,第112—114页。

址、原村级活动场所和闲置民宅等,在村里设置外协加工点。政府鼓励"扶贫车间"吸纳安置贫困人口,给予用电、租金等方面的优惠,以及一定的岗位补贴和培训补贴,并给予金融贷款支持。对于下乡的企业来说,相比在开发区,企业成本平均下降40%左右,对于贫困村村民来说,足不出村就能就业,有一份体面的收入。为了带动更多的贫困户就业,甄城县还对具有劳动能力的贫苦村民进行技能培训,经过培训的人员,月工资一般不低于3 000元。甄城县"扶贫车间下乡"的做法很快得到了规模性地普及,直接辐射带动超过67 000人就业,其中贫困人口超过了27 000人,取得了很好的扶贫效果。

异地扶贫搬迁

"一方水土养不起一方人",中国仍有约1 000万农村贫困人口居住在深山、石山、荒漠、高寒等地区,生存条件恶劣。这部分贫困人口是脱贫攻坚战的硬骨头,实施异地扶贫搬迁乃是实事求是、行之有效的应对措施。

《新京报》的报道给"悬崖村"阿土列尔村带来了意外的希望。四川省投资集团随后决定投资6.3亿元,以"悬崖村"为依托发展旅游产业,以带动村民脱贫致富。如今的"悬崖村"藤梯变钢梯、4G网络通了,农家乐和商店也出现了,游客纷至沓来,阿土列尔村70多户村民看到了脱贫致富的希望。然而在凉山州委书记林书成看来,"悬崖村"的解决方案并不能推而广之,凉山州贫困面大、贫困村数量多、贫困程度深,像"悬崖村"这样的村落还有很多,其中大部分并不具备旅游开发的潜力,最好的办法是异地搬迁。

据数据统计,凉山州已经实施了超过11万人的异地搬迁,搬迁后的贫困村民除了能够享受比以往更高品质的居住条件、城镇的医疗、教育等公共服务,还能在城镇就业,另外留在农村的土地还能获得权益收入。因此,异地扶贫搬迁在凉山州有很高的欢迎度。

异地扶贫搬迁涉及群众迁移、住房建设、配套设施建设、村民后续发展、资金资源整合,有"挪穷窝""换穷业""斩穷根"的说法,是一项艰巨、复杂的系统工程。按照规划,"十三五"期间,全国近1000万贫困人口将通过异地扶贫搬迁来摆脱贫困。

生态补偿脱贫

全国14个集中连片特殊困难区与25个国家重点生态功能区高度重合,多数扶贫开发工作重点县都包含禁止开发区域,很多贫困村落都位于生态高度敏感区域。因此如何将脱贫与保护生态有机地融合起来,走出一条推动贫困地区绿色可持续发展,实现保护生态与消除贫困有机统一的新路,就成为生态补偿脱贫要解决的核心问题。

山西省是全国扶贫开发的重点省份,因为地处黄土高原沟壑区,森林覆盖率仅有20.5%,全省119个县区中近一半是贫困县,脆弱的生态和广泛的贫困相互交织,山西省面临着"一个战场"同时要打赢生态治理与脱贫攻坚"两个战役"的重大挑战。而山西逐步摸索出"五个一批"的应对措施,包括退耕还林脱贫一批、生态治理脱贫一批、生态保护脱贫一批、干果经济林管理脱贫一批和林业产业脱贫一批。[①]

---

① 参见胡富国:《读懂中国脱贫攻坚》,外文出版社2018年版,第129—130页。

山西将退耕还林的任务重点安排到贫困县,做到能退尽退,在国家补助的基础上省里再配套资金,增加贫困人口的政策性收入。山西以造林专业合作社的形式将贫困县的劳动力组织起来,将造林工程交由合作社实施,增加贫困人口的劳务收入。山西雇用贫困人口担任国家生态护林员,吸纳了1.9万贫困劳动力,增加了工资性收入。此外山西还发展干果经济林等多元产业等,增加贫困人口的经营性产业收入。

发展教育脱贫

世界银行的数据证实,发展教育是阻断贫困代际传递的治本之策。当劳动力接受教育年限少于6年时,贫困发生率一般大于16%,而教育年限达到9年,贫困发生率就会下降到7%。习近平指出:"授人以鱼,不如授人以渔。扶贫必扶智,让贫困地区的孩子们接受良好教育,是扶贫开发的重要任务,也是阻断贫困代际传递的重要途径。"

发展教育脱贫包括实施基础教育提升计划、职业教育脱贫计划、高等教育支持计划等,而其中职业教育或许是脱贫计划中见效最快的方式。

四川省开创性地实施大规模跨区域的民族地区"9+3"免费职业教育计划[1],高度聚焦中等职业教育,为全省少数民族地区提供人才支撑打下了坚实基础。这一计划最早可追溯至2009年,四川出台《关于藏区免费职业教育的实施意见》,在9年义务教育的基础上,组织藏区初

---

[1] 参见中共中央组织部干部教育局等:《脱贫攻坚》,党建读物出版社2017年版,第221—228页。

中毕业生和未升学的高中毕业生,到四川内地优质职业院校免费接受3年中等职业教育,全部免除学费,还提供生活补助等。2014年,这一政策走进了大小凉山彝区。2016年,按照《四川省教育与就业扶贫专项方案》,"9＋3"部分自主政策又扩展到秦巴山区和乌蒙山区的集中连片特困地区。

兜底保障脱贫

社会保障是现代社会安全平稳运行的压舱石,也是脱贫攻坚这场综合性战役中的"最后一道防线"。

在整个脱贫模式设计中,始终存在着部分老年人、病人以及残疾人贫困户,由于特殊的身体原因,他们无法通过产业扶持和就业实现劳动脱贫,因此兜底保障脱贫就成为这些贫困人群的"最后一道防线"。

截至2017年年底,全国共有1 888万建档立卡贫困人口纳入农村低保或特困人员救助供养范围,其中928万人通过兜底保障实现了脱贫。

广泛的社会参与

在一般人眼中,扶贫是政府的事,社会团体、民营企业及公民个人似乎挨不上边。在长期的扶贫开发领域,"政府热、社会弱、市场冷"的局面也印证了这种看法。

然而,中共"十八大"以来,中央通过印发《关于打赢脱贫攻坚战的决定》《关于进一步动员社会各方面力量参与扶贫开发的意见》等,明确要求广泛动员社会力量参与脱贫攻坚,定点扶贫、东西扶贫协作、企业扶贫、社会组织和公民个人扶贫相继被列入顶层设计。定点扶贫指的是党政机关等公共部门有计划的筹集资金以及派遣专职人员进驻重点贫困县、贫困村,通过多种渠道协助脱贫。东西扶贫协作指的是动员东部发达省市对口帮扶西部省(自治区)发展,加快西部贫困地区的脱贫步伐。万夫一力,天下无敌,脱贫路上,社会各界"众人拾柴火焰高"。

社会团体扶贫——中国城镇化促进会

阜平县作为习总书记扶贫调研的第一站,自然成为打造脱贫致富、建设小康的样本县。在参与阜平脱贫的众多力量之中,一支以设计与建造为特色的团队脱颖而出,这就是由李兵弟领衔的中国城镇化促进会城乡统筹委。

李兵弟,乡村规划与三农领域的专家,曾担任住房和城乡建设部村镇建设司司长,连续多年参加中央一号文件起草。他指出:"农村城镇化是国家发展的大趋势,但不等于消灭村庄。因此我们与阜平县共同规划城镇布局,确定在阜平项目中,以村庄整治为主,不搞大拆大建,保留乡村传统文明与历史文化。"[1]中国城镇化促进会是经国务院批准,由国家发改委、住建部、农业部、财政部等单位的相关部门共同发起的全国性社会团体,是聚焦城镇化研究,推动我国新型城镇化发展的新型智库。

---

[1] 康胜利:《阜平不脱贫,我们不撤岗——中国城乡统筹委助力阜平脱贫攻坚纪实》,《中国扶贫》2018年第2期。

在李兵弟牵头的城乡统筹委的周围，集结了众多优秀的规划设计团队。作为国家社会团体组织，城乡统筹委发挥社团会员的专业优势，起到了联系全国城乡建设领域一流专家、团队服务农村的桥梁和纽带作用。在阜平这场艰巨的脱贫攻坚战中，由城乡统筹委遴选的来自全国各地的21支规划设计团队参与其中。

"水青瓦木抬梁，青石院黄泥墙，小披檐花格窗。"城乡统筹委以美丽乡村改造作为切入口，将当地人记忆中的村落环境重新复原，既保留了以建筑特色为代表的当地传统文化，守住了原住村民的旧有生产生活习惯，又使得这些村屋能满足现代生活的要求。正如乡建专家孙君所言："把农村建设得更像农村。"

城乡统筹委全面参与了阜平县的第一、二批"四美乡村"项目，覆盖100多个项目点，包括村落民居、学校、医院、养老院以及乡村酒店、客栈及民宿等各种类型的建设项目，取得了良好的成绩与口碑，无论是学界、政府还是村民，都对焕然一新的阜平新农村面貌纷纷点赞。

民营企业扶贫——恒大模式

民营企业不计回报地深度参与脱贫攻坚，这放在很多资本主义国家是很难想象的。而中国涌现出了一批积极作为的企业，其中恒大集团就是其中的典型。

2017年5月，在恒大集团帮扶乌蒙山区扶贫干部出征的壮行大会上，集团董事局主席许家印深情地说："没有国家的恢复高考政策，我还在农村；没有国家的14块的助学金，我也读不完大学；没有国家的改革开放政策，恒大也没有今天。恒大的一切，都是党给的、国家给的、社会给的,我们应该去承担社会责任,我们应该回报社会,我们必须回报社会。这不是空话,也不是虚话,这是我的心里话。"①许家印的一番肺腑之言折射出现有制度环境下中国巨型民营企业与政府的微妙关系,更印证了执政党在广泛调动社会资源上的巨大能量。

恒大集团从2015年年底开始结对帮扶贵州省毕节市大方县,3年内投入30亿元,通过一揽子综合措施,到2018年年底实现了大方县18万贫困人口的全部稳定脱贫。如今,"恒大模式"已经成为民企扶贫的典型样本,恒大集团因地制宜地通过产业扶贫、异地搬迁扶贫、吸纳就业扶贫、发展教育扶贫以及特困群体生活保障扶贫等多种扶贫方式,成功协助大方县摆脱了贫困县的帽子。中国社会科学院发布的《扶贫蓝皮书:中国扶贫开发报告2017》将恒大的扶贫模式列为了民企参与脱贫攻坚的典型案例。

如果说巨量的资金注入是"恒大模式"的基础的话,那么恒大的扶贫人才注入则是"恒大模式"的成功关键。从2017年起,恒大决定将扶贫对象从大方县扩展到整个毕节市。恒大从全集团系统内部选拔出321名领导干部和1 500名扶贫队员常驻毕节市扶贫前线,这些扶贫人才被派驻到毕节市各县、乡、村,恒大还单独成立了恒大大方扶贫管理有限公司,专门用来管理这支派出队伍。这支队伍进驻毕节的第一件事就是和当地干部一起翻山越岭深入各村,进行入户调查,恒大扶贫团队用了半年时间采集了毕节市全部34万户、100多万贫困老百姓的详细资料,并运用互联网和大数据技术建立了"精准扶贫大数据管理系

---

① 参见许家印演讲视频:《恒大的一切都是党、国家和社会给的》,新浪财经2018年9月20日。

统"，对海量信息进行全方位、多维度的统计分析，在精准识别的基础上，制定产业扶贫、搬迁扶贫、就业扶贫等综合措施。

恒大集团不仅把毕节市"扶上马"，还要"送一程"，在帮助贫困县脱贫之后，恒大集团手把手地将后续的产业项目全部移交给地方政府独立运营，将产业发展所需要的技术、资金、人才、渠道和管理等毫无保留地输送给地方，为地方可持续发展注入了稳定的动能。

中国社科院农村发展研究所副研究员王昌海认为，企业参与社会扶贫，往往只会捐款捐物，只注重"输血"而忽视"造血"，难以从根本上解决脱贫问题。而恒大集团史无前例地派出不同领域的精英直接驻扎扶贫一线，这在中国企业扶贫史上也是首创之举。①

2020年，中国将如期打赢脱贫攻坚战，在中华民族几千年的历史上首次整体消除绝对贫困现象，这对于中华民族、对于整个人类都具有里程碑式的重大意义。而2020年也是乡村振兴的第一个三年计划的结束之年，在全面实现乡村振兴的2050年之前，这个三年或许时间不长，但意义重大。全面振兴从脱贫开始，实现脱贫是实施乡村振兴战略的优先任务，也注定会是给予中国乡村振兴大业的一个开门大礼。

---

① 参见《恒大模式何以成为民企扶贫教科书》，新华网2018年12月4日。

乡土建筑的价值回归

中国几千年的传统根基在农业文明,真正属于中国的传统文化建筑在于以"没有建筑师的建筑"为主体的乡土聚落,在于有机整体的城乡关系,以及持续数千年的延续发展模式,一种处于文化自觉的地域性。

——南京大学建筑学教授张雷

从扎哈到王澍

东京奥运会主体育馆的建筑设计国际竞标结果一出炉,便引起了巨大的争议。有建筑界"女魔头"之称的扎哈·哈迪德在超过 40 个设计团队中脱颖而出,一举拿下东京奥运会主场馆的设计竞标。

中标方案呈现出扎哈一贯的强烈的个人风格,充满了未来感,整个新国立竞技场犹如一艘停在地面的宇宙飞船,随时可能喷薄而去。日本著名建筑师安藤忠雄毫不掩饰对方案的喜爱:"流线型和未来的设计体现了日本传达给其他国家的讯息,这个体育场会成为未来一个世纪的世界体育圣地。"[1]安藤忠雄的评价并非一家之言,2004 年,扎哈成为

---

[1] 参见《东京废了扎哈·哈迪德的设计,给中国哪些启示?》,《南方周末》2015 年 8 月 6 日。

首位获得普利兹克奖的女性,而这个被誉为"建筑界诺贝尔奖"的评委会给予这个年轻获奖者的评价与安藤忠雄如出一辙:"她让建筑成为都市精力的虹吸管,让我们看到了城市生命力的喷薄和流动。"扎哈的方案显然充满了创造力与未来性,这个张扬的混凝土巨物也似乎将成为东京下一个地标性建筑。

然而,扎哈的个人印记并非能成为所有人的盘中菜,中标方案一经公布,伊东丰雄、隈研吾等日本著名建筑师便公开抗议这个方案,3万多民众签名要求取消这个造型怪异、造价高昂的建筑提案。反对原因主要有两个:第一是造价昂贵,远远超出了原有预算;第二则更为致命,即破坏了场地现有的景观和历史文脉,侵犯了附近的明治神宫,与周边环境更是格格不入。伊东丰雄对这种强行入侵的建筑风格颇有微词:"扎哈擅长于将这种迎合消费主义的景观强行加诸在世界每一个地方。"[1]

面对强大的民意压力以及一干专业大佬的集体质疑,日本首相安倍晋三很快地便取消了与扎哈的设计合约,选择重新举行方案竞标。最终,同样享有盛誉的日本建筑师隈研吾以微弱优势击败伊东丰雄,成为新的奥运主体育场方案的设计方。与扎哈天外飞仙般的方案相比,隈研吾的设计注入了明显的日本风格,这个名为"木与绿色的竞技场"的设计方案,从日本传统庙宇中汲取灵感,大量地运用了日本本地化建筑材料——木材,低调内敛的风格与周边的环境也更为协调。

和"女魔头"扎哈盛气凌人的时尚化气场相比,日本人隈研吾要显

---

[1] 参见《日本新国立竞技场始末——扎哈沦为日本排外主义的牺牲品?》,《东方早报》2016年4月6日。

乡土建筑的价值回归

●东京奥运主体育场隈研吾方案模型

得朴素、低调得多。他总是选择一身舒适且便宜的行头，看起来跟邻家大爷没什么区别。在他看来，价格高昂的衣服、宽大阔气的住宅等生活消费品会限制他的自由，他乐于过一种简单的生活。建筑师的个性无疑会潜移默化地投影在其建筑作品之上，隈研吾也不例外。20世纪90年代，日本经济泡沫破灭，东京的建筑工程锐减，加上饱受争议的后现代风格建筑M2项目的失败，使得隈研吾很长一段时间饱受冷落。和大多数日本建筑师出国深造或者转战国外市场不同的是，隈研吾开始走出大都市，来到广大的中小城镇和乡村寻找机会。10年间，他主持的项目面积都很小，超过5 000平方米的寥寥无几，他坦言这段时间让他很有挫败感，刚开始完全不知如何从这些小型项目获得满足与愉悦。但后来，隈研吾逐渐意识到在东京做设计，时间和预算是核心问题，但在广大的乡下，他有机会、有时间直面建筑细节，直接跟工匠沟通，一起商讨建筑适宜使用什么样的材料以及怎么用这些材料。正是这种长时期的接地气的沉淀,隈研吾才逐步开悟:"建筑物不是物,而是人的容身之所,要让失去安全感的现代人,能够在建筑物里感受到一种温情。"①在隈研吾看来,现代主义语境下的建筑物从周围环境中割裂开来,建筑物成为"符号"本身,将人淹没其中,而他认为与环境相比,建筑物应该是第二位的。在隈研吾的设计中,木、土、砖、竹等传统材料取代钢筋混凝土回归成为建筑的主要材料,光、影、风、阳光等能量流重新滋养于建筑之内,建筑开始变弱、消失甚至变负,建筑与人、环境重新融为一体,返璞归真成为环境不可分割的一部分,隈研吾把这种设计理念称为"负建筑"②。

如果说以混凝土、钢铁为主要材料的都市主义已经开始式微的话,那么尊重地方特有景观、孕育地方独特文化的新建筑思潮正逐步成为新宠。2012年,普利兹克奖被授予给中国建筑师王澍,他也是第一个被授予该奖项的中国人,委员会给予王澍极高的评价,认为其作品"根植于深厚的中国地方文化底蕴,创新地运用了原始的材料和古老的符号,富有神秘和神话色彩,展现出极致的原创性和感染力。"

王澍毕业于东南大学建筑系,这个很早就在同学眼中展露出怪才气质的年轻人素来特立独行,他的硕士学位论文《死屋日记》把炮火对准了整个建筑界,甚至在毕业答辩会上狂妄地声称"中国只有一个半建筑师,杨廷宝是一个,齐康算半个"。而当时中国科学院院士齐康,也是王澍的导师就坐在台下。毕业后的王澍依旧选择一种"隐居"的生活,与工匠们一起在工地里干活。远离浮躁与喧嚣的日常让王澍的作品逐

---

① 参见《隈研吾,让建筑消失的建筑师》,环球人物网2015年10月10日。
② 隈研吾:《负建筑》,山东人民出版社2018年版。

●王澍代表作：拥有中国山水意境的中国美院象山校区

步呈现出一种独特的古典气质。王澍操刀的杭州中国美院象山校区是其个人风格集中体现的经典样本，这个从中国古典山水画中汲取灵感的作品，勾勒出一个桃花源般的传统田园世界，传统的建筑材料加上世传的工匠技艺，王澍重拾几乎消失的传统，让一个梦幻般的田园世界重新回归。

隈研吾非常欣赏他的中国同行，与工匠一起工作的经历是他们两个共同的标记。他和王澍一起在中国美院象山校区留下了印记，他设计的中国美院民俗艺术博物馆远远看起来就像是一个拥有瓦片屋顶的村落。设计利用中国特有的灰瓦，构筑出参差的坡地，建筑与其身下的茶田彼此交融，不可分割。王澍形象地评价其为"一个很典型的日本忍者，有点神秘兮兮地躲在象山南坡上。"[①]

[①] 参见《建筑师王澍：像写诗一样造房子》，《新周刊》2018年5月15日。

清华大学建筑学院古建筑学专家陈志华曾说:"乡土建筑是乡土生活的舞台和物质环境,也是乡土文化最普遍存在的、信息含量最大的组成部门。"[①]隈研吾和王澍一样,从东亚的传统乡土建筑中汲取出灵感与力量,反过来滋养他们的作品。如果说过去半个世纪,现代化的车轮将乡土建筑的传统无情碾碎,那么隈研吾和王澍或许就是让这种传统重新回归的领路人。

乡土建筑的回归

毫无疑问,过去的30年属于中国城镇化,有胜利者必定有沦陷者,后者就包括乡土建筑。受到"城市即是先进"的思潮影响,加上现代建筑的成本、安全、高效等多方面综合优势的碾压,乡土建筑全面溃败,乡村风貌急剧变化。西洋风、不中不洋风、快餐式现代风等不同类型的建筑风格迅速侵蚀乡村风貌,乡村建筑形式快速西化,在功能上简化,文化内涵也逐步消逝。传统建筑的消逝伴随着"千村一面"的出现,使得建筑所承载的地域文化、乡土文化遭受到难以估量的破坏,而传统村落所承载的中华文化也在现代化的冲击中逐步沉沦。"每个人的故乡都在沦陷",正如这句流行语所言,当钢筋混凝土、标准化效率所代表的城市主义将荷塘月色、牧童野趣、清风明月一同推平之后,亿万人的乡愁注定将无处寄托。

冯骥才,除了作家、艺术家的头衔外,他还有一个备受尊重的称呼——"中国传统村落保护第一人"。年过古稀的冯骥才常年为中国濒

---

① 参见《中国乡土建筑之现状——陈志华教授访谈录》,《中国名城》2010年第4期。

乡土建筑的价值回归

临消失的古村落大声奔走疾呼,在媒体及公众面前谈论的也总是古村落保护。"2000年全国有360万个古村落,2010年是270万个,10年就消失了90万个,现在的自然村只有200万个左右。中国1 300多项国家级非物质文化遗产绝大多数都在这些古村落里,少数民族的非物质文化遗产更是全部都在村落中。"在冯骥才看来,"中国古村落的价值绝不小于万里长城,抢救古村落就是和时间赛跑。"[①]

2012年,受到冯骥才呼声的影响,住房和城乡建设部牵头成立了传统村落专家指导委员会,邀请冯骥才担任主任委员,同时住建部会同文化部、国家文物局、财政部共同下发了关于开展传统村落调查的通知。截至2019年6月底,四部局已经开展了五批次的中国传统村落评选,6 900多个村落成功当选。相比于更为知名的"中国历史文化名村",中国传统村落的数量似乎要多得多,但相关保护性法律法规的缺失以及中央财政资金匹配的匮乏,使得这些传统村落的保护依然面临巨大的挑战。

2015年11月,首届中国古村大会在乌镇举行。这个大会集聚了传统村落保护行业最精英的一批专家、学者与实践人。国内建筑保护界的学术泰斗、同济大学教授阮仪三是大会的总顾问,在他的身边围绕着乌镇操盘手陈向宏、北京大学知名旅游规划师吴必虎、清华大学建筑学院副教授罗德胤,以及乡建专家孙君等。首届古村大会落地乌镇,正是看中了乌镇在传统村落保护与活化方面的经验与成就。

随着逆城镇化进程的到来,我们不难发现,最早认识到乡土建筑价

[①] 参见《中国10年消失90万个古村落,抢救古村落和时间赛跑》,南方网2015年7月9日。

值的往往是一些具有前瞻性的商业性景区，而乌镇就是其中的佼佼者。相比于长三角地区的一些先行者，如周庄、西塘等古镇，乌镇算是一个后起之秀。据阮仪三的回忆，1998年乌镇邀请他进行整体保护与旅游规划，那时的周庄旅游开发已近10年，而西塘也已经有5年，这些将传统乡土建筑保护起来，植入旅游业态的古镇接连取得了商业上的成功，这让后来者信心高涨。乌镇在阮仪三的指引下，坚持"整旧如故、以存其真"的原则，使用旧料修复老房子，除了未整治的老房子采用了旧材料，就连已经修好的也不惜拆掉重做，以保证老旧的感觉。乌镇的操盘人陈向宏首先把目光投向了茅盾故居所在的东栅，和西塘等古镇只做一层皮不同的是，陈向宏大胆地对整个东栅整体改造，河道整治、管线下埋，他顶住巨大的压力将那些影响整体风貌的混凝土新建筑全部拆除，事实证明，他的大胆为乌镇带来了新生。东栅2000年开门迎客，1亿元的前期投资仅用了3年时间就全部收回。在东栅获得成功的陈向宏信心爆棚，在之后的西栅的开发中，他更为大胆地使用旧料建造仿古建筑，在他看来，长三角旅游已进入度假时代，而乌镇将在一干古镇中后来居上。西栅商业上的成功将乌镇推向了另一个高峰，不过围绕仿古建筑的争议让陈向宏颇为头疼，在历史文化街区内新建仿古建筑，即使使用旧料，也与历史文化街区提倡的"去伪存真"原则南辕北辙，甚至有人引用美国影片《楚门的世界》来批评西栅，指出其不过是某种虚假的繁荣与存在。尽管存在这样那样的争论，但传统乡土建筑的回归让人逐步意识到其在商业上的巨大价值潜力——在钢筋混凝土世界中获得短暂现代性满足的人群，仿佛又一致性地调转身姿，渴望回归传统与田园，在自然与乡土环境中找寻遗失已久的乡愁。在西栅开发中投资的国企中青旅无疑是乌镇商业成功最大的受益者，2007年中青旅以

3.55亿元收购乌镇景区60%的股份，2014年中青旅乌镇的当年净利润就达到了3.11亿元，中青旅在其他板块上不断受挫，而乌镇的投资给这家上市公司带来了90%以上的净利润来源。

尝到甜头的中青旅联合陈向宏，把乌镇模式复制到了北京郊外的古北镇。对于前些年密云水库旁烤根玉米肠就算是乡村旅游的北京中产阶层来说，古色古香的古北水镇无疑是一场不能错过的盛宴。2014年古北水镇开业，当年实现营收1.97亿元，而之后的3年业绩狂飙，2016年营业收入突破7亿元。司马台长城下，这个犹如天外飞仙一般降临的古镇，将"用旧料建仿古"的模式做到了极致，以至于很多反对仿古建筑的古建筑专家都对其赞不绝口。2018年，姜文的电影《邪不压正》在古北水镇的露天广场举行首映式，以墙为幕、以地为席的观影体

● 以北方稀缺的水为魂，将古建筑复制做到极致的古北水镇

验让人仿佛回到了童年的乡村，整部影片充满了浓郁的老北京气息，肌肉健硕的彭于晏在水镇的灰瓦屋顶上下翻飞，让人不经感叹这身手、灰瓦以及远处的山峦与蓝色的天际完全融为一体的美妙。

　　与商业保持距离，甚至抗拒商业往往是历史文化保护的一种天然态度与选择。诚然，很多传统文化、历史记忆往往在商业的功利性面前遭受折损，然而很多时候，商业反过来也能成为促进保护与传承的一支催化剂。

　　莫干山也许就是一个很好的案例。在南非人高天成从莫干山老别墅颐园中汲取灵感，接连创办了裸心乡与裸心谷之前，很少人会想到莫干山半山腰上的破房子能这么值钱。这个精明的外国商人敏感地抓住了这个千载难逢的机会，在莫干山引爆了一场汹涌的"民宿热浪"。这股热浪裹挟着城市人群对田园乡愁的渴望，将乡土建筑的价值从历史的深处重新拉拽了出来。2006年，莫干山一栋土屋的年租金只有1万元左右，而这个价格在10年后的2016年翻了10倍。虽然价格高企，然而莫干山的民宿老板们依然赚得盆满钵满。2012年《纽约时报》把莫干山推荐为"全球最值得一去的45个地方"，把莫干山现象推向了高潮，这些半山腰上的破落房子在度假的商业浪潮下重新焕发出新生的魅力。

　　如果说特定区域的乡土建筑价值能在商业的扶持中复苏，那么总有一部分是无法受益于大规模的资本下乡，而它们就需要情怀的辅助。

　　54岁的钱小华是中国著名书店先锋书店的老板，他一手创办的先锋书店曾经被美国有线电视新闻网CNN评为"中国最美书店"，先锋书店亦成为南京城重要的文化地标与名片。在朋友眼里,钱小华是一个"理想主义者与偏执狂",因为他拒绝与商业为伍,他坦言"内心是和商业决裂的"。

2008年,在互联网的冲击下,众多民营书店倒闭,先锋书店亏损高达上千万,钱小华下乡来到黄山市黟县的碧山村思考出路。碧山村山高田广、阡陌如绣、白墙黑瓦、鳞次栉比,在这个幽静秀气的小山村里,他的艺术家朋友欧宁等人发起了乡村重建的"碧山计划"。钱小华受到情怀的感染、朋友的鼓动,决心在碧山村开设一家先锋书店乡村店。在偏僻的乡村开设书店,这个疯狂的想法无异于自杀,不过钱小华这个偏执狂并不这么看:"我是一个理想主义者,但从没有离开现实主义,理想主义就一定失败吗?在城里开书店是商业,在乡村开书店是事业。"① 2014年7月,碧山书局开门迎客,这是由一座拥有两百年历史的祠堂改建而成的书店,典型的徽派建筑,斑驳的历史感的外墙,原样保留的内部结构以及郁郁葱葱的绿植与花卉,加上琳琅满目的各类文艺书籍,让远道而来的客人与文艺青年们为之沉醉。为了平衡资金,碧山书局推出文创产品,一旁同时开业的猪圈咖啡馆让书店的盈利能力上了一个台阶。运营两年后的碧山书局,终于实现了盈利,其中图书销售占到了收入的35%—55%,其余收入来自徽州地图明信片、文创产品以及咖啡等饮品。

碧山书局打开了钱小华的"乡村乌托邦"版图,接下来的几年,他接连在桐庐莪山乡戴家山村和丽水松阳县陈家铺开设了第二、第三家乡

---

① 参见《理想主义就一定会失败吗?先锋书店的乡村乌托邦书局》,《南方周末》2018年8月2日。

村店。钱小华邀请了建筑师好友、南京大学教授张雷担任桐庐云夕书店的设计师。张雷认为"中国几千年的传统根基在农业文明,真正属于中国的传统文化建筑在于以'没有建筑师的建筑'为主体的乡土聚落,在于有机整体的城乡关系,以及持续数千年的延续发展模式,一种处于文化自觉的地域性"。① 这几年,张雷的设计触角开始伸向农村,他牵头成立了南京大学可持续乡土建筑研究中心,大半的时间都待在了农村,在他看来"乡土已经是他全新的战场"。张雷在莪山乡留下了5个不同类型的乡土建造项目,包括民宿、酒店、博物馆、普通民宅,还有钱小华的先锋云夕书店。书店的主体是村庄主街旁的一个闲置小院,包括两栋黄泥土坯房屋和一个突出坡地的平台,设计方案基本保留了房屋和院落原有的建筑结构和空间秩序,将衰败的现状修复到健康的状态,而并非完全剔除。土坯墙、瓦屋顶、老屋架等承载着时间与记忆的元素成为空间的主导,连同功能再生的公共性,共同营造出文脉延续的当代乡土美学。钱小华毫不掩饰他对这些乡村书店的喜爱,这个"大地上的异乡者"仿佛在中国传统乡土建筑中为自己柔软的心找到了舒适的壳,他坦言尽管这两年城市实体书店因为政策扶持有回暖的迹象,很多城市空间都邀请他回归,但他决心把乡村书局的事业继续推向前进,"乡村书局根本不可能有什么大的回报,支撑着我们前行的,不是商业,不是利润,而是书店的实践之路。是为了民生,为了启蒙,为了乡村的文化复兴,这是作为文化人的使命担当"。②

---

① 王铠、周德章、张雷:《时间/空间——乡土聚落渐进复兴中的莪山实践案例研究》,《建筑遗产》2017年第2期。

② 参见《钱小华:我为什么坚持先锋书店未来的选择在农村》,腾讯网2018年4月30日。

乡土建筑的价值回归

东梓关村成了网红村。东梓关是浙江富阳富春江边的一个安然恬静的古村落，富阳人郁达夫曾在这里留下一则名为《东梓关》的短篇，"东梓关在富春江的东岸，钱塘江到富阳而一折，自此而上，为富春江，已经将东西的江流变成了南北的向道……"郁达夫笔下的东梓关是一个恬静、悠闲、安然、自足的江边小镇，岸边有轮船码头，因为航运带来的繁华，池塘边的青石板小街上店铺林立，船家商旅、秀才文化、贩夫走卒络绎不绝。如今的东梓关遗留下了近百座明清古建筑，还有不少颇具价值的历史古迹，然而最近将东梓关推上"网红村"位置的并不是郁达夫或是这些古建筑遗迹，而是村里新建的一片"杭派民居"。

"杭派民居"的设计师孟凡浩曾是南京大学教授张雷的学生，他坦言民居的设计受到了画家吴冠中的影响。吴冠中笔下的水墨江南，白屋连绵，黛瓦层次，缕缕炊烟，三两飞鸟，是很多人回不去的故乡，而孟凡浩将吴冠中的水墨画在东梓关还原了出来。

东梓关村有不少居民住在年久失修的历史建筑中，居住环境非常简陋，为了改善老百姓的住房条件，同时保护村落原有风貌，村里决定新建拆迁安置房。孟凡浩提出，新建的片区必须和老村子能融合在一起，形成有机自然的形态，"这里的水系、古樟树、老房子应有尽有，只需激活。不打破村庄固有的风貌和村民的习惯，才是对生活方式最好的尊重。"[①]最终，历经两年80多次实地调研，反复修改方案以及3次村民大会，设计方案成功出炉。

孟凡浩在寻找一种介于传统老宅和现代城市化居住模式之间的状

---

① 参见《杭州富阳东梓关村：打造现实版的《富春山居图》，《西安晚报》2018年4月14日。

态,现代的设计语言抽象出连绵的屋顶线条,神似吴冠中作品中的屋檐线。在材料上,民居采用更为经济的砖混结构,配以白涂料、灰面砖和仿木纹金属格栅,大大降低了建筑造价。在功能上,为了方便村民的生产与生活,这些独栋别墅都有 3 个小院,前院放置单车、农具等,侧院放置柴火和杂物,南院则用来绿化与休闲。最终,一个既符合老百姓生活需求,又能与老村子和谐共生的新水墨江南画卷落地变为现实。东梓关村以每平方米 1 370 元的成本价为村民代建,每栋价格在 40 万元左右,同时投入了 1 300 多万进行绿化景观、道路网络等配套建设。

● 杭派民居:吴冠中画作的再现

2016 年,住建部公布第二批田园建筑优秀实例名单,东梓关村杭派民居获得二等优秀实例。2017 年,孟凡浩和他的团队更是凭借此项目一举夺得有建筑界最具影响力设计类奖项之一的 Architizer 最佳评审大奖。除了频频获奖,东梓关居民的"用脚投票"或许是对设计团队更大的肯定,不少在外打工的农民,在听说漂亮的回迁房落地之后,纷纷选择返乡创业，在富阳打工的朱勇杰返乡开起了茶室，配上几件卧房，稍微收拾一番，一间漂亮的民宿就成型了。2017年春节期间，朱勇杰在网上晒出了几张民宿的照片，瞬间就引爆了朋友圈。

富裕的长三角地区最为敏感，较早地意识到传统乡土建筑的价值，然而这片土地也是最早遭受建筑风貌破坏的区域之一。巴洛克、美式田园、伊比利亚风、地中海风、东欧城堡风等来自世界各地的建筑风格曾经犹如一锅大杂烩在江浙地区的农村汇聚，在江南秀美的山水之间，推陈出令人啼笑皆非的魔幻现实主义。

学界越来越多的共识显示，传统村落的复兴、乡土建筑的保护，除了要在法律法规、体制机制、配套资金、支撑技术等方面全面完善与提升之外，普及原住民的保护观念越来越成为核心与源头。与村民们做宣传、讲道理是必需的，但效果往往一般，只有通过一定的资源整合，建立起一批示范村或者示范点，让村民切实地体会到传统风貌、乡土建筑带来的实在价值，才能从根本上改变村民的观念，最终实现保护的成本由全社会共同承担。

落脚城市：乡与城之间的跳板

　　我们必须对这些地区投注远比目前更多的注意力，因为这些地区不但潜藏着发生暴力冲突的危险，也是贫困人口迁入富庶生活的过渡地区，明日的中产阶级诞生于此，下一代的梦想、社会运动与政府也都在此打造而成。

——道格·桑德斯《落脚城市》

唐　家　岭

　　一个新名词"蚁族"在 2009 年迅速走红，登上了各大媒体的热点版面，这个来自北京大学博士后廉思的新书《蚁族》[①]的同名词汇，是对"高校毕业生低收入聚居群体"的一个形象概括。同年年底，《南方周末》年度"传媒致敬"把《蚁族》一书作为特别致敬，致敬贺词中有一段是这么写的："一个新的弱势群体——大学毕业生低收入聚居群体，在《蚁族》出版后不久，作为中国社会中的一极，正式登上了中国的话语舞台。"[②]

[①] 廉思：《蚁族——大学毕业生聚居村实录》，广西师范大学出版社 2009 年版。
[②] 参见何忠洲：《蚁族：大学生为看不见的未来聚集唐家岭》，中国新闻周刊网 2013 年 2 月 23 日。

落脚城市：乡与城之间的跳板

蚁族被认为是继农民、农民工，还有下岗职工之后新的弱势群体，廉思在书里这样总结蚁族的一般特征：他们受过高等教育，主要从事保险推销、广告营销、餐饮服务等临时性工作，有的甚至处于失业、半失业状态，他们的月收入一般低于2 000元，绝大多数没有三险和劳动合同，年龄大都集中在22—29岁之间，大部分属于"80后"一代，他们和农民工群体一样，主要聚居于城乡接合部或近郊农村，从而形成独特的"聚居村"。①

《蚁族》一书把唐家岭——北京西北五环外的一个普通小村庄推向了舆论的前沿。唐家岭放在哪里都不甚起眼，有着北京城乡接合部的普遍特点，狭窄的街道、简易的租屋、脏乱的环境，还有三教九流混杂其中的各式外来人群。由于房租便宜，加上临近中关村软件园，唐家岭成为吸引城市低收入人口的天然港湾。2009年冬天的唐家岭，北风瑟瑟，异常寒冷，但街道上人流涌动，这个小小的村庄聚集了5万多外来人口，其中包括1.7万大学生和3万多外来农民工，这个小世界杂乱、拥挤但充满活力与希望，因为身处这个独特世界的人们都怀揣着同样的一个梦想。

湖北女孩何易是北京一家小公司的财务，唐家岭普通的一个蚁族，她毕业于北京的一所普通民办高校，已经在唐家岭住了两年，在被问到为什么要来北京时，她笑着说，就是为了出人头地。何易素面朝天，但充满了朝气与自信，她说北京有更多的机会，只要我努力，肯定能做出一番事业。不管是从高校走出的毕业生，还是从全国各地汇聚而来的

---

① 廉思：《蚁族——大学毕业生聚居村实录》，广西师范大学出版社2009年版，第31页。

农民工,他们和何易一样,在被光鲜亮丽的国际大都市接纳之前,都会选择唐家岭这样的城乡接合部村庄作为落脚点。虽然这里杂乱、无序,谈不上生活品质,但低廉的房租至少能保障他们生存下来,正如何易所说,在获得生活之前,她必须首先生存下来。

被誉为加拿大最好的专栏作家的道格·桑德斯在采访完简·雅各布斯之后,突然萌生出撰写一部记录农村人口到大城市迁徙的著作,桑德斯显然受到了雅各布斯的影响,后者在城市规划思想家排名中名列第一,她的伟大著作《美国大城市的死与生》更是改变了战后北美城市规划的走向,他们都将关注点转向了城市中活生生的人,而非冷冰冰的空间和数字。

2012年,桑德斯的《落脚城市》出版,引起了轰动与广泛关注,英国《卫报》称赞它是50年来首部足以媲美《美国大城市的死与生》的巨著。从2007年开始,桑德斯进行了一场深入的全球之旅,他的目的地非常特殊,就是围绕世界各大巨型城市的城乡接合部村落。这些村落和唐家岭一样,是乡村移民进入城市的跳板,是伟大的城镇化源源不断的动力所在,但这些隐秘的角落无一例外地饱受着漠视与误解,甚至遭受着暴力与死亡的威胁,然而不能否认的是,它们普遍充满了希望与朝气,蕴藏着城市活力的星星火种。桑德斯形象地将这些村落称为"落脚城市",象征着乡村移民进入城市的落脚点与第一站。他呼吁城市政策制定者关注这些"落脚城市"、关心这些"落脚城市"中的新移民。

如果我们认为这种人口的大迁徙无关紧要,只是社会发展过程中的杂音,或是其他人面临的命运,和我们自己的国家无关,那

落脚城市：乡与城之间的跳板

么我们就有可能遭遇更严重的暴乱和冲突。这项大迁徙的若干影响早已出现在我们面前，外来移民在美国、欧洲与澳洲引起的社会紧张，伊朗、委内瑞拉、孟买、阿姆斯特丹与巴黎市郊出现的政治冲突。①

桑德斯为这些"落脚城市"大声疾呼，试图改变这些隐秘的角落长期在城市政策制定者眼中形成的偏见——这类城乡过渡地带，充满了贫穷与混乱，滋生出罪恶，是酝酿暴力与犯罪的温床，它们是城市的毒瘤。事实证明，在亚洲、非洲与南非洲，大量的莽撞的"落脚城市"（贫民窟）的拆除计划，已经摧毁了数以万计的乡村移民的生活与未来，因为他们无法在昂贵的城市拥有一席之地，更难以回归田园，最终只能成为悲惨的无根之人。桑德斯呼吁"落脚城市"应该在都市体制中拥有一席之地，"落脚城市，可能是一下波经济与文化盛世的诞生地，也可能是下一波重大暴力冲突的爆发地，究竟走上哪条路，则完全取决于我们自己。"②清华大学教授秦晖长期关注都市新移民，他和桑德斯拥有一致的观点："在民主时代，或许允许贫民自由解决住房而容忍贫民窟，或者以福利国家方式消除贫民窟，成为两种基本选择，而普遍趋势是自由与福利兼有。今天的共识是，既不给自由也不给福利的做法已为人道的底线所不容。"③秦晖把矛头指向了国内的城中村改造，他批评整顿城中村给了原来的户籍人口补偿，但忽略了租户即外来移民的利益，挤出

---

① 道格·桑德斯：《落脚城市——最后的人类大迁徙与我们的未来》，上海译文出版社 2012 年版，自序部分第 2 页。
② 同上，自序部分第 3 页。
③ 秦晖：《城市化：容忍贫民窟与贫民权利》，《中国市场》2008 年 24 期。

了这些潜在的弱势群体，这种做法负面作用很大，中国应该警惕这种拉美化做法。秦晖的批评适用于大多数"落脚城市"，但他的批评声显然一时难以见效。

后来的唐家岭成了网红，前去调研考察的官员络绎不绝，甚至有政协委员流下了泪水，然而唐家岭还是避免不了被拆迁的命运。如今的唐家岭已翻天覆地，昔日的城乡接合部，正成为围绕北京中关村的"绿肺"——一个崭新的森林公园，而唐家岭村摇身一变成了"唐家岭新城"，低矮的农民自建房换成了崭新的商品房，还配套了风情街、文化广场、小学和幼儿园，唐家岭的原住民上了楼成为让人艳羡的"拆二代"，而 1.7 万蚁族还有 3 万多农民工则被无情地挤出，散落漂泊到更为偏僻遥远的京郊村落里去了。

深 圳 城 中 村

相比较唐家岭所在的北京，深圳也许在"落脚城市"上拥有更多的发言权。改革开放 40 年以来，深圳已经从一个小渔村变身国际大都市，今日的深圳以创新之城为傲，然而野蛮生长的城市力量并没有完全灭绝深圳原始的村落基因。2017 年，深圳依然拥有庞大数量的城中村，1 200 多万人住在超过 1 000 个"落脚城市"中，这个比例是深圳总人口的 60%，数据还显示，深圳城中村租赁住房占到了全市总租赁住房的 70%。

"城中有村，村外是城"构成了深圳独特的空间景观与城市肌理，城中村是深圳的特色，更是深圳的文化与精神，万科董事会前名誉主席王石曾动情地说："深圳 1 044 个城中村里居住了 60% 的城市人口，为四面八方来深圳追求梦想的人提供了第一落脚点,他们是特区活力与竞争力的基石。"①也有人说城中村是深圳包容精神的象征,没有城中村,就不会有深圳精神。

城中村之于深圳的重要性,使得深圳在处理城中村更新时不得不谨慎地采用多重模式。拆除重建和综合整治是其中最重要的两种。拆除重建利润高,商品房一次性销售完毕资金快速回流,更受企业青睐;而综合整治收益相对低和慢,还需要长时间的运营与维护,综合效益要低得多。但这些年深圳房价的高企以及随之而来的中央对房价的遏制使得前一种模式逐渐式微,综合整治模式逐步成为城中村更新的主要模式。

2017年8月,深圳发布《关于加快培育和发展住房租赁市场的实施意见》,其中强调应着力推进城中村综合治理工作并开展规模化租赁改造试点,以万科为代表的房企快速作出反应。同年,万科推出"万村复苏计划",短短半年就把城中村综合整治及统租运营业务扩张到了深圳7个片区33个城中村。万科"万村复苏计划"的商业模式非常清晰:从原住民手中租房子,然后改造提升,再对外出租,赚取差价。为此万科人张旗鼓地发布了"泊寓"品牌,工石为计划站台,"期待未来万村复苏计划能成为深圳持续辉煌的基石"。其实在万科之前,金地集团已抢先一步进入了城中村改造领域,并拥有了自己的长租公寓品牌"草莓公寓"。像万科、金地这样的传统房地产开发商进入城中村市场,被普遍解读为房地产行业式微、国家宏观调控加强背景下的"偏被动选择",房地产行业对未来普遍预期不足,万科甚至抛出了"活下去"的悲观论调。

---

① 参见《万科金地城中村改造惹争议》,凤凰网 2018 年 6 月 21 日。

而进军长租公寓,虽然是"赚小钱"的生意,但也是在为未来进行战略布局。对于政府来说,调动市场力量推进城中村改造可以解决一些疑难杂症,比如说城中村小产权房法律定性问题,政府一旦高调地介入城中村整改,可能会让外界误读政府要给小产权房合法化,而通过企业的导入,无疑将这种历史遗留建筑的定性风险转嫁给了企业。此外,社会资本的导入可以较好改善城中村的基础设施、消防安全等问题,一举多得。然而,对于普通租客、大多数"落脚城市"的新移民来说,这个结果可能并不那么乐观。

根据乐居网的一项民意调查显示,超过八成的受访者认为,城中村并不需要改造。住在清湖新村的田小姐说:"为什么要改造?人都是适应环境生存的,我们住城中村的人租房的时候就已经接受居住环境的预设了,改造完租房成本高了,水果也买不起了,对于我们来说生活品质反而下降了。城中村并不像外界以为的那么脏乱差,有时候我觉得是外界对城中村的看法需要改造。"①在相当一部分租客来看,泊寓、草莓、魔方等公寓带来的租房品质的提升,并非租客真正想要的品质,在城中村这个"折叠城市"的空间里,能享受到低成本的生活反而是生活品质的保障。位于清湖新村的富士康内部的一封公开信则把这个争议推向了高潮,这封发自一个富士康普通员工的公开信把矛头对准了万科——对于收入微薄的工薪族而言,改造前单房租金900元还能接受,而改造后这个价格可能要翻番,信里列举出金地集团草莓公寓的收费标准,单间的起步价都在1800元以上。这名普通员工的焦虑显而易

---

① 参见《万科进村后:6个城中村62位受访者的4种命运》,乐居财经网2018年6月19日。

见,万科的城中村改造将倒逼租金上涨,赶走他们这样的栖身城中村的穷人。

赶走了这些收入低下的农村移民,这些装修漂亮的公寓又租给谁呢?金地集团草莓公寓的客户数据就能说明情况,1 880元的房租对于富士康的工人来说是贵的,但对比罗湖、福田的房租来说,就算是便宜的。随着地铁交通的便捷化,核心区的白领租户开始外溢,这些被本地人称为"抱狗的""90后"新白领开始陆续进入城中村,而城中村原有的住房条件显然满足不了他们的居住要求。装修一新、设施齐全的公寓房开始走俏,草莓、泊寓等公寓项目一经开张,很快就被租赁一空。这反过来加速了更多的开发商加入城中村改造的大军,包括碧桂园、华润等也跃跃欲试。一个社区被一家开发商拿下或者好几家开发商争抢,又刺激了房屋原始租金的快速攀升,最终的租金自然是水涨船高。55岁的老肖是最早的一批深漂,干过保安、保洁和绿化等低端工作,因为万科进村,收入只有3 000多元的他正琢磨着回老家,"改造可以,问题是我们住到哪里去?小区房子都很贵,我们承受不起。就怕万科打个旗号随便搞搞,一下子涨好多钱。"[①]老肖只是庞大的深漂大军的一个小小缩影,承受不起租金涨价的人,正陆续选择离开或者计划离开。

深圳城中村改造引发的低收入人群挤出效应在城市规划学中被称为"绅士化"现象(Gentrification),指的是一个旧区从原本集聚低收入人士,到重建后地价及租金上升,引致较高收入人士迁入,并取代原有低收入者,而原有低收入人群不得不迁往更偏远或者条件更差的地区

[①] 参见《万科进村后:6个城中村62位受访者的4种命运》,乐居财经网2018年6月19日。

以维持生活的现象。

有人为深圳城中村的"绅士化"辩护,认为这是深圳城市化和产业结构升级的必经阶段,深圳这些年正经历传统制造业外溢,含金量更高的高新技术产业、新兴产业崛起的经济结构优化过程,劳动力的结构自然应相应调整,具有高知识、高技能的"80后""90后"群体将成为主力。同时随着新一代中产阶级的消费升级,城中村作为深圳劳动力最大的栖息地,不应该长期静止不变,长租公寓的火爆是市场化的正面良性反应,应该得到鼓励。

深圳城市更新的"十三五规划"计划在5年内拆改20个城中村,让50万人住上新房子,改造出20多万套房子,还将通过收购、租赁、改建等方式收储不低于100万套村民自建房或者村集体自有物业。深圳的城中村改造手笔不可谓不大,然而,这么大规模的城市更新背后隐藏的却是庞大的不同收入群体的替代,尤其是城市融入能力低的农民工群体正被驱逐出去。

美国《时代周刊》曾破天荒地把2009年的年度人物颁给了中国农民工这个群体,《时代周刊》这样写道:"中国经济顺利实现'保八',在世界主要经济体中继续保持最快的发展速度,并带领世界走向经济复苏,这些功能首先要归功于中国千千万万勤劳坚韧的普通工人。"诚如斯言,农民工是中国融入全球产业链条的核心比较优势所在,是改革开放40年来创造财富最大的一个群体,然而它也是分享发展成果最少的一个群体。2017年,中国常住人口城镇化率达到了58.52%,而户籍人口城镇化率只有42.35%,这其中的差距就是2亿多的农民工群体。他们在城乡之间奔波往返,却很少能享受到与城市市民同等的福利。2017年11月,北京大兴区西红门镇新建二村的一场大火,以及随之而

落脚城市：乡与城之间的跳板

来的"全市安全隐患大排查、大清理、大整治专项行动"将外来的低收入人群放置在了尴尬的境地。近些年，随着"大城市病"的集中爆发，一线城市纷纷开出了人口控制和疏解的药方，而其中低收入人群首当其冲。有网友直言："外来务工人员把整个青春都奉献给了这些光鲜的大城市，可到头来，大城市却将这些人统统归类为'低端人口'，弃如敝屣，大城市的无情可见一般。"国务院发展研究中心原副主任刘世锦曾说："有的城市驱离所谓'低端人口'，将推高低端人口的雇用成本，导致城市的竞争力降低甚至城市的衰落。"[1]无论是从道义上，还是从城市长远的平衡性发展的角度来看，低收入人群都不应得到兔死狗烹的下场。

越来越深的共识认为，中国农民的收入要想提高，归根结底还在于农民人口数量的减少，在于相当一部分农民能转化为城市居民。因此中国新型城镇化规划提出，要深化户籍制度改革，放宽城镇落户条件，加快2.8亿农民工的市民化。城市是中国现代化的高速推进器，而农村是中国现代化的稳定器与庞大劳动力的蓄水池。执政者首先要保障劳动力在城市农村之间能自由流动，进得了城，回得了乡，加强对农村蓄水池的修复，在发生大的城市危机时，劳动力能自然回流，避免城市危机的硬着陆，还要加强城市的农民工吸纳能力。真正将农民转化为市民，就更要关注那些数量庞大的"落脚城市"。

正如桑德斯在《落脚城市》中所说的那样："我们必须对这些地区投

---

[1] 参见《智囊：有的城市驱离所谓低端人口，会导致城市走向衰落》，凤凰财经网2017年8月30日。文章为国务院发展研究中心原副主任刘世锦在博智宏观论坛第十九次月度例会上的演讲。

注远比目前更多的注意力,因为这些地区不但潜藏着发生暴力冲突的危险,也是贫困人口迁入富庶生活的过渡地区,明日的中产阶级诞生于此,下一代的梦想、社会运动与政府也都在此打造而成。"①

---

① 道格·桑德斯:《落脚城市——最后的人类大迁徙与我们的未来》,上海译文出版社 2012 年版,自序部分第 3 页。

·读·懂·乡·村·振·兴· ·战·略·与·实·践·

第三篇 窥浙先踪

中国乌镇：小镇的文艺复兴
安吉模式：两山理论的样板
莫干山：民宿的商业奇迹

中国乌镇：小镇的文艺复兴

世界各国的文艺复兴都是从小镇开始的。

——木心

画家陈丹青曾经回忆 1995 年自己第一次到乌镇所看到的场景："东西栅破败荒凉，剩几户老人，听评弹，打牌，河边衰墙边停着垃圾堆、鸟笼子，还有家家的马桶，年轻人都走光了。那是一个被世界遗忘的乌镇，像一个炊烟缭绕、鸡鸣水流的地狱。"[1]让陈丹青没想到的是，20 年后这个凋敝荒芜的古镇会变成中国最赚钱的景区，更让他不敢想的是，乌镇俨然成了中国文艺复兴的新一个乌托邦。

观 光 乌 镇

乌镇的旅游和大多数古镇一样，都是从观光开始的。1998 年，乌镇所在地桐乡市政府专程找到中国古建筑遗产保护第一人同济大学教授阮仪三，邀请他对乌镇进行整体保护与旅游规划。那时候的乌镇已

---

[1] 参见《陈丹青：乌镇为什么能搞好？因为有陈向宏这个奇才》，载于《人物》2015 年 1 月 29 日。

经落后了,周边的古镇,如周庄旅游开发都已 10 年,就连后起之秀西塘都领先了 5 年。根据阮仪三的回忆,那时候的乌镇,除了全国重点文物保护单位茅盾故居是保护住了,其他则是满目疮痍。为了方便领导参观茅盾故居而新开的马路把整个古镇开膛剖肚,沿街全是简陋的乡村商店,东栅、西栅成片年久失修的民居,一派破败景象。"孤零零的戏台伫立河边,盖起不久的三层百货商店,由于用料马虎已成危房,中栅沿河挤满了一排棚屋,开着乱起八糟的小店,驳岸多处崩塌,河水泛着黑臭。古镇骨架犹在,但已蓬头垢面,秀美不复。"①

也就是那一年,乌镇的主角登场了。他就是陈向宏,土生土长的乌镇人,35 岁年纪轻轻就担任桐乡市长的助理,在这之前他是桐乡最年轻的镇党委书记,仕途冉冉上升的政界新星。为了推进乌镇旅游的相关工作,桐乡市组织了强有力的领导班子,成立了古镇保护与旅游开发委员会,由陈向宏担任主任。"红堂堂的脸,典型的江浙领导模样,一看就是做事情的人,我当即喜欢他,至今把他看作江湖中人,说话算数,浑身是草根的质朴和活力。"②这是陈丹青第一次见到陈向宏留下的印象。也就是这个颇具草根气质的江浙领导,后来带领乌镇不断转型升级,把一个资质平平、旅游人口为零的古镇打造成了年游客量近千万、中国最成功的古镇。

阮仪三提出,乌镇的保护与整治应该坚持"整旧如故、以存其真"的原则,也就是整修旧房子应该使用旧料,包括旧木梁、旧木柱、旧门窗、旧石板、旧方砖、旧瓦片等,以修出原汁原味的老房子。乌镇很好地秉

---

① 阮仪三:《古城笔记》,同济大学出版社 2013 年版,第 85 页。
② 参见陈丹青:《乌镇为什么能搞好?因为有陈向宏这个奇才》,《人物》2015 年 1 月 29 日。

承了这一原则,从附近的城镇收了很多旧料,建了好几个大仓库,除了未整治的老房子采用了旧材料,就连已经修好的也不惜拆掉重做,以保证老旧的感觉。

摆在陈向宏、阮仪三面前的,不仅仅是整修老房子这一件事情,而是围绕老房子的原住民生活方式的改变。首先是解决排便问题,因为没有抽水马桶,居民的粪便都是直接排放到河里,时间一长,河水又黑又臭,惨不忍睹。还有供水、电力、电话等问题,而这些都需要政府往里面投钱,这是陈向宏遇到的第一个有关于钱的问题。说服乌镇旅游管委会改善老镇的基础设施条件,这在当时是笔不小的投入,很多人反对,觉得乌镇没出路,钱收不回来,还不如用来改善下岗工人的生活。陈向宏坚持了下来,乌镇必须闯出一条路子来,留在原地,才是没有出路。

乌镇旅游第一阶段的发展,围绕茅盾故居所在的东栅开展,因为东栅占地较小,历史风貌保存得相对完整,稍加修复,就能开门迎客,这是财务颇有压力的乌镇最自然的选择。为了更好地吸引眼光、集聚眼球,陈向宏还把茅盾文学奖的颁奖礼弄到了乌镇。2000年王安忆凭借《长恨歌》获得茅盾文学奖去乌镇领奖,陈向宏由此认识了王安忆,通过王安忆,陈向宏又结识了陈丹青,而后通过陈丹青又认识了木心,又一个乌镇人。乌镇后来的发展轨迹证实,木心是陈向宏开启乌镇由观光度假小镇向文化小镇转型的一把钥匙。或是有意或是无心,这把钥匙给乌镇打开了一扇文艺资源的宝库。之后陈丹青、黄磊、赖声川、孟京辉等文艺大咖源源不断地向乌镇集聚,乌镇也开始孕育出它独特的文艺气质与魅力,让周边的一干古镇再也难以望其项背。

东栅的开发是一种"老瓶加老酒"的博物馆式开发模式。除了外立面的修旧如旧，乌镇推进了大规模的风貌整治。原先把天际线割得四分五裂的电线全部改走地下，为了梳理过度稠密的老街区，乌镇搬迁了7家工场，重新整理水系，已经填埋的河道重新疏浚，水乡里的水又活起来了。乌镇还把一些传统的古镇业态，如老当铺、老酒坊、老染坊、老茶馆、木雕馆、博物馆等悉数搬了回去，东栅终于渐渐饱满起来。

东栅 2000 年开门迎客，2003 年 1 亿元的投资收入就全部回收，每年营收 3 000 万，效益比预期的要好得多。东栅的成功也给陈向宏带来了巨大的信心。

度 假 乌 镇

如果说乌镇第一阶段的整治改造还算不上有太多创新的话，那是因为它当时还扮演着一个追赶者的角色。周庄、西塘、平遥、丽江，还有安徽的西递和宏村，它们都走在了乌镇的前头，是乌镇学习的模板。真正让乌镇开始后发超越的是西栅的开发改造。2003 年以后，度假游开始取代观光游，成为中国旅游发展的新趋势。在中国最为富裕的长三角地区，游客们开始不满足"上车睡觉、下车看庙"的观光游形式，有钱有闲的人们希望能在风光秀美的地方住下来，享受慢节奏的休闲与体验。度假游带来的不仅是旅游时间的拉长，更为直接的是客单价的成倍增长，观光游的消费可能只是门票经济和一两顿饭，每个人花费一两百足够了，而度假游则充分把住宿、娱乐消费和景区综合服务等的旅游红利挖掘出来，客单价变成了四五百，甚至是上千元。

"春江水暖鸭先知"，旅游市场的微妙变化，让走在第一线的陈向宏感觉到了机遇的来临。是在东栅的基础上改造提升，还是另辟蹊径？

陈向宏最终看中了西栅。同样是沿河布局，西栅的范围更广，辗转腾挪的空间更大，更为重要的是陈向宏可以新建大量建筑，以满足度假类游客的需求。古镇类度假产品需要满足的不仅仅是风光秀美的传统水乡景致，还需要提供现代化的度假生活方式，也就是说，酒店的壳可以是旧的，但瓤必须是新的。

●乌镇西栅

在当时古镇类度假产品非常稀缺、无模板可学习的情况下，西栅的开发显示出了陈向宏的大胆与魄力。首先是搬迁，所有的原住民都需要搬到西栅以外的安置房。作为度假中心，在他看来，游客需要的是更好的度假体验——安静、休闲与舒适，闹哄哄的环境不利于游客休闲，而原住民的搬迁也带来了景区的管理便利。其次，是大规模的新建建筑，河以北原样保留，河以南全用旧料新建仿古建筑。最后，是大规模的设施更新，这其中包括让陈向宏一直引以为傲的WIFI的全覆盖，还有直接饮用水的布点,多处名人故居的恢复以及博物馆和图书馆的布局等。

改造后的西栅,变成了一处古意浓郁的水乡休闲度假中心,然而陈向宏的大胆与魄力却并非所有人都能为之买单。

首先开炮的是学术界。学术界把矛头对准了乌镇搬走全部原住民的做法,认为这种做法太过激进,造成了历史文化街区的"绅士化[①]"。历史文化街区应该尽可能地保留原住民,这是因为原住民本就是历史文化街区的一部分,他们的生活方式构成了街区活化的重要部分,绅士化彻底改变了历史街区的活的部分,改变了历史文化街区原本的模样。学术界的压力一度让乌镇面临生死攸关的挑战,乌镇差点错失参与申报"历史名镇"和"世界遗产"的机会。

当然,学术界也有不同的声音,阮仪三一直是陈向宏背后坚定的支持者。他认为老百姓房屋所有权的转移,是乌镇具备一流管理能力的根本。"为什么那么多古镇都变味了呢?那是因为古镇失去了对这些房屋的管理权。老百姓都很'坏',因为有个人利益在里面,周庄、丽江沿街沿河的房子都卖掉了,进驻进来的都是搞商业的外来户,这个古镇就变味了,什么东西赚钱就卖什么东西,时间一长,古镇就完全不伦不类了。"[②]今天看来,陈向宏的做法非常具有远见。自上而下的管理往往是一个景区避免遭遇信誉滑铁卢的坚实保证,欺客宰客、挂羊头卖狗肉、同质化竞争、过度商业化都是景区难以约束经营户之后产生的问

[①] "绅士化"是指一个旧区从原本聚集低收入人士,到重建后地价及租金上升,引致较高收入人士迁入,并取代原有低收入者。

[②] 阮仪三口述,居平编撰:《留住乡愁——阮仪三护城之路口述实录》,华东师范大学出版社 2015 年版,第 80—81 页。

题,这些问题最终都会滋生景区的信誉危机与品牌危机,使景区坠入万劫不复的深渊。

争议的第二个焦点是新增的仿古建筑。在历史文化街区内新建仿古建筑,即便原料是旧的,也依旧与历史文化街区提倡的"去伪存真"南辕北辙。甚至有人用美国影片《楚门的世界》来形容西栅,批评它本质上是某种虚假的存在。当然,也有人为他辩解,比如说陈丹青。

> 西栅刚造好,多少有片场的感觉——我去过无锡附近的连续剧片场,全是仿古建筑——这些年乌镇的岁月感出来了,到处是爬墙虎、积垢、树丛、野花、芦苇,镇外还有庄稼,两岸人家冒炊烟。我明白了,影视城古建筑是想象与模拟性质,为便于拍片取景;西栅虽也大幅度增添了复古式细节,毕竟依据老乌镇的骨架,其他渲染是记忆性的,又好比作曲,配器、规模、功能,大胆加入新的意图,谱子却是老的。[1]

如果说学术界的争议还可以置若罔闻的话,那么资金链的断裂对于陈向宏就是当头一棒了。

低投入高回报,东栅的快速成功刺激了陈向宏巨大的野心,他算了一笔账,东栅开发花了1个亿,西栅4个亿也就差不多了。自己规划自己干,没有政府拨款,那就靠企业贷款。那年40岁的陈向宏,在他以后看来无知无畏,仿佛无所不能。然而,巨大的摊子一旦铺开,原先的计

---

[1] 参见《陈丹青:乌镇为什么能搞好?因为有陈向宏这个奇才》,《人物》2015年1月29日。

划就跟不上了。本来两年干完的项目,最后干了4年,4个亿的投资也变成了12个亿,时间一长,资金链就断了,后备供不上,工地就停工,工地一停工,工人就闹事了。

本来就置身流言蜚语中的西栅项目,终于停摆了。项目投资大,见效慢,学术界批评声浪不断,这些陈向宏都可以力排众议,然而资金链一断,陈向宏终于顶不住了。之前因为乌镇保护开发做得好,陈向宏仕途一路高开,从乌镇管委会主任、乌镇党委书记,到桐乡旅游局局长,再到桐乡政协主席。而西栅的停摆让陈向宏一日之间丢掉了这些乌纱帽,陈向宏郁闷苦恼,跑到阮仪三那儿诉苦,眼泪都掉下来了。

这是陈向宏最艰难的一段时间,但他最终还是咬牙坚持了下来,通过外债的办法、借钱的办法,终于在中青旅筹到了一笔钱,度过了危机。后来的乌镇证明,中青旅的这笔投资是这家中国第一旅游股最有眼光的一笔投资。2007年中青旅以3.55亿元收购乌镇景区60%的股份,获得乌镇东栅、西栅的独家经营权以及南栅、北栅的优先开发权。2014年,中青旅乌镇的当年净利润就达到了3.11亿元,中青旅在其他板块上不断受挫,而乌镇的投资,给这家上市公司带来了91%的净利润来源。[1]

2007年,西栅开放后,第一年税后收入就达到了3 000万元,2009年更是有9 000万元,世博会那一年翻了几倍,时至今日收入仍以每年30%的速度在增长。东栅、西栅的成功,并没有让陈向宏放慢乌镇开发的脚步,他把乌镇的下一步定位瞄准了文化。

---

[1] 参见《中青旅:乌镇贡献91%净利润,古北水镇扭亏为盈》,腾讯网-中银国际证券2016年4月25日。

文 化 乌 镇

乌镇的文化转型从一个人开始,他就是木心。

木心,旅美诗人、文学家、画家,与福克纳、海明威等大作家一样,木心的作品是美国大学文学史课程范本读物,他也是20世纪中国第一位画作被大英博物馆收藏的画家。他被画家陈丹青奉为"师尊"、精神导师,在陈丹青看来,"木心先生可能超越了鲁迅构建的写作境界,是我们时代唯一完整衔接古典汉语传统与五四传统的文学作者。"

木心1927年生于乌镇,这个长相好看,犹如电影明星的艺术家一生漂泊,"文化大革命"期间更是遭受了囹圄之苦,后旅居纽约,在纽约的文艺圈有着非凡的影响力。和国外的声名形成鲜明对比的是,直到2015年木心美术馆在乌镇开馆的时候,大多数乌镇人都不知这个本乡人木心到底是何人。

陈向宏与木心的结缘,从一篇文章开始。2000年,陈向宏无意间在台湾的一张旧报纸上读到木心的散文《乌镇》,于是下定决心开始寻找木心,并着手修缮木心的故居孙家花园。散文《乌镇》写于1995年,当时木心在陈丹青的陪同下,悄悄地回过一趟乌镇。

东厢,一排落地长窗,朝西八扇,朝南是六扇,都紧闭着——这些细棂花格的长窗应是褐色的、光致的、玻璃通明的,而今长窗的上部蚀成了铁锈般的污红,下部被霉苔浸腐为烛绿,这样的凄红惨绿是地狱的色相,棘目的罪孽感——我向来厌恶文学技法中的"拟人化",移情作用,物我对话,都无非是矫揉造作伤感滥调,而此刻,

读懂乡村振兴：战略与实践

> 我实地省知这个残废的，我少年时候的书房，在与我对视——我不肯承认它就是我往昔的娜嬛宝居，它坚称它曾是我青春的精神岛屿，这样僵持了一瞬间又一瞬间……，整个天井昏昏沉沉，我站着不动，轻轻呼吸——我认了，我爱悦于我的软弱。[①]

乌镇旧居的破败状让游子感到失望，木心发出了"永别了，我不会再来"的叹息。

通过王安忆，陈向宏找到了陈丹青，又通过陈丹青，他联系上了木心。陈向宏的广结人脉一直是其成功的重要原因，他游走于官、商、学、文、娱各界，左右逢源、得心应手，正如某个记者问及陈丹青：陈向宏是如何做到在平衡政府、资本的同时，还让文人感到满意呢？陈丹青是这么回答的："向宏自小积极，少壮为官，当然深谙领导；他是北栅子弟，出身清苦，当然了解百姓；他弄出乌镇，一是大胆的想象，二是落实细节，不是艺术家是什么？他当然明白艺术家要什么，很简单：给我舞台，给我展厅，给我机会，给我人气。再加一条：别管我。"[②]

陈向宏的诚意打动了木心，2005年木心再次回到乌镇。那时候的乌镇正经历西栅的开发，无论是大手笔的投入，还是故居孙家花园的改造、木心美术馆的计划都让木心觉得这个乌镇老乡有想法、能做事、靠得住，只要牵涉木心的相关事宜，陈向宏都要事前征求他的意见，绝不擅作主张。多年以后，木心回忆起陈向宏，感叹他一生最为信任"三陈"，其中一陈便是陈向宏。

---

① 节选自木心散文《乌镇》。
② 参见《陈丹青：乌镇为什么能搞好？因为有陈向宏这个奇才》，《人物》2015年1月29日。

中国乌镇：小镇的文艺复兴

●木心美术馆

木心的回归，可能并没有给乌镇瞬间带来某种气质型的升华，但却给这个原本资质平平的江南水乡奠定了一种不一样的基调——陈向宏所代表的政府与资本对文化艺术人的尊重，这种基调让很多后来者的文化人、艺术家感同身受，并随时间慢慢发酵，逐步像夜晚水乡桨声灯影里的浓雾一般弥散萦绕，最终成为笼罩在乌镇身上独有的气质。

木心喜欢跟陈向宏谈文艺复兴，他告诉陈，世界各国的文艺复兴都是从小镇开始的。摆在乌镇文化转型面前的路子似乎有很多条，其中"印象乌镇"是最自然不过的一条。那几年"印象"系列火遍全国，乌镇的投资人IDG资本更是"印象"系列的首创者，但陈向宏果断拒绝了，理由是"印象"太强大了，乌镇会被"印象"打败，人们只会记住"印象"，而不是乌镇。乌镇需要专属的文化符号，只有大胆的创新才能获得市场的青睐。

像很多互联网公司老总一样，陈向宏是天生的产品经理，对游客口味变化的敏锐捕捉让他避开了许多误区,选择戏剧节,便是这种敏感性的集中体现。台湾戏剧家赖声川的代表作《暗恋桃花源》在上海大剧院上演的时候,前来捧场的陈向宏惊讶地发现剧院里的观众都是年轻人,他猛然醒悟,乌镇需要的是年轻的文化、新生的文化,只有那种充满朝气的力量才能与这古老的水乡碰撞出独特的火花。

把戏剧节放在一个水乡古镇上举办,这在当时显然还是一件让人惊讶、带有话题性,并且看上去非常有趣的事件。2013年,首届乌镇戏剧节开幕,"小镇,大师;小舞台,大世界",戏剧节的口号看了就让人兴奋。11个日夜,7个剧场,16台49场国际邀请大戏,12组青年竞演,300组艺术团队,1 500余场古镇嘉年华,还有17次中外大师小镇对话,乌镇的大街小巷里涌动着来自上海等周边大城市的文艺青年们。你还能不经意地在某个临水的咖啡馆里发现林青霞、胡歌们的身影,以黄磊、赖声川、孟京辉等大咖为班底的戏剧节组委会保障了戏剧节的成功举行,赢得了高度的关注与如潮的好评。

然而,没有丝毫戏剧基础的乌镇,斥巨资举办一场本来就小众的戏剧节,这在当时也引起了不小的争议。为了举办首届戏剧节,乌镇前后投入了5亿元,这在举办一场戏剧节只要花费一两百万的当时,简直就是天价。当然,其中的4个亿是乌镇大剧院等场馆建设费用,可即便如此,这也是一场极其奢侈的盛宴。戏剧节的商业模式如何?钱从哪儿回收?能否形成常态化经营?戏剧节会不会成为一个漂亮的泡沫,破灭之后留下一地的鸡毛?

在陈向宏看来,乌镇的文化转向是必然趋势。乌镇的核心是旅游产业,在日益激烈的市场竞争下,只有营造独特的旅游氛围与精神体验,形成竞争壁垒,才能保障乌镇旅游的长盛不衰。乌镇戏剧节毫无疑

●乌镇大剧院

问是陈向宏的转型抓手,即便是短期内无法收回成本,戏剧节也要持续地做。在他眼里,乌镇戏剧节的目标是成为世界一流的戏剧节,比肩爱丁堡、阿维尼翁等历史悠久、体量庞大的戏剧节,到那天,乌镇就不再是桐乡的乌镇、中国的乌镇,而是世界的乌镇了,品牌的价值自然不可同日而语。

2016年,乌镇再接再厉,举办了国际当代艺术邀请展,把30位世界级艺术大师邀请到了乌镇,包括玛丽娜·阿布拉莫维奇、达明·赫斯特、荒木经惟、弗洛伦泰因·霍夫曼和隋建国等。继东栅、西栅之后,乌镇又把北栅推向了前台,在废弃之后又被改造一新的北栅丝厂里,艺术大师们的灵感与观念激烈碰撞,呈现出另外一种美。在陈向宏眼里,北栅也许会成为乌镇下一个文创基地,继旅游之后,它可能带来创意产业的生根发芽。

▲笔者的朋友陈强、付娜等设计的北栅丝厂改造项目①

会 展 乌 镇

  世界上有很多小镇因会议而出名，如瑞士的达沃斯，原本便是国际冬季滑雪中心与世界级的疗养度假胜地，因为举办"世界经济论坛"，知名度进一步被放大，各国领导人的频繁出入、国际媒体的瞩目，让这座阿尔卑斯山脚下的小镇变得家喻户晓。

  2016年11月，第三届世界互联网大会在乌镇召开。由普利兹克奖得主王澍设计的乌镇互联网国际会展中心惹人注目，260万片江南小青瓦、5.1万根钢索塑造出独特的互联网网状肌理，呈现出江南传统建筑与现代科技的完美融合。国家领导人习近平，互联网大佬马云、马

---

① 图片来源：上海道辰建筑师事务所官网，已经过授权。

化腾等悉数出席,造成了巨大的轰动效应。这代表着乌镇进入了新的时代,即乌镇4.0——会展乌镇时代。

  会展经济,是一种通过举办各种形式的会议和展览展销,来获得直接或间接经济效益和社会效益的经济现象和经济行为。会展的快速发展能够有力地带动旅游、交通、运输、餐饮、住宿、翻译、广告、装潢等相关服务行业的全面发展。会展经济通常被认为是高收入、高盈利的行业,被称为"经济发展的加速器和助推器",更有"触摸世界的窗口"和"诱人的城市面包"之称。会展产业的带动系数大约为1∶9,即展览场馆的收入如果是1,那么相关的社会收入为9。

  如果说乌镇由观光度假转向文化,还算强力所为的话,那么会展经济的长线布局就是水到渠成了。度假型西栅的开发让乌镇具备了充足的接待能力,西栅景区共有大小会议室100余个,既有大型多功能会议厅,又有小型会议室、贵宾接待厅、各类户外活动场地等,设施先进、功能完备,高端的音响设备、高清投影、同声翻译系统等一应俱全。无论是会场数量、类型,还是容纳人数、设施设备在国内都是首屈一指。以乌镇互联网国际会展中心为例,会展中心总建筑面积为8.1万平方米,共有18个会议室,会展中心主会场乌镇厅,作为最大的会议室可同时容纳3 000余人。会展中心同时融入了智能会议、楼宇管理等智慧应用系统,设施水平非常超前。

  自西栅开放以来,乌镇已成功接待国内外大小会议1万余场,平均每天就有2场会议,包括政府部门、世界500强企业以及各类年会、研讨会、科技企业品牌发布、婚宴及时装秀等。AlphaGo与柯杰的人机大战、中国国际时装周闭幕大秀、奥迪A5的发布会等让古老的水乡越来越与科技、文化、时尚等元素融为一体。

陈向宏说,会展乌镇是带动乌镇旅游的又一创新模式,会展能让游客住下来,提升客单价,带动综合消费。

乌镇成功的秘诀

第一,人治的成功。在众多讨论乌镇成功原因的文献中,很少有人把乌镇的成功归结于人的成功。适度超前的定位、产品的差异性、选址与消费市场、管理的精细化等往往被认为是乌镇脱颖而出的关键,这些都没有错。但笔者以为所有这些成功因子的背后都站着一个叫陈向宏的人。操盘人陈向宏决定了乌镇不断升级转型的走向,没有陈向宏,这个资质平平的江南水乡,可能还混迹在周边一干平庸的水镇之中。

传统的城市开发、产业园区开发等规模大、周期长的大型区域开发,政府在其中扮演着重要的角色,体制制度框架的限制、参与主体的复杂性等让"法治"的特征明显。而反观特色小镇,由于其企业主体性、市场化运作以及规模小、开发周期短等特点,愈来愈具备了项目级开发的特征,对操盘人这个角色的倚重愈发重要。操盘人个人的战略眼界、实干能力、资源整合能力,甚至是个人审美趣味都直接决定了特色小镇的培育结果,"人治"的特征更为明显。

陈向宏个人的预见力、创新力、资源整合力与领导力,是保证乌镇这条大船平稳向前的根本动力。

首先是预见力。作为乌镇的总设计师,陈向宏对旅游发展的客观规律了然于心,从观光游、度假游到文化的深度体验游,乌镇的发展轨迹正是旅游产业发展规律的最好诠释。"领先一步半步是先驱,领先两步三步是先烈",乌镇旅游作为一个后来居上者,在发展的每一个关键节点上,陈向宏都做到了适度超前。特别是西栅度假游的开发上,陈向宏的远见为乌镇开辟出了巨大的辗转腾挪的空间,奠定了日后腾飞的基础,西栅"老瓶装新酒"的开发模式让乌镇的游客接待能力、景区盈利能力一跃上了新台阶,这为之后的文化转型奠定了空间基础与资本基础。

其次是创新力。陈向宏不是一个教条主义者,乌镇的成功包含了开发模式的创新、产品体验的创新和管理方式的创新等,在面对学术界等专业力量的质疑时,陈向宏的坚持与韧劲,证明了不拘泥教条的重要性。西栅的开发,搬迁原住民是其中最好的例证,在很多古镇的开发过程中,原住民与景区的共生是常态,也是学术界的重要坚持。但由于原住民产权的独立性,一旦景区开始火爆,后者就开始失去对原住民的控制,不良经商、恶性竞争、过度商业化、低俗趣味等问题都是摆在坚持传统开发模式的古镇面前的棘手问题,而乌镇大胆打破常规,成功地避免了上述问题,使得景区产品的高端化、用户体验的极致化变为可能,更让人惊喜的是,乌镇开始通过免费租赁的方式吸引原先的住户回流,历史街区的原真性又得以保留。

再次是资源整合力。乌镇的开发是政府资源、企业资源、资本资源、文化资源、原住民资源、游客资源等各方资源整合的结果,陈向宏作为操盘人与协调者,游刃有余穿梭其中,使得多方共赢。政府赢得了名片与税收,领导得到了政绩,企业与资本赚取了利润,艺术家得到了创作的空间与自由,以及票房,原住民得到了工作机会、不错的收入,而最后的买单者游客,慕名而来,满意而归。从最早的茅盾文学奖颁奖典礼花落乌镇,到乌镇戏剧节,再到当代艺术双年展的落地,陈向宏与文艺界的良好个人关系是其成功的关键。在木心、陈丹青、黄磊、赖声川等文艺大咖眼里，陈向宏是值得信赖的朋友。在 IDG 等资本大佬的眼里，陈向宏是一个善于运作项目、懂得商业规律的成功经理人，资本对陈向宏的无限信赖，使得乌镇能大展拳脚，进行纵深长远的战略布局。

最后是领导力。一个项目的成功离不开一个成熟的团队，陈向宏善于识人、用人，带出了一批善于经营管理的人才。这支团队随后跟着陈向宏把乌镇模式复制到了北京的古北水镇，又取得了骄人的成绩。

第二，产品的极致体验。不同于其他古镇的差异化体验，是乌镇一直孜孜追求的目标。从东栅的观光游开始，陈向宏就想着做不一样的观光体验。通过做减法，拆除新建筑、管线地埋、水系梳理等，东栅呈现出更为完整的古镇风貌，让很多看古镇只能看到一条街的游客眼前一亮。西栅的开发则让乌镇的体验变得更为深入，住下来的游客能与乌镇的环境与服务进行更为亲密、持久的互动，特别是夜生活氛围的营造。以灯光为例，乌镇的灯光打造一改以往轮廓灯、彩灯的表现方式，运用更为简洁、大气的单色灯。更妙的是陈向宏请来了三波不同的人群对灯光效果做评判，摄影师、IP 游客和过夜游客，只有他们觉得好，这样的灯光设计才能说是成功的。乌镇的精细化管理，让人印象深刻，小到民宿里抹布的分类、番茄炒蛋里鸡蛋的数量规定，大到国际级会议上万人的接待，乌镇都能做得滴水不漏，周到圆满。乌镇的人文关怀更是让人感到亲切。据说，在乌镇每一个可能醉酒的游客身后，都远远站着一个随时准备提供帮扶的工作人员，乌镇的细节可见一斑。未来，只有做到极致的旅游产品才能生存，这个规律乌镇早已谙熟于胸。

第三，旅游市场的爆发。乌镇地处中国最富饶的长三角地区，1999年乌镇开发之时，江浙的人均 GDP 还不到 2 000 美元，这意味着观光旅游正当其时。经过这十多年的发展，上海、浙江和江苏的人均 GDP

分别增长了 4 倍、7 倍和 10 倍,接近了发达国家的收入水平。日渐富裕的中产阶级对旅游的需求不断升级,从国内到国外,从观光游到度假游再到深层次的文化体验游。

时也,势也。乌镇旅游的爆发,正是这十多年长三角旅游爆发的一个缩影。通过适度超前的定位,乌镇旅游这艘大船在每一个关键节点都牢牢地把握住了大旅游的风口,把周边一干竞争对手甩在了身后。

安吉模式：两山理论的样板

生态资源是最宝贵的资源，不要以牺牲环境为代价来推动经济增长，这样的经济增长不是发展。要下决心停掉矿山，这些都是高明之举，绿水青山就是金山银山。[①]

——习近平

2001年，华人导演李安的《卧虎藏龙》在奥斯卡刮起了一阵中国文化旋风，影片独得4项大奖，最佳艺术指导、最佳摄影、最佳原创音乐和分量极重的最佳外语片奖。电影用一种贴合西方人的视角展现出一个神秘而又梦幻的东方世界，灰色的村落城墙、金黄的大漠峡谷、翠绿的青山竹海，还有诗意般的中国音乐，构建出《卧虎藏龙》独具魅力的东方梦境。《卧虎藏龙》中的美景让影迷流连，其中一场李慕白与玉娇龙在竹林打斗的戏码，更是让人心旷神怡。苍翠欲滴的竹林，穿梭翻飞的侠客，还有竹林下碧玉一般的湖泊，这一场戏让大银幕前的国外观众发出阵阵惊叹，中国还有如此之美的地方！

这么美的地方就在安吉。浙江安吉在当时还只是太湖边上一个名

[①] 参见《习近平叮嘱我们护好绿水青山》，人民网2018年9月16日。原话为2005年8月15日习近平总书记在安吉调研的发言。

安吉模式：两山理论的样板

不见经传的小县城，旅游人口刚刚突破百万人，与2017年全年接待旅游人数2 200多万人相比，那时的安吉旅游算是刚刚起步。随着影片的轰动，大量的国内外游客开始涌入安吉，"中国大竹海"变得水泄不通，安吉就此一炮而红。安吉县旅游委主任管永丰曾总结说，是一块牌子和一部电影成就了安吉旅游的开篇之旅！[①] 这部电影就是《卧虎藏龙》。

▲《卧虎藏龙》的摄影地木坑竹海

安吉余村是距离《卧虎藏龙》取景地"中国大竹海"仅有6公里的一个平常村落。4年之后，随着安吉旅游人口的逐步增多，村委会下决心关停了3个能够给村里带来300多万收入，但污染严重的石灰矿，这一

---

① 参见《安吉！争创全域旅游第一县！》，安吉旅游搜狐网2017年5月6日。

读懂乡村振兴：战略与实践

▲安吉余村：两山理论的发源地

决定在当时看来不被大多数村民理解，但时任浙江省委书记习近平的到来给他们吃了定心丸。余村村委会主任潘文革回忆，习近平调研余村的时候，在村委会议室座谈会上告诫大家说，不要迷恋过去的发展模式，下决心关停矿山是高明之举，绿水青山就是金山银山！多年之后，绿水青山就是金山银山的"两山理论"正式成为指导中国生态文明建设的重要理论。安吉作为"两山理论"的发源地，注定要在整个中国生态文明建设史上留下浓墨重彩的一笔。

逼出来的生态立县

安吉地处浙北，汉灵帝曾以《诗经》"安且吉兮"为这个小县城赐名，寓意"竹报平安"。天目山脉从西南入境,分东西两支环抱安吉,整个县域呈现出三面环山、中部凹陷、东北开口的"畚箕形",山地丘陵地貌占据了安吉大部分县域空间,也夺走了安吉工业发展的先天条件。20世纪80年代,安吉的对外交通一度闭塞,虽然距离上海、杭州不远,但工业发展乏力,是浙江25个贫困县之一。进入90年代,安吉一度以浙南、苏南为师,走工业强县的传统发展道路,引进了一些诸如造纸、化工、印染和建材等资源消耗型和污染型产业。虽然经济上了一个台阶,贫困县的帽子也摘掉了,但以资源消耗和环境污染为代价的发展方式不可持续。90年代末,太湖水污染问题反反复复,这一环境问题相比经济发展的第一要务,犹如一隐疾困扰着富裕的长三角多年,但都未引发全民关注。直到2007年太湖蓝藻事件爆发,并造成无锡全城自来水污染,引发超市商店等桶装水被抢购一空的恐慌时,彻底解决这一问题才被提上政府日程。太湖水污染问题也成为中国高增长、高消耗、高污染"三高发展模式"必然付出的沉痛代价的一个典型。相比2007年之后逐步关停污染企业的周边县市,安吉的转型要来得更早,也更为幸运。1998年,安吉被国务院列为太湖水污染治理重点区域,受到"黄牌"警告,国家环保总局会同监察部和浙江省政府领导直接坐镇安吉督办污染问题,安吉好像被人拧住了胳膊大腿,想挣扎也动弹不了。无奈之下不得不对全县74家水污染企业进行了强行治理,关停了33家污染严重企业,就连拥有30多年造纸历史、规模和利税都居全县首位的龙头企业也不例外。一顿霹雳手段之后,安吉几乎丧失了1/3的税收来源,一度返贫。除了关停企业,安吉还扎紧了口袋,不符合环保要求的企业一律不准落户。投资近50亿元、税收高达10亿元的造纸项目被枪毙,不符合环保要求的台资度假村项目被叫停,之后的3年安吉否决了170多个5 000万元以上的投资项目,10多个上亿元的项目。安吉的地方干部常常回忆,那两年的日子不好过,到市里开会,安吉的干部总是坐在最后面,因为安吉的GDP在湖州市是最少的。

同为浙江人的马云,也许对于安吉的转型会有些许感同身受。在多次场合,马云曾坦言阿里巴巴的成功是逼出来的。包括马云在内的阿里巴巴"十八罗汉"在创业之初,并没有高人一等的技能与资历,相反他们的履历甚至比不上一般人,马云甚至连肯德基的端盘工作也应聘不上。在多次生死关口,那些聪明的、有资历的都离开了阿里巴巴这艘船,而这些创业人"坚守"了下来。马云曾笑言,他们留下来可能仅仅是因为出去找不到工作,还不如留下来的好。可正是这种坚持,加上对未来互联网改变世界的信念,让阿里巴巴在众多竞争对手中最终脱颖而出。

安吉面临同样的抉择,华山一条道。对生态经济代表的未来产业充满了期望,但这坚守所意味着的困苦与煎熬,可能外人很难想象。1999年安吉做出《关于加快实施绿色工程的决议》,2000年《关于实施生态立县、生态经济强县的决议》出台,从2001年起,"生态立县"正式成为安吉的根本性发展战略。

一支翠竹的百亿级产业

产业是一个县市经济立足的根本,而绿色产业无疑是安吉的安身立命之所在。一到安吉,就能见到无边的竹海,接天连地,苍翠碧绿。2003年,习近平在安吉调研时指出,"安吉由竹出名,做好竹文章,进一步发展特色产业,前景广阔,大有可为。"

安吉模式：两山理论的样板

30多年前，安吉对竹林的利用还只是停留在浅层表面，竹农将成片的毛竹砍下，然后销往上海等周边大城市，以制成建筑工地上的脚手架，这就是那时候安吉所能想象的竹子利用的全部了。30多年后，安吉的竹产业已经成为涵盖一、二、三产业，产值超过200亿元的支柱型产业。安吉竹产业实现了从卖原竹到进原竹，从用竹竿到用全竹，从物理利用到生化利用，从单纯加工到链式经营的4次产业跨越，以全国不到2%的竹产量创造出近20%的竹产值。

国际竹藤组织总干事费翰思曾形象地比喻安吉竹产业："在安吉人眼里，竹条就是金条！"除了原竹培育和依托竹林发展的大旅游带来的经济效益之外，安吉竹子绿色制造真正做到了"点竹成金"。依托几家台资企业起步的竹材加工业，截至目前已经形成了一个企业总数超1300家，总产值过百亿的产业集群，形成了从竹质结构材料、装饰材料到竹日用品等8大系列3000多个品种的产品体系。一根翠竹吃干榨尽，竹鞭、笋壳可化身根雕工艺品，废角料变废为宝成为木塑地板，竹叶中提取的竹叶黄酮开发出竹饮品，深加工以后变成竹纤维……安吉加快竹产业的集群发展和企业梯度培育，建成了规模巨大的竹产业科技创业园和国际竹商贸城，培育了一批竹产业龙头企业，也布局了50多个竹产业初加工专业村。借助于近两年特色小镇的风口，安吉积极培育产业、文化、旅游三位一体的竹产业特色小镇，以中国竹子博物馆为代表的安吉生态博物群已经成为世界最大的生态博物馆群。

"世界竹子看中国，中国竹乡在安吉"，安吉竹产品不仅在欧美市场赢得了一席之地，而且还频繁亮相国内重大舞台，北京奥运会、上海世博会、G20杭州峰会等能看见安吉竹的身影。

以竹产业为代表的安吉绿色产业精准聚焦"三片叶子、一把椅子"，除了竹产业之外,白茶、座椅等也已成为安吉的名片及支柱产业,取代之前的造纸、建材、化工等污染行业,安吉找到了新的经济增长点。

美丽乡村的中国代言

朱仁斌是安吉鲁家村的村委书记,他少年习武,干过体育老师、武术教练,在外多年经商之后,2011年他选择返村当上了村支部书记。2011年之前的鲁家村还是一个"四无"村子,无名人故居、无古村落、无风景名胜、无像样产业,到处是一片破败的景象,土坯房和旱厕随处可见,村里唯一的河流鲁家溪里堆满了垃圾,农田山林大片被抛荒,在快速城市化的大背景下,和很多中国乡村一样,鲁家村的年轻人都不看好村子的发展,纷纷逃离。然而,这个有想法、有胆量、有"文武书记"之称的朱仁斌,却似乎看到了不一样的未来。2008年,安吉在全国率先提出建设"中国美丽乡村",开展以"村村优美、家家创业、处处和谐、人人幸福"为核心内容的"中国美丽乡村"行动,要求把安吉县当作一个大景区来规划,把一个村当作一个景点来设计,把一户人家当作一个小品来打造,一村一景,一村一品,一村一韵。到2018年,安吉要首先建成"中国美丽乡村",力争把全县187个行政村都建设成为现代化的新农村样板。安吉的美丽乡村工程引起了朱仁斌的注意,要带领村落复兴,他决定首先从改变村庄面貌入手。

朱仁斌开始东奔西走,到各个部门争取美丽乡村的各类项目资金600多万元,再通过土地流转,村里又筹得了500万元资金。更让人惊讶的是,朱仁斌发动人脉,让村里的20多位乡贤捐款,用两杯清茶就换来了300多万元资金。凭借这东拼西凑的1700多万元资金,鲁家村旧

安吉模式：两山理论的样板

貌换新颜：垃圾被清理掉了，河道疏浚了，幼儿园有了，篮球场也有了，水泥路、自来水、办公楼，还有污水处理池一应俱全，村里人看到了实实在在的变化。2011年年底，鲁家村顺利通过了安吉美丽乡村的验收测评，成功创建安吉美丽乡村精品村。

安吉美丽乡村的创建，建立了一个标准（4个方面36项指标）、三个档次（精品村、重点村、特色村）的指标考核体系，被国家标准管理委员会命名为"中国美丽乡村国家标准化示范县"，并领衔制定了《美丽乡村建设指南》的国家标准。[1] 中央农村工作办公室主任陈锡文在考察安吉后高度评价"安吉模式"："安吉进行的中国美丽乡村建设是中国新农村建设的鲜活样本。"[2]2012年，在意大利那不勒斯举行的第六届世界城市论坛颁奖仪式上，安吉更是被授予全球人居领域的桂冠——"联合国人居奖"，这是自1990年中国参评奖项以来，唯一获得该项殊荣的县。

鲁家村就是安吉美丽乡村的一个缩影，除了环境美、人居美，更要产业美、收入美。2013年，中央一号文件首提发展"家庭农场"：鼓励和支持承包土地向专业大户、家庭农场、农民合作社等新型经营主体流转，朱仁斌仿佛又找到了发展新思路。之后，鲁家村创新性地提出"公司＋村＋家庭农场"的发展模式，启动全国首个家庭农场集聚区和示范区建设。朱仁斌砸下300万元邀请两家规划设计单位，以"家庭农场"为核心理念，利用丘陵缓坡区规划建设18个主题各异的家庭农场。朱

---

[1] 浙江省旅游发展研究中心、浙江旅游职业学院：《乡村旅游的安吉模式——两山理论的实践与创新》，中国旅游出版社2017年版，第40页。

[2] 参见《安吉中国美丽乡村建设，中国新农村的鲜活样板》，《光明日报》2009年7月22日。

仁斌意识到政府在运营方面的天然短板，又大胆地引入社会资本安吉浙北灵峰旅游公司，合资成立农业发展、旅游经营与职业技能培训的3家公司，鲁家村集体占股49%，浙北灵峰占股51%，股份制创新了村落的整体开发运营模式，打开了政企合作的新格局。

如今，你走进鲁家村，远远地就能看见一辆红色的观光火车，这辆名叫"阿鲁阿家"号的观光小火车，行驶在总长4.5公里的火车环线之上，串联起鲁家村18个景观各异、主题鲜明的家庭农场，灵芝农场、桃花农场、石斛农场……一个全域型的旅游乡村由此而生。

鲁家村运营公司的副总经理束永香站在新建的鲁家村"两山学院"面前骄傲地告诉笔者，去年在她的重新组织梳理下，鲁家村的旅游收入已经扭亏为盈，并一举突破了500万元。其中学习观摩费用的比重越来越高，随着鲁家村的名气愈发响亮，各地政府机构及涉农企业纷至沓来。

2017年，鲁家村村集体资产从不足30万元跃升至2亿元，村民人均收入也从1.9万元上升至3.3万元。600多外出务工的村民陆续上演"返乡潮"，职业农民、职业经理、职业农场主如今已成为鲁家村发展的新主角。鲁家村成功入围第一批15个国家级田园综合体试点，并成功申报4A级景区。鲁家村"田园变景区、资源变资产、农民变股民"的创新三变，也得到了农业部、财政部等中央部委及领导的认可，农业部部长韩长赋曾点名鲁家村的创新实践值得探索，鲁家村此后多次登上新闻联播、焦点访谈等节目，已然成为乡村振兴的样板工程之一。

全域旅游的大景区

温铁军曾高度评价"安吉模式"，他认为安吉的新农村已经达到了日韩水平,而安吉农村文化的挖掘已然像欧洲看齐,其根本原因在于安吉大力发展休闲农业与乡村旅游,使得农业资源和生态资源变成了农业资本和生态资本,在第一产业向第三产业转化升级的过程中,生产要素产生了重新定价,农民恰恰是要素重新定价的最大受益者。[1]

董岭村是安吉著名景区浙北大峡谷顶部的一个寻常村子,因为海拔超过1 200米,夏季的平均气温只有22摄氏度,于是董岭成了小有名气的避暑地,每到炎炎夏日,周边的避暑度假人群就涌入董岭。董岭的乡村旅游以农家乐为主体,拥有多家"省三星级农家乐",全村农家乐数量80多家,占到了全村农户的2/3,日最高游客接待量达3 500余人,董岭也被评为"浙江省农家乐特色村"。董岭的消费水平不高,100元就能包吃包住,除了享受山林风光,呼吸山顶的清新空气,还能吃到最特色的山野菜。

如果说董岭是安吉大众型旅游消费的典型代表的话,那么越来越多的高端休闲度假品牌正成为安吉的新名片。酒店奢侈品牌阿丽拉、悦榕庄已经开门营业;被上海复星集团收购的度假村品牌地中海俱乐部Club Med看中了中国家庭出游的巨大增长潜力,也把长三角的第一家度假村落户在了安吉;日本hellokitty天使乐园也将海外的唯一一家店选择在了安吉……各类五星级酒店、风情小镇、度假山庄如雨后春笋,在安吉秀美的山水田园之间星罗棋布。

全域旅游无疑代表着中国旅游的发展方向,国家旅游总局原局长李今早曾对全域旅游下定义,他认为"全域旅游就是要把一个区域整体作为功能完整的旅游目的地来建设,实现景点内外一体化,做到人人是

---

[1] 参见《安吉生态经济发展模式的探讨》,中国农村网2015年12月18日。

●悦榕庄等奢侈型度假村品牌集聚安吉

旅游形象,处处是旅游环境。全域旅游是空间全景化的系统旅游,是跳出传统旅游谋划现代旅游、跳出小旅游谋划大旅游"。[①] 安吉走在了全域旅游发展的前列。2013年,安吉明确提出全面推进县域大景区建设,由县委县政府直接统一领导,大大地加快了安吉全域旅游的发展速度。在安吉旅游的想象中,"乡村现氛围,景区出精粹,城镇聚亮点"——城乡三大空间应合理分工,提升中心城镇的集散和综合服务功能,凸显广袤乡村秀丽山水、田园风光的强烈视觉冲击,加强景点景区给游客带来的深度身心体验。2014年,安吉继婺源之后,被国家旅游局列为第二个"国家乡村旅游度假实验区",全域旅游发展与乡村旅游品牌化再上一个台阶。

---

① 参见《2016年我国将转向全域旅游发展,七大转变待实现》,人民网旅游频道2016年1月29日。

安吉围绕"县域景区化、产业融合化、旅游品牌化"三大目标不断发力。截至2017年,安吉接待旅游人数达到2237万人,多年来保持了每4年翻一番的高速增长,旅游业在整个国民经济中的分量越发凸显,增加值占据第三产业增加值的比重高达22.3%。

乡村文化的复兴

2012年,中国安吉生态博物馆群正式开馆,这个生态博物馆群是由1个中心馆、12个专题馆和26个村落文化展示馆组成的庞大文化展览展示群,也是中国目前最大的生态博物馆群。

"生态博物馆"一词最早来自20世纪70年代的法国博物馆界,意为"一种以特定区域为单位、没有围墙的'活体博物馆'。它强调保护、保存、展示自然和文化遗产的真实性、完整性和原生性,以及人与遗产的活态关系"。① 生态博物馆在拉美被称为"社区博物馆",美国称为"邻里博物馆",澳大利亚、印度称为"遗产项目"。不管各国如何称谓,生态博物馆的目的都是一致的,即一个民族或地区如何在工业化和城市化不断加速的进程中完整地保存民族文化或地域文化,在日益全球化和商业化的世界里保持生态的多样性。

在借助生态博物馆来复兴地域文化多样性方面,安吉走在了国内前列。20世纪90年代末,我国第一座生态博物馆在贵州生成,这是一个中国-挪威合作的项目,之后在内蒙古、广西等地又新建了多座民族主题的生态博物馆,主旨都在保护原生态的多元民族文化。安吉"1个

---

① 参见百度词条"生态博物馆"。

中心馆、12个专题馆和26个村落文化展示馆"的生态博物馆群规模，在国内来说首屈一指。中心馆位于县城，系统展现安吉传统民风、民俗，融合历史文化、自然生态和科学知识为一体，12个专题馆和26个村落文化展示馆则分布在各个乡镇，展示茶文化、书画文化、畲民文化、蚕桑文化、扇文化、孝文化、尚书文化等地域物质与非物质文化。

生态博物馆群是安吉乡村文化复兴的五大抓手之一。安吉文广新局副局长施月素介绍，除了生态博物馆群，安吉还将重点打造中国最美乡村电影院群、中国最美生态文化礼堂群、中国最美乡村图书馆群和中国最美竹文创工坊群。[①] 这些文化集群不仅给外来游客带来了深度的文化体验与享受，还将润物细无声地浸润当地百姓的心田，增强地方的文化自信。

安吉成功的钥匙

第一，领先半步的先发定位。"领先一步半步是先驱，领先两步三步是先烈"，一个企业对于新技术、新模式的利用，往往并非越早越容易取得成功，而是要抓住时机，等到技术逐步完整、消费者逐步认可、市场逐步成熟的前半拍进入，并且最终成功抢占消费者的心智。对于一个地方政府来说，同样如此。2001年，当安吉正式把"生态立县"作为全县核心战略时，正是中国中低端产业进入全面过剩的前夜，以建材、印刷、造纸等行业为代表的安吉旧产业体系，正面临产能过剩、彻底清退

---

① 参见《国际博物馆日，来安吉看中国最美乡村生态博物馆群》，浙江在线2018年5月17日。

安吉模式：两山理论的样板

的境地。2008年，当安吉把"中国美丽乡村"作为核心抓手，着力发展休闲农业与乡村旅游之时，中国即将进入乡村旅游的大爆发井喷期。2014年，安吉被国家旅游局列为第二个"国家乡村旅游度假实验区"，这个节点正经历长三角乡村旅游由1.0观光游向2.0度假游的大规模转变期。如果说安吉的生态立县是被逼出来的话，那么中国美丽乡村、全域旅游等后续工程与行动都是安吉旅游的主动为之，极大地推动了"安吉模式"的不断升级。

第二，牌子品牌的高效利用。安吉人善于抢牌子，更善于利用牌子自我推广。安吉人说，是一块牌子和一部电影成就了安吉旅游的开篇之旅。一块牌子指的是"黄浦江源"，安吉境内的龙王山直到1999年才被认定为黄浦江的源头，上海市原市长汪道涵亲笔题字之后，安吉就与上海结下了不解之缘，一跃成为上海旅游消费的重要溢出口，年游客量有1/3来自上海。一部电影《卧虎藏龙》开启了安吉的生态游，但李安最早并没有看到安吉，只是在杭州挑了一处竹林，是时任港口乡书记的赵德清听闻后，找到剧组毛遂自荐[①]，才有了后来李安带领摄制组到安吉拍摄。精明的安吉人不算小账算大账，以免费提供场地与食宿交通的条件，要求影片拍摄结束后摄制平台和全部道具都要留在安吉，且片尾协助拍摄单位更要注明安吉县人民政府和中国大竹海景区。最终，《卧虎藏龙》的成功直接引爆了安吉旅游。

在"生态立县"之路上一步领先的安吉人，从此步步领先，国家级的牌子拿到手软："中国首个生态县""联合国人居奖""中国美丽乡村""两山理论发源地""全国休闲农业与乡村旅游示范县""国家乡村旅游度假

[①] 参见《资源转化助力全域旅游》，中国青年网2017年5月4日。

实验区"、"全国生态文明试点县"……强大的政策倾斜与关注,让安吉在招引重大项目上具备了更大的优势,重大项目、重大品牌的集聚趋势由此不断加快。

第三,本底区位的先天优势。"安吉模式"的成功,归根结底离不开安吉自身的先天本底优势。森林覆盖率高达71%,天然的绿色大氧吧,山清水秀、茂林修竹,在大休闲时代来临之际,显得稀有珍贵。更兼地处中国最大城市群长三角的几何中心地带,中国最富有城市的后花园,强大的城市消费的不断外溢使得安吉在绿水青山变为金山银山的道路上越走越畅。

莫干山：民宿的商业奇迹

中国所有的改革都是从"违法"开始的。

——吴晓波

莫干山的度假基因

历史总爱惊人的重复。1891年，当美国传教士佛利甲从杭州沿着运河一路往北寻找避暑之地，并最终发现莫干山的时候，他可能想不到一个多世纪之后，一个名叫高天成的南非人和他一样，在莫干山找到了心灵的消夏之地。

那一年，佛利甲游猎至莫干山下，发现山上修篁遍地，清泉竞流，清凉幽静，赞叹不绝，认定为消夏避暑的绝世好地。佛利甲的重要发现很快在美国的传教士群体里散播开来。1896年，他的传教士同事白鼎在莫干山上筑茅舍避暑，外国人在莫干山上的建筑活动宣告开始。两年后，白鼎和他的两位英国传教士朋友索性在莫干山买了一块200亩左右的地，从此外国人在莫干山购地置业开始生根发芽。一到夏天，沪宁杭一带的洋人，包括传教士、洋商、医生等便络绎不绝地前往莫干山避暑。《莫干山志》中说，"夏令避暑我国视为娴雅之事，高贵者偶尔为之，外人则不然，虽普通经商亦往往择地远游，且有所建筑，今风气建及于我国莫干山。"①在当时的中国,避暑是权贵阶层的专利,外国人则相反,风气较为普遍。莫干山就此开启了一段避暑度假的历史。

从19世纪末美国传教士白鼎营造第一座避暑茅屋开始,至1912年中华民国成立,在这段时期内,洋人是莫干山建筑营造的主体,这一时期的避暑别墅及公共建筑均由外国人兴建。莫干山和中国其他知名避暑地如庐山牯岭、鸡公山、北戴河等一样,早期的开发建设都出现了外国教会的身影。1912年之前,莫干山主要为美国和英国基督教会所掌控,据《莫干山志》记载,先后有5支美英的教会在莫干山有建筑活动,它们是美国的浸礼会、女工会、安息会和英国的伦敦会和中国内地会。外国人购地的速度不断加快,仅1904年、1905年两年,购地总计就有1600多亩。到1912年,莫干山已经是小有规模的度假胜地,近百座的建成建筑物,电报局、邮政局、教堂、网球场、公葬所,还有日用品商店等公共服务设施一应俱全,460多个外国人雇用了300多个本地中国人做奴仆,莫干山俨然成了洋人的一处"法外桃源"。随着外国人群体的逐步集聚,莫干山成立了一个由洋人完全掌控的"司法委员会",作为法庭对各种纠纷作出判决,进行制裁,收取罚金等。该委员会跳过本地官署,无视中国主权的行为激怒了山民和部分爱国官员。1911年,时任浙江巡抚增韫下决心收回莫干山,令钱塘、武康两县完善区域勘测、绘图等,并通告洋人,今后不得在莫干山续购土地,当地人也不准再把土地卖给洋人。增韫还酝酿回购洋人别墅,彻底回收莫干山房地产权,并与美、德领事馆成功取得协议,但最终因为辛亥革命爆发波及杭州,地产回收一事搁浅。

---

① 李南:《莫干山——一个近代避暑地的兴起》,同济大学出版社2011年版,第26页。

莫干山：民宿的商业奇迹

　　从1912年开始，民国政府逐步加强了对避暑地的管理。英国人费信诚与莫干山原住民发生经济纠纷，最终引发民愤，被山民戕杀的事件促使民国政府采取系列政策，以收回莫干山。1919年，民国政府出台《避暑地管理章程》，正式认定莫干山与庐山牯岭、鸡公山和北戴河为中国四大避暑地，逐步规范洋人和国人在避暑地建屋避暑的行为。莫干山结束了外国人法外独揽的局面，国人也逐步参与到莫干山的建设活动之中。1920年，外国人在莫干山购置避暑土地总面积有2 140亩，国人拥有土地面积几乎可以忽略。而到1929年，国人占有避暑土地已升至1 550亩，洋人占有山地则减少为1 100亩，国人逐步在莫干山的地产开发中扮演主要角色。究其原因，乃是1928年成立的莫干山管理局

●莫干山有世界建筑博物馆之称

明确规定"华人不得再将避暑界内的产业售于西人"。

1928年之后,莫干山迎来了蓬勃发展期。南京国民政府的成立是促使莫干山建筑活动快速增长的主要原因。自避暑地从洋人手中彻底收回后,国民政府党政军要员及其他官僚、富豪、买办与社会知名人士纷纷上山,或营造别墅,或避暑小憩。莫干山以竹、云、泉"三胜",绿、凉、清、净"四优"而著称,因为洋人的青睐而意外闻名之后,莫干山便一跃成为民国权贵的私家后花园。蒋介石和宋美龄把蜜月选在了莫干山,国民党元老张静江、上海滩青帮大佬杜月笙和张啸林等都在山顶修建了私家别院。1931年左右,莫干山夏季的旅游人数已接近1万人,山头的别墅、旅馆、商店鳞次栉比,街道熙熙攘攘,好不热闹。《莫干山志》中的一张民国时期的图片可以为证,照片里3个身着暴露泳装的外国女性在莫干山的街道上招摇过市,路旁的行人目不斜视,没有人给她们投以特殊的注目,莫干山的开放前卫可见一斑。

1949年中华人民共和国成立后的莫干山逐步成为国家领导人的专用避暑胜地,对外封闭,直到20世纪80年代再次开放,莫干山又重新成为红极一时的景区。然而好景不长,因为别墅破败、设施陈旧,加上其他景区的竞争,莫干山旅游再次由盛转衰。

莫干山度假2.0

历史时钟的指针飞速转动,莫干山的竹林依旧清幽寂静,自首幢别墅修建以来已有一百余年,莫干山似乎在悄然等待着开启它2.0时代的那个人。

帅气的南非人高天成是一个小有所成的企业家,在南非的创业经

莫干山：民宿的商业奇迹

历让他想要在遥远的中国获得另外一份成功。然而,在繁华喧闹的大上海,高天成似乎难以适应这个繁忙的东方"魔都",快速而紧张的城市节奏、巨大的生活压力让这个外国小伙子开始想念故土的辽阔与安宁。经过回国与坚守的纠结,在和毕业于哈佛大学建筑系的太太叶凯欣商量之后,他们决定深入上海西边的丘陵腹地,寻找一处梦想中的桃花源。2006年的某一天,高天成骑车误入莫干山的深处,他发现了一个完全不起眼的破败村落——三九坞,村里只住了12个人,原汁原味、浑然天成的建筑风貌吸引了他。在他向村民提出以1万元左右每栋每年的价格租借6栋破屋时,村里人都用惊讶的眼神望着这个异国的年轻人,他们的判断都是一致的:"这个人肯定是疯了,有毛病。"高天成笑着回忆,他显然没有疯,这个敏锐的南非商人,嗅到了浓厚的商业气味。"这是个快节奏的国家,每件事都在快速发生,在城市里工作节奏也很快,我想如果我需要逃离,一定会有其他人和我想的一样,这是我的商业信条,你做的生意必须是你最需要的。"[①]高天成下定决心,投入巨资改造这6栋破屋子,还给他们起了一个颇为诗意的名字——"裸心乡"。

裸心乡彻底打开了莫干山的2.0转型大门。竣工后的裸心乡让所有狐疑的村民眼前一亮,他们从未见过这样的建筑,老屋的房顶以及木结构统统保留了下来,金属板条延伸出来搭建出二楼平台,更大的玻璃窗被用来采更多的光,一些看起来没用的树桩被用来充当家具。老屋还是那个老屋,但好像多了点洋气。更让村民们惊讶的是这些洋气老屋的租金,高天成得意地说,"这些老房当时一年的租金是1.2万元,而我每栋房每天就是同样的价格,我有三四个这样的房间,一天我就能挣

[①] 参见《经济半小时》:《莫干山民宿的商业奇迹》,CCTV2 2016年7月10日。

得比一年的租金还多。"①给高天成捧场的都是他在上海的外国朋友们,这些人和高天成一样,在喧嚣的都市之外,渴望一份宁静,为此他们不惜一掷千金。

在三九坞尝到甜头的高天成,转身就在莫干山的另外一个山谷中修建了一处更为高档的乡村度假基地。和"裸心乡"不同的是,这次不再租用老百姓的破屋,而是从政府手中获取土地指标新建度假屋。高天成有着更大的野心,这个叫"裸心谷"的度假村可以骑马、徒步、游泳、会议,还可以水疗 SPA,拥有无敌景观的山顶别墅和独具一格的从非洲建筑汲取灵感的夯土小屋,让大上海的中产阶级们趋之若鹜。代替了山顶林荫遮蔽的百年老别墅,裸心谷瞬间成为莫干山新的网红,其火爆程度让人咋舌。打开携程网,你可能已经无法预定到一年之内的任何一个时间段的客房了。拥有 121 个房间的裸心谷每年的收入超过 1.4 亿人民币,凭借每个房间 100 万元的年收入,它一跃成为中国最赚钱的酒店,要知道上海排名第一的香格里拉酒店的单房年收入不过才 55 万元。

裸心谷掀起了一场新的洋民宿度假风暴。2017 年,莫干山的民宿总量已经超过了 690 间,以民宿经济为龙头的德清县乡村旅游接待游客超过了 650 万人次,每年依然保持着近 20% 的增长率,直接营业收入超过 22 亿元,增幅更是高达 36.7%。洋家乐的引爆给地方经济也实实在在地带来了收益,民宿直接吸纳本地从业人员超过 4 000 人,乡村旅游配套的商店、交通等相关行业就业人员超过了 1 万人,人均年收入达到 4.5 万元。

---

① 参见《经济半小时》:《莫干山民宿的商业奇迹》,CCTV2 2016 年 7 月 10 日。

莫干山：民宿的商业奇迹

▲莫干山洋家乐的代表：法国山居

继裸心谷之后，高天成迫不及待地开启了一段"裸心"系列的品牌狂奔。接着是"裸心社"，中国最大的共享办公品牌，高天成想要把绿色休闲的生活状态从乡村反推延伸至城市。裸心社也取得了良好的商业回报，并最终被全球最大的共享办公企业 WEWORK 以 4 亿美元的高价收购。接下来高天成又接二连三地推出了"裸心堡""裸心帆""裸心泊"等品牌。

无论"裸心"系列有多么花样繁多的名字与定义，但它拥有的消费客群的定位始终是不变的，那就是中国快速崛起的新中产阶层。财经作家吴晓波提出了"新中产"的概念，他认为这是一群最近数年崛起的以"80后""90后"为主的新晋中产人群，他们是互联网时代的原住民，立场鲜明、价值观坚定。吴晓波敏锐地把握住了这个新锐阶层的独有特质——新的审美、新的消费,还有新的连接方式。这个群体不再人云亦云,不再崇洋媚外,他们有着清晰的审美取向,并且对本国的文化有充分了解,构建起自身的审美价值观。新中产的消费更多地与自我修养关联在一起,持续地学习、体验型旅游,对健康、家庭给予更多的关注与消费倾斜。此外,这个群体开始在虚拟空间中寻找与自己价值观、审美观、消费观相吻合的同好者,构成所谓的"社群经济"。

新中产是从中国庞大的中产阶级分离出来的一支新力量,而后者的数量,根据国家统计局的测算已高达3亿人,相当于日本的人口总量,法国人口的4—5倍,这是一支拥有摧枯拉朽消费能力的群体。随着互联网与社群经济的普及,新中产的口碑传播能瞬间捧红一个品牌,亦能快速摧毁一家企业。

莫干山的民宿奇迹,显然得益于这帮"75后""80后""90后"的新消费习惯。借助于风起云涌但又被国家政策遏制的逆城市化浪潮,长三角及大上海周边催生出一个又一个的乡村消费奇迹,满足着逐步富裕的新中产高端消费人群的田园梦。桐乡的乌镇2017年的旅游接待人数首次超过了千万,西塘、周庄每到周末都是人满为患,太湖旁的奈良风格的灵山小镇拈花湾每年的收入超过了6个亿,就连资质平平的上海后花园崇明,平时可以飙到120公里/小时的快速道路一到周末都毫无例外地变成了拥堵的停车场。

这一波乡村旅游的热潮并不局限在富裕的长三角地区。过去5年,中国乡村旅游的人次和营收增速分别高达32%和26%,乡村旅游已经从小众旅游跃升至主流旅游类型,占据了国内旅游接待总人次的半壁江山。而随之而来的乡村旅游投资则更为显著,民宿、特色小镇、乡村休闲地产投资等增长迅猛,2016年各类乡村旅游类产品实际完成

莫干山：民宿的商业奇迹

投资超过3 800亿元，同比增长接近50%。

然而，并非乡村旅游的风刮到哪儿，哪儿就能催生出消费奇迹。莫干山除了拥有独特的区位、生态及历史优势，地方政府在改革突破中的贡献不可否认，可以这么说，如果德清县政府无法在改革的第一线处理好民宿建设与政策的冲突问题，莫干山民宿这朵商业之花也就无法盛开。

吴晓波说，中国所有的改革都是从"违法"开始的[1]，莫干山的民宿同样如此。德清县旅游委副主任杨国亮坦言，莫干山早期的民宿在政策上是无法突破的，因为用地、消防等方面都没有法规政策背书，也就是说上位的法规政策并不接纳民宿这一新生事物，开民宿本质上属于违法行为。

如今，想要租用老百姓的房屋开一家民宿，一切都有法规程序可循。只要相应地办齐餐饮许可证、特种行业许可证、公共场所卫生许可证以及消防安全检查证就可以了。然而，这些在2007年的莫干山还属于空白状态。

抱守着青山绿水的莫干山，受到生态环保的红线制约，一直难以引入加工型工厂发展工业，民宿的出现让其看见了经济转型发展的一线生机。杨国亮说，民宿是当时政策的盲区，也是禁区，但德清县依稀看到了旧屋改造的高端民宿所代表着乡村旅游的发展方向，于是它下定决心让这个符合市场化的东西合法化。最终，颇有远见的德清县政府

---

[1] 参见吴晓波：《中国的制度创新先天带有违法的特点》，新浪网2017年12月30日。

给高天成的民宿开了绿灯。高天成回忆说,想要改造农村住宅,修建一座符合中国法规的民宿,并不是一件容易的事,你需要在创意与规范之间找到平衡点。后来的事实证明,德清县政府做对了,而且做得不错。此后的几年里,德清县相继出台了《德清县民宿管理办法》和《德清县乡村民宿服务质量等级划分与评定》等,后者更是被国家标准化委员会列入城乡统筹国家标准制定项目,成为国家民宿的标准。

除了合法性,土地是另外一个制约民宿经济的关键因素。裸心谷项目占地 300 多亩,在绿荫覆盖的峡谷之中,如果按照传统的房地产项目模式征用土地,投资成本将难以控制。德清给出了创新型的土地政策,即"点状供地",也就是房屋四至范围占地的面积才属于出让的土地面积。这大大降低了企业的投资成本,300 多亩的占地仅仅出让十几亩就顺利解决了土地需求问题,同时有效地保护了环境免于大规模开发带来的风险。点状供地成为德清土地创新中的一抹亮色,"裸心谷"也成为全国首例点状供地的休闲旅游项目,此后成为全国充分利用坡地资源,"点状布局、垂直开发"的样板。

顺势而为的德清县政府不仅积极地扫除开办民宿的障碍,而且为民宿经济铺平发展道路。德清县十分清楚市场与政府的界线与分工,市场负责民宿的建设与经营,那么政府就要负责道路、排污、标识、公共景观等基础设施与基本公共服务设施。德清县还出台政策扶持,协调联动各个部门,以莫干山品牌集中对外推介,有利地促进了区域民宿经济的整体发展。

民宿经营存有天然的风险基因,即房屋所有权与经营权的分离。民宿老板往往以较低的价格、较长的年份从原住民手中一次性地租用老屋的经营权。但随着民宿经济的火爆,周边房屋租金的水涨船高,难

莫干山：民宿的商业奇迹

言有契约精神的原住民的心情就容易受波及,经营者与所有者之间的隐形矛盾就会爆发。

丽江束河古镇就是这种风险的集中爆发地之一。丽江市客栈商会会长王立东曾指出,民宿与客栈的毁约情况在束河古镇非常常见,古城房租违约率可能超过80%。2006年,媒体人阿玲来到束河古镇,清秀的古镇瞬间吸引住了这个城市文化青年,在朋友的介绍下,她以每年租金5万元、合同租期20年的条件租下了古镇原住民白丽刚的民宅以开办客栈。当她把3年15万的第一笔租金交给白丽刚的时候,这个平时依靠种田养马过活的古镇人激动地双手发抖,15万元对于他来说是一笔从未见过的大钱,两户人家也自此成了好朋友。然而6年过后,随着束河古镇的房租水涨船高,从5万元的年租金飙升至10多万元的时候,双方的隐形矛盾也就此爆发了。白丽刚与阿玲就合同金额出现分歧,多次协商未果之后,最终走向了法院起诉的结局[1]。阿玲的经历是束河古镇,乃至丽江大理等地民宿客栈经营者所遭遇境况的一个缩影。2013年丽江古城区受理的房屋纠纷案件超过100起,在束河古镇、白沙古镇、泸沽湖、香格里拉以及大理等周边区域,这类矛盾屡见不鲜。2014年束河古镇的"泼粪门"事件,让房东与租客之间的矛盾进入了公众视野,房东泼粪干扰客栈经营,以达到胁迫涨价及中止合约的目的。网上一篇《一大拨房东撕毁合同,一大拨文青远走高飞》的文章很好地解读出了这种宿命困惑:"初,你情我愿,一个愿打一个愿挨;后,环境发生变化,诱因增多,利益平衡被打破。于是乎,战斗不可避免地上演、升

---

[1] 参见《从泼粪到"强拆",丽江客栈矛盾暴露了古城旅游何种病症?》,《东方早报》2015年9月18日。

级、激化、洗牌。这样的情形,何止客栈民宿?其他领域不也一样?这是宿命,还是无休止的轮回?"

经营者与所有者之间的经济纠葛是民宿行业的潜在的,亦是常见的问题,丽江、大理及周边地区的地方政府的无为而治是这一问题集中爆发的根源。相反,莫干山地区却很少出现房东恶意撕毁合约,把经营者扫地出门的事件。这要部分归结于江浙地区市场经济较为发达、契约精神深入人心,但更为重要的是地方政府对于经营者利益的保护,当原住民与经营者发生纠纷的时候,政府第一时间介入调停,德清县非常清楚谁是源头活水,只有保护好外来投资者的合法利益,才能从根本上带动原住民致富。

莫干山民宿的转型

2017年《财经天下周刊》的一篇名为《莫干山民宿洗牌》的文章一石激起千层浪,把莫干山重新推向了舆论的前沿。文章称莫干山这个曾经发生民宿奇迹的地方开始进入瓶颈期,简单模仿并大举扩张的后果开始显现,莫干山在短暂的繁荣之后,势必进入一轮淘汰期。文章在朋友圈的快速转载,不断催生出以此为基础的各类看衰莫干山的推文,甚至有网友推出噱头标题,如"旅游圈有一个悲伤的故事,叫作莫干山的民宿"。

有趣的是,与这些悲观的评论平行的是,莫干山的旅游接待人数与直接营业收入始终保持高位增长。2017年以莫干山为龙头的德清乡村旅游接待游客增长了17.9%,直接营业收入增幅高达36.7%。而在这高速增长的背后,是莫干山民宿数量的成倍扩张。2014年莫干山的

莫干山：民宿的商业奇迹

民宿数量只有186家,2015年民宿总量增加到了426家,而2017年,这个数字就上升到了近700家。这个增长趋势无疑还将保持一段时间,突破1 000家可能用不了2年时间。但对莫干山发展持谨慎乐观的人无疑看到了民宿数量增长的幅度已经大于游客增长的幅度,在没有淡季的莫干山民宿业看来,风险正孕育在这快速的扩张之中。

第一个看到风险的是莫干山镇政府,未雨绸缪的政府管理者已着手对新申请开业的民宿严格把关,规划未来把民宿床位控制在1万张左右,此外还积极引导低端的民宿转型升级为精品民宿,把好资源倾斜给一些品牌型民宿,坚持走高端路线。

政府管理者注意到,这些年快速复制的民宿都在抄袭一些运营不错的商家,无论是整体风格、硬件还是运营,都趋于"千店一面",对于很多入住莫干山的民宿爱好者来说,这种新鲜感正在慢慢消退。此外,莫干山的民宿功能普遍趋于单一,除了住和吃,只能发呆,缺少最基本的配套休闲服务。偶尔有少数民宿提供一些乡野体验活动,如带游客上山采茶、摘果子,但这个比例在莫干山并不高。

莫干山党委书记陈金侃认为民宿的集群,实现综合体似的转型,会是民宿升级的方向。[1] 千里走单骑文旅小镇就是莫干山此类项目的第一个样板。除了民宿之外,综合体还将引进非遗手工艺、亲子项目、户外运动、美术馆以及农业体验项目等,小镇不再是一个简单的居住空间,而将成为一个综合性的乡村旅游目的地。

---

[1] 参见《莫干山:曾经一房难求的民宿行业进入洗牌期》,《财经天下周刊》2017年7月4日。

夏雨清是杭州一个从电视台辞职的媒体人，2002年，他以2.5万元一年的价格租下了莫干山山顶的一栋叫颐园的老别墅。颐园是潘汉年之兄潘梓彝的私家宅院，在莫干山200多栋民国老别墅中，颐园以漂亮的园林取胜。2002年的颐园年久失修，窗户腐烂，院子长满了野草，显得破败不堪，但清幽的环境、百年的老树还有莫干山的厚重历史让夏雨清喜欢上了这套老房子。

●莫干山颐园

投入了30万元改造一新后的颐园成为莫干山真正意义上的第一座民宿，每晚1 800元左右的颐园供不应求。和后来山下大红大紫的民宅类民宿不同的是，颐园的基底是建造在20世纪30年代的老别墅。

颐园的大部分客人都是老外，这里面就包括高天成，因此后来有人推测，高天成的灵感很可能就来自颐园。可以肯定的是，高天成对于颐园的改造并不满意，他预感到这些成为国家文物保护单位的老别墅将大大地限制他对老屋改造的创意，所以他把标的物选在了山腰上的民宅，并且从中挖掘出商机，最终催生出大放异彩的裸心乡与裸心谷。

笔者以为，莫干山民宿的商业奇迹，从夏雨清的颐园到高天成的裸心谷，并非无中生有的产物，它建立在莫干山悠久的度假基因之上。这些历史留下的宝贵脉络，给后人以灵感启发，在拥有大胆改革意识的德清县政府的大力支持下，终于在中国新中产度假需求爆发的一刻，化蛹成蝶，绽放出炫目的商业之花。

·读·懂·乡·村·振·兴· ·战·略·与·实·践·

第四篇 | 他山之石

粮食政治：华盛顿的战略武器
小即是美：莱茵模式下的德国小城镇
农业现代化：巴西的教训
科技农业：小国荷兰的农业奇迹
农协：日本三农的秘密

粮食政治：华盛顿的战略武器

"洪范八政，食为首政。"在粮食问题上不能侥幸、不能折腾，一旦出了大问题，多少年都会被动，到那时谁也救不了我们。我们的饭碗必须牢牢端在自己手里，粮食安全的主动权必须牢牢掌控在自己手中。①

——习近平

美国前国务卿亨利·基辛格有一句名言，"如果你控制了石油，你就控制了所有国家；如果你控制了粮食，你就控制了全人类。"这个由洛克菲勒家族一手栽培起来的哈佛高材生，曾是世界外交史上最有权力的纵横捭阖者。基辛格直言不讳地把粮食政治提升到国家战略武器的新高度，在身兼尼克松政府国务卿和总统国家安全顾问二职期间，他始终把石油地缘与粮食政治作为其外交政策的核心。基辛格的判断，得到了大多数美国权力操控者的认同，前美国农业部部长厄尔·巴茨曾露骨地对《时代》杂志说："美国不会对那些不听美国话，甚至始终强烈反对美国的国家施以粮食上的援助，粮食对于华盛顿来说，是一种武

---

① 中共中央党史和文献研究院：《习近平关于三农工作论述摘编》，中央文献出版社2019年版，第67、72页。

器,而且是我们在谈判时所用的最重要的工具之一。"①美国中情局的一份报告更是直接指出:"第三世界国家缺粮,使得美国得到了前所未有的一种力量,华盛顿对于广大的缺粮者实际上就拥有了生杀予夺的权力。"②

1970年,智利民选总统萨尔瓦多·阿连德上台,这个新上任的马克思主义者让时任美国总统尼克松坐立不安。在国务卿基辛格的主导下,尼克松立即停止了对智利的各项援助计划,首当其冲的是智利极度需求的粮食援助。在美国国务院和中情局的策划下,右翼的智利富裕地主着手破坏粮食生产,使得进口粮食数量倍增,大大消耗了智利的外汇储备,接踵而来的粮食短缺引爆了中产阶级的愤怒,加剧了国内混乱局势。直到1973年皮诺切特发动军事政变,阿连德被杀,美国又随即恢复了对智利的粮食援助。粮食政治构成了美国阴谋颠覆他国政权、获取地缘政治利益的重要一环,类似智利这样的案例可谓不胜枚举。1965年,美国向陷入粮食危机的印度采取限制出口粮食的政策,迫使印度改变其对美国入侵越南的外交政策。1974年,美国向陷入经济困境的埃及提供粮食援助,迫使埃及萨达特政府恢复由于1967年"六日战争"而中断的两国关系,并接受美国的中东和平计划。1991年,苏联解体前后,美国为了鼓励戈尔巴乔夫民主化思维,把粮食作为促使苏联和平演变的重要工具,向苏联提供大量粮食援助。2002年,朝核危机中,克林顿政府把粮食援助作为朝鲜放弃核战略、稳定半岛局势的重要

---

① 威廉·恩道尔:《粮食危机》,中国民主法制出版社2016年版,第43页。
② 《周立:美国的粮食政治与粮食武器》,乌有之乡网2008年6月22日。

政策手段。[①]

华盛顿对于粮食武器的运用可谓炉火纯青,屡试不爽。而这背后,首先就是美国农业资源的巨大的复合性优势。

美国农业的复合性优势

美国丰富的农业资源可谓得天独厚,深得老天爷的青睐。

首先是自然资源优势。美国的耕地面积超过28亿亩,占全球耕地总面积的13%。美国70%以上的耕地都是连绵分布的大平原和内陆平原,便于大规模的机械化作业。此外,美国耕地土壤肥沃,有机质含量高,非常适宜农作物生长。美国本土气候以北温带和亚热带气候为主,雨量充沛且分布均匀。富饶的国土资源、适宜的大陆气候为美国成为全球农业领跑者提供了必要的物质基础。

广阔的国土面积,使得美国早早地形成了全球规模最大的农业种植带,包括东北部和新英格兰的牧草乳牛带、中北部的玉米带、大平洋小麦带、南部的棉花带以及太平洋沿岸的综合农业区等。广阔的农业带使得美国能最大程度地发挥自然条件优势,形成规模效应,通过大规模的机械化生产、标准化生产和专业化生产,大幅度地提高了农业生产效率。凭借只占全国人口总数不到2%的600万农民,美国一跃成为全球第一大农作物出口国。2015—2016年,美国粮食总产量占据全球总产量的16%,其优势出口作物玉米和大豆全球占比均超过1/3,出口

[①] 刘恩东:《粮食战略政治化:美国维护全球统治地位的战略武器》,《中国党政干部论坛》2014年第3期。

贸易方面,美国传统农作物出口份额达到25.7%,大豆和玉米的出口份额更是高达40%以上。

其次是农业科技优势。美国农业高科技的优势主要体现在三个方面,包括农业机械化、农业生物技术和农业信息化。

美国农场的机械化设备种类繁多、配套齐全,高度的机械化水平基本能覆盖从耕地、播种、灌水、施肥、喷药到收割、脱粒、加工、运输、精选、烘干、贮存等所有生产环节。畜牧饲养以及农产品的加工,同样也完成了高度的机械化与自动化。大规模的机械化极大地提高了美国农业的生产效率,每一个劳动力可以耕地450英亩,可以照料6万—7万只鸡、5 000头牛,可以生产谷物10万千克以上、肉类1万千克左右,养活98个美国人和34个外国人。[①]

美国已经从传统农业进入生物工程农业时代,以转基因技术为代表的生物工程技术使得美国已经具备了改良动植物的能力,这为提升农产品品种、品质、产量等提供了技术保障。目前,全球最大的20家农业生物技术公司中有10家在美国,以孟山都为代表的美国农业跨国公司掌握了90%以上的转基因生物技术专利。发达的农业生物技术确保了美国的世界第一农业强国地位。

作为最早进入信息化社会的国家,美国同样在农业信息化层面遥遥领先。信息化技术全面渗透进入美国农业产业链条,促进了"精准农业"的兴起,大大降低了生产成本,提高了生产效率与国际竞争力。农

---

① 参见《从机械化到信息化,看美国农业何以能称霸全球!》,中国农业科技信息网2016年9月18日。

民通过 3S 技术①实现农作物的精准化种植,由此降低生产成本,提高种养效率。通过网络信息系统,农民及时、完整、全面掌控市场信息,并据此调整生产和销售策略,减少盲目经营风险。

最后是产业化优势。美国农业已经形成了融合一、二、三产业,从上游到下游的高度整合的农业产业链条,各大环节彼此协调配合,最大限度地优化了资源配置,形成了十分成熟发达的农业产业化体系。

美国农业产业化的主体是美国大型的农产品加工和销售企业。以粮食为例,美国的农业大型跨国公司 ADM、邦吉和嘉吉公司,是世界排名前三的粮食加工、储运和贸易的公司,它们不仅掌握了 80% 的粮食交易量,而且拥有粮食的定价权,具备了在全球粮食市场上呼风唤雨的能力。

多维的复合性竞争优势,赋予了美国农业强大的国际竞争力。世界银行的数据显示,2015 年,中国农业工人人均创造的增加值为 1 465 美元,而美国农业工人人均创造增加值则高达 80 538 美元,也就是说中国农业的劳动生产率仅为美国的 1.82%。② 除了劳动投入效率的巨大差距外,中国的农产品单产水平也远远落后于美国,玉米单产为美国的 54%,大豆是美国的 55%,牛肉平均单产是美国的 38%,而生产成本却远高于美国,每 50 千克的中国小麦、玉米和大豆的人工成本分别是美国的 7.4 倍、22.57 倍和 14.73 倍。③ 中国农业与美国农业的现实差距,可能是大多数发展中国家农业与美国农业巨大差距鸿沟的一个缩

---

① 3S 技术是农业遥感技术(RS)、地理信息系统(GIS)和全球卫星定位系统(GPS)的统称。
② 于畅、靳睿:《中国和美国农业竞争力比较分析》,《中国物价》2018 年第 5 期。
③ 同上。

影,"高效率+低成本"的双重优势,保证了美国农产品能够持续不断地撬开世界市场大门。

自20世纪70年代尼克松政府抛弃布雷顿森林体系以来,美国常年保持了巨额的对外贸易逆差,这种利用美元霸权主导的贸易体系被世人称之为"寄生性攫取型经济"。相比于大多数产业的颓势,美国的农业却能一直保持极强的国际竞争力,是美国重要的出口创汇部门。2013年,增加值比重只占到GDP1%的美国农业,农产品出口总额达到1 477亿美元,占到了当年出口总额的9.35%。美国长期占据了世界第一大农产品出口国的交椅,国际市场份额一直保持10%以上。自20世纪60年代以来,美国的主要农产品国际市场占有率居高不下,大豆的平均市场占有率高达70%,玉米是54%,小麦和棉花也达到30%以上,主要农产品巨大的市场占有率更是赋予了美国农产品强大的市场定价权。[①] 更为可怕的是,美国农业一直处于"战略性休耕"的状态,生产潜力还远远没有释放。美国1/3的土地还处于休耕状态,农作物也是一熟制,合理密植技术也未充分利用,美国完全可以短期内轻而易举地提高30%—50%的粮食产量。

粮食援助养肥了农业巨鳄

第二次世界大战以后,美国成为战后资本主义世界的唯一超级大国,为了稳定百废待兴的西方阵营,遏制苏联的扩张以及争夺真空状态下的第三世界,美国凭借其农业巨大的生产剩余,将粮食政治作为重要

---

① 于畅、靳睿:《中国和美国农业竞争力比较分析》,《中国物价》2018年第5期。

粮食政治：华盛顿的战略武器

的战略武器搬上了历史舞台。

冷战大幕刚刚拉开。1947年，时任美国国务卿马歇尔提出了著名的"马歇尔计划"，而粮食武器就是该计划重要的组成部分。马歇尔提出，为了缓解欧洲极度匮乏的粮食供应，消除内部不稳定因素，防止欧洲穷国的无产阶级联合起来反对资产阶级，减少"赤化"的可能性，对欧洲的粮食援助必不可少。战后的欧洲面临普遍性的大面积饥饿，第二次世界大战前西欧的粮食供应还主要依赖东欧国家，随着政治铁幕的高高拉起，这一供应被迫中断。战争的罪魁祸首德国的情况最为严重，数百万人正在饥饿中等待着死亡之神来临，马歇尔计划共计投入130亿美元，而其中的25%用于购买美国的粮食。①

1954年，美国国会通过了第一个指导美国粮食援助的《480号公法》，签署法案的艾森豪威尔总统表示，《480号公法》为美国农产品永久性扩张，为美国及其他国家的长久利益奠定了基础。《480号公法》是一个明显带有冷战色彩的法案，明确提出"通过粮食援助帮助受援国加快民主化改革进程"，以及禁止向苏联和其他东欧国家输出粮食。在《480号公法》的指导下，美国向非洲、拉美和东南亚等第三世界国家输出了大量的粮食援助，以诱导这些国家走上资本主义的发展道路。20世纪六七十年代，美国还不断加强对南越、柬埔寨、日本、韩国等国家与地区的粮食援助，而这些地方都无一例外地处在封锁社会主义国家的第一道地缘链条之上。

持续30年的对外粮食援助，养肥了一批大型跨国农业巨鳄。嘉吉

---

① 刘恩东：《粮食战略政治化：美国维护全球统治地位的战略武器》，《中国党政干部论坛》2014年第3期。

公司、大陆谷物公司和 ADM 公司等从家庭农场低价收购谷物,然后通过受国家补贴的粮食援助项目,获得了巨大的利润。与此同时,这些垄断型农业综合企业开始控制美国的农业生产基本单元——家庭农场,并促使中小型家庭农场大量的破产与兼并,截至半个多世纪后的今天,美国的家庭农场数量已经锐减了 70%。嘉吉公司的 CEO、曾经是尼克松政府农业政策的主要制定者威廉·皮尔斯认为,"为了成为世界上最有效率的农业生产国,传统的美国家庭式农业必须为农业生产的重大革命让路,家庭式农场将变为工厂式农场。"[1]

1971 年,尼克松宣布抛弃布雷顿森林体系,这意味着美元可以任意增发贬值,而不必受到黄金储备的限定。这一重大战略调整,赋予了美国农产品的出口价格优势,直接促使美国由之前的农业保护向农业自由贸易转向。

尼克松力主由美国主导形成全球性的粮食和农产品统一市场,而嘉吉、大陆谷物和 ADM 等跨国农业巨鳄则是这一政策的坚定拥护者。威廉·皮尔斯一针见血地指出,美国的农业具备规模、效率、技术和资本等复合优势,而这些优势已经让美国成为世界粮食出口的老大。皮尔斯进一步补充,欧洲、日本和其他工业化国家都应该放弃自给自足的农业生产,为美国成为世界粮仓开辟道路,因为美国的粮食更高效、更便宜,这才是自由贸易理论下资源的最佳配置方式,别的都是低效率。[2]

为了形成出口导向的农业战略格局,美国必须废除保护农业收入的政策,转向以自由市场为导向的企业制,也就是说,传统的美国家庭

---

[1] 威廉·恩道尔:《粮食危机》,中国民主法制出版社 2016 年版,第 46 页。
[2] 同上。

式农业必须为更有效率的商业化农业、资本化农业让路。美国传统农业的观念被一个简单有力的新格言所取代:"对嘉吉等粮食出口贸易公司有利的政策,就是对美国农业有利的政策!"[①]

新自由主义农业政策

20世纪70年代末,随着罗纳德·里根和玛格丽特·撒切尔分别登上美英的政治舞台,一种叫"新自由主义"的政治经济思潮粉墨登场。这一思潮宣称要与战后统治已久的凯恩斯主义一刀两断,它鼓吹个人自由、贸易自由和私有化,强调自由市场的重要性,反对一切形式的国家和政府干预。新自由主义者认为市场的自我调节是资源配置的最优越完善的机制,只要通过自由竞争,就能实现资源最佳配置和充分就业,而私有化是保障市场机制充分发挥作用的基础,有必要对公共资源进行私有化改革。

之后的历史证明,这味"新自由主义"的药方被美英广泛地推销到世界各地,并招致了巨大的恶果。40年以来,区域及全球性的金融与经济危机频频爆发,发达国家两级分化,贫富差距不断拉大,中产阶级返贫,拉美、非洲等广大发展中国家则引发了更为激烈的社会动荡。

20世纪80年代初,在农业领域,新自由主义思想开始占据主导地位。新自由主义农业理论最终在世界银行和国际货币基金组织的推动下,被贩卖至广大的发展中国家。这些鼓吹自由化的理论,提出应该取消政府对农业的各项补贴,解除对农产品的价格管制,放开市场,使之

[①] 威廉·恩道尔:《粮食危机》,中国民主法制出版社2016年版,第47页。

与世界市场接轨,同时进行更为自由的土地改革,鼓励土地自由买卖。

讽刺的是,就在新自由主义农业鼓吹各国放弃农业补贴,放开管制的同时,各发达经济体的农业市场却纷纷采取明显的保护主义政策。为了保护脆弱的欧洲农业市场,防止美国廉价农产品的冲击,战后的欧洲开始出台保护性的农业关税政策。美国在东亚的另外一个同盟日本,也高高竖起农业保护的免战牌。欧洲和日本很快地意识到,即使美国是他们最亲密的盟友,他们也不应该将粮食供应的饭碗拱手让于美国,这无疑意味着潜在的巨大的政治与社会风险。

习近平曾言:"看看世界上真正强大的国家、没有软肋的国家,都是有能力解决自己的吃饭问题。美国是世界第一粮食出口国、农业最强国,俄罗斯、加拿大和欧盟的大国也是粮食强国。这些国家之所以强,是同粮食生产能力强联系在一起的。"[1]

欧盟和日本的农业保护政策延续至今,欧盟每年要花费400亿欧元用于农业补贴和农民收入补助[2],占据其财政预算的很大比例,而日本农业更有"被宠坏了的农业"之称,各项补贴形形色色、无微不至,高达500多项。美国的农业补贴也毫不逊色,据美国农业部数据,仅1995—2003年8年间,美国就支付了1 000多亿美元的农业补贴款。大量的政府补贴,使得美国的农产品价格急剧下降,在原本不具竞争力的条件下,迅速碾压了大多数发展中国家的农产品。以中美大豆的价格数据作比较,从1990—2003年,美国大豆的成本价格普遍要高于中

---

[1] 中共中央党史和文献研究院:《习近平关于三农工作论述摘编》,中央文献出版社2019年版,第72—73页。

[2] 王帅、王蜜:《新自由主义与资本主义粮食危机》,《经济理论与经济管理》2012年第4期。

国 20%—40%,而补贴之后,美国大豆的价格则要大大地低于中国价格,价格优势凸显出来。

长期大量的国家巨额补贴,大多数流入了大型农业跨国集团的口袋之中,加速了美国的农产品大量过剩,又直接压低了主要农产品的价格,促使这些大型农业跨国集团加大了对广大家庭农场的盘剥与控制。与此同时,这些垄断型企业开始掌控从源头、加工到销售的整个食品环节,最终将整个农业生产牢牢地掌控在手中。嘉吉公司、大陆谷物公司以及 ADM 公司,这 3 家美国公司在掌握绝大部分的美国粮食供应之后开始将触角伸向国际市场。他们通过游说政府和国际组织极力推动农产品贸易的自由化,嘉吉公司的 CEO 代表美国政府起草了关于农产品贸易自由化的建议书,并最终通过 1944 年 GATT 的乌拉圭回合谈判和 1995 年的 WTO 成立,使得农产品自由贸易成为全球规则。凭借政府的巨额补贴所形成的价格优势,美国的农产品迅速占领了发展中国家的市场,造成了大量的中小农户破产。这些垄断资本的国家大鳄们再以极低的价格迅速抄底,收购原材料,抢占土地等稀有资源,逐步控制发展中国家的农业生产。在此基础上再以合资、兼并或收购的方式控制农产品加工、流通企业,进而完成对生产、加工到销售的整个产业链条的控制。

农业领域的新自由主义化,为大型农业跨国集团进军世界农产品市场创造了理论与政策条件。凭借其强大的资金、技术、物流以及丰富的国际农产品期货市场经验,美国的农业巨鳄们迅速地将农业垄断地位扩展到全世界。截至目前,全球粮食 80% 的交易量已控制在嘉吉、邦吉、ADM 和路易达孚 4 家粮食寡头手中,前 3 家为美国公司,巨人的交易量也意味着粮食的定价权牢固掌控在这 4 家垄断企业手中。根据联合国粮农组织的统计,超过 2/3 的发展中国家原本自给自足的粮食生产体系被摧毁,由粮食净出口国变为净进口国。[①] 这些国家的粮食供应逐步依附于美国等发达国家的公司化的农产品供应体系,一旦垄断集团操控下的国际粮价高涨,这些国家将面临粮食危机和社会动荡。

粮 食 危 机

海地曾经是加勒比海地区最富裕的国家之一,自给自足的农业体系能满足国民 95% 的粮食需求,但是从 1994 年海地应美国的要求将水稻的进口关税从 50% 调减至 3%,海地的粮食安全体系就土崩瓦解了。拥有政府补贴的美国大米蜂拥而入,迅速占领了海地粮食市场。

2007—2008 年,世界性的粮食危机席卷全球,脆弱的海地粮食供给不堪一击。大豆和水果价格上涨了 50%,作为主食使用的大米更是翻了一番,在这个 80% 的人每天只有不足 2 美元开支的国家里,饥饿的民众只有通过吃一种由本地干黄泥做的"饼干"来填饱肚子。2008 年 4 月,饥饿而愤怒的民众冲上街头,骚乱爆发了。先是南部城市莱凯,示威者将商店和粮仓洗劫一空,而后骚乱蔓延至首都太子港,饥饿的数千民众要求总统下台。海地的骚乱最终以 7 人死亡、200 人受伤、总理雅克·亚力克西的下台而草草收场。

海地的动乱,只是那一场全球性粮食危机中的冰山一角。2007—2008 年短短一年之内,世界主要粮食品种的价格翻了一番,而后的 4

---

① 王帅、王蜜:《新自由主义与资本主义粮食危机》,《经济理论与经济管理》2012 年第 4 期。

粮食政治：华盛顿的战略武器

个月时间又跌回一年前的水平。这种过山车似的大幅价格波动，不仅引发了国际性的粮食危机，更诱引了缺粮的发展中国家爆发严重地缘政治和社会问题。

2008年，继海地之后，包括尼日尔、塞内加尔、布基纳法索等30多个缺粮的第三世界国家爆发了骚乱。这场凶猛而来的全球性粮食危机犹如一场无声的海啸袭击了绝大多数的贫困人口，全球范围内，每天食不果腹、饥肠辘辘的人口超过了8.5亿人。

2011年，粮荒的幽灵又悄悄地潜入了阿拉伯世界。27岁的突尼斯青年布瓦吉吉在政府门口引火自焚，点燃了"阿拉伯之春"的导火索。这场席卷突尼斯、埃及、利比亚、伊拉克、也门等中东、北非地区的社会动荡持续多年，超过140万人死亡，1500万人沦为难民。"阿拉伯之春"波及范围之广，各国遭受损失之大，前所未有。相比于贫富不均、政府腐败等众所周知的因素，粮食危机在"阿拉伯之春"中扮演了极其隐蔽的角色。中东北非地区的国家大部分是粮食进口国，粮食进口依赖度极高，仅埃及一国每年需要的小麦进口量就高达900万吨，自给率不足五成，加上2007年以来国际粮食价格一直居高不下，消耗了埃及大量的外汇储备。全球性金融危机之后，美联储的量化宽松货币政策给资本市场注入了过多的流动性。2007年8月开始，美联储连续10次降息，美元大量增发的结果是包括石油、粮食等在内的大宗商品的价格暴涨。英国《每日电讯报》一针见血地指出，粮食价格飞涨才是突尼斯和埃及发生社会动荡的导火索。[①] "环境运动的宗师"莱斯特·布朗

[①] 徐振伟：《世界粮食危机与中东北非动荡——以埃及为例》，载于《中山大学学报》2014年第6期。

说:"粮食生产在全球经济中占据着及其特殊的地位,它是基础产业,任何妨碍其正常发展的制约因素都可能导致经济混乱和社会动荡。"[1]脆弱的粮食自足体系,加上美元大量增发导致全球垄断粮食市场引发的高价,对于大多数中东北非地区这些本来就积聚着诸如"官员腐败、贫富差距、社会不公"等动乱因子的国家来说,粮价高企之时,就是这些国家危机爆发之日。

政府与跨国垄断资本的联盟

英国阿克顿勋爵曾言:"权力导致腐败,绝对权力导致绝对腐败",那么对于垄断的粮食巨鳄来说,"垄断导致暴利,绝对垄断导致绝对暴利"。对于大多数贫困的第三世界国家来说,粮食短缺是"危",那么对于这些粮食巨鳄来说,粮食短缺恰恰是"机"。

2008年粮食危机的第一季度,粮食巨鳄ADM公司的财务报表显示,公司的利润增长了55%,另外两家粮食垄断财团嘉吉和邦吉的利润则分别上升了86%和189%。其他农业环节的公司也赚得盆满钵满,垄断全球90%种子市场的孟山都利润增长了44%,化肥垄断企业MOS的纯收入更是暴涨了1 200%。[2] 联合国粮农组织指出:"这些垄断公司通过制定当今粮食体系的贸易规则,通过牢牢控制市场及全球贸易以及运作复杂的金融体系,将粮食匮乏变成了巨额利润。因为人

---

[1] 徐振伟:《世界粮食危机与中东北非动荡——以埃及为例》,《中山大学学报》,2014年第6期。

[2] 王帅、王蜜:《新自由主义与资本主义粮食危机》,《经济理论与经济管理》2012年第4期。原始数据来源于美国农业部网站。

们必须要吃饭,不管粮食有多贵。"①

1960年的埃及还是一个主要的产粮国,完全能够自给自足,而如今,埃及却需要进口大量的粮食。和大多数中东北非国家一样,在美国以及他们主导的国际机构游说下,埃及于20世纪八九十年代把自己的粮食主权拱手交给了美国以及他们的战略盟友——大型跨国粮食巨鳄们。大型跨国粮食巨鳄的高管们在政府与企业之间任意穿梭"旋转门",成为美国农业对外政策的主要制定者,由粮食巨鳄们掌握的粮食战略已经与美国的石油战略、美元战略紧紧地结合在一起,成为美国控制颠覆他国政权、维持世界霸权的战略武器。

---

① 周立:《世界粮食危机与粮食国际战略》,《求是》2010年第20期。

小即是美：莱茵模式下的德国小城镇

Small is beautiful.（小的是美好的。）

——德国经济学家 E.F. 舒马赫

如果你乘坐飞机从列支敦士顿起飞一路往北，途经奥地利、瑞士和德国，一直到达荷兰鹿特丹，你会发现莱茵河始终蜿蜒穿梭在你脚下，从飞机窗口往下俯瞰，莱茵河两岸风景迷人，广袤的农田、葡萄园和古堡，还有星罗棋布的村庄与历史悠久的中小城镇。

这条古老的河流串联起欧洲大陆最主要的几个发达经济体，见证了欧洲大陆悠久的经济社会发展变迁，因此后人以它来命名以德国为核心的欧洲广泛的社会市场经济理念和模型，名曰"莱茵模式"。

两 种 模 式

法国科学院院士米歇尔·阿尔贝尔在《资本主义反对资本主义》一书中，把发达国家的资本主义模式分为两大类。一类是以美英为代表的"盎格鲁-撒克逊模式"，一类是以德国、日本以及北欧国家等为代表的"莱茵模式"。[①]

[①] 米歇尔·阿尔贝尔：《资本主义反对资本主义》，社会科学文献出版社 1999 年版。

小即是美：莱茵模式下的德国小城镇

"盎格鲁-撒克逊模式"以自由市场为导向，强调个人主义，突出自由竞争，呼吁劳动力的自由流动以及资本的自由化，该模式下的企业更注重短期目标，金融资本在产业发展中扮演核心角色。20世纪70年代末，以美国的里根和英国的撒切尔夫人上台为标志，美英从主导战后30多年的凯恩斯主义中走出，高扬新自由主义旗帜，"盎格鲁-撒克逊模式"从欧美逐步向全球扩张。从北美到欧洲，政府在经济上更为广泛地削减赋税、放松监管，鼓励私有化、资本流动和自由竞争。美英自此逐步进入"金融资本阶段"，放任无度的经济哲学让资本与人性的贪婪巧饰成了正义与公理，就像电影《华尔街》里迈克尔·道格拉斯扮演的华尔街大鳄戈登所说的那段经典台词："贪婪是好的，贪婪是对的，贪婪是有用的，贪婪可以理清一切，贪婪是不断进化和进步的精华所在，贪婪就是一切形式所在。对于生活，对于爱情，对于知识，我们一定要贪婪，贪婪就是人们的动力。"[①]无尽的贪婪最终让30年之后的美国遭遇了史上最大的金融危机，打破了战后以来欣欣向荣的发展局面，加剧了社会失衡，撕裂了美国社会，诱发了世界级的经济危机，美国这个世界老大自此走上了下坡路。

"莱茵模式"指代莱茵河畔的德国、法国、北欧以及更为广泛的欧洲大陆国家的经济社会发展模式，其中以德国的社会市场经济理念和模式为典型。德国"社会市场经济之父"路德维希·艾哈德在其著作《来自竞争的繁荣》中提出社会市场经济的内涵："以自由竞争为基础，国家适当调节，并以社会安全为保障的资本主义市场经济。"相比"盎格鲁-

---

[①] 《华尔街》是20世纪福克斯电影公司制作，奥利弗·斯通指导，迈克尔·道格拉斯主演的剧情片。该片讲述贪婪成性的股市大亨戈登不择手段在幕后操纵股票行情最后被绳之以法的故事。迈尔克·道格拉斯凭借此片获得第60届奥斯卡金像奖最佳男主角。

撒克逊模式","莱茵模式"在主张有序竞争的前提下,更为强调社会公平性与福利制度,代表员工利益的工会拥有直接参与劳资谈判、企业决策的能力,公司也更为关注企业、员工和社会的综合平衡。

在微观层面,"盎格鲁-撒克逊模式"下的企业被认为是股东的企业,是资本逐利的工具,企业的社会责任被忽视,按照新古典主义的原则,企业的目标就是股东利益的最大化,最大限度地提高盈利边际。相反,职工和消费者的利益不是企业追求的最终目标,他们的利益要有国家和法律来保护。"莱茵模式"则认为企业不仅仅是为了股东而存在,也为了职工、消费者和整个社会而生存。企业的发展决策通过严格的制度规范作保障,股东、职工、消费者与社会的利益达到平衡。

"盎格鲁-撒克逊模式"下的企业与职工关系更为松散、灵活,员工的跳槽是家常便饭,相反"莱茵模式"下的企业则显得更为保守,企业施行"年工制",员工的薪水与工作年龄直接相关,员工跳槽的成本大大增加,企业为员工提供培训及长远的职业规划,员工的忠诚度提高,在一家公司工作到退休的状况成为常态。"盎格鲁-撒克逊模式"赋予企业发展更多的自由权,企业更容易壮大,崇尚庞大、强大的企业成为社会主流价值观。相反"莱茵模式"则更青睐中小企业,较高的赋税以及在解雇员工层面的掣肘,让"莱茵模式"下的企业很难壮大,但反过来这使得"大鱼吃小鱼"的状况变得较少,这也保障了大多数中小企业的生存安全。

两种模式下的城镇化特征

不同的经济社会发展模式,决定了不同的城镇化模式。

小即是美：莱茵模式下的德国小城镇

在资本主导的城市扩张层面，追求庞大规模和高效的"盎格鲁-撒克逊模式"驱动了人口、资本及各类资源要素过度地向大城市集中，造成了诸如环境污染、交通堵塞、住房紧张、社会隔离、贫民窟、市民精神压抑等各种城市病及社会精神病态。前有英国的伦敦、曼彻斯特，后有美国的芝加哥、洛杉矶。紧接着，美国的大城市又进一步出现了郊区蔓延、内城衰败的问题，而后，这样的大城市病又变本加厉地迅速扩展到大多数发展中国家，如里约热内卢、墨西哥城、孟买等。因为没有处理好失地农民的安置问题，贫民窟成了这些城市羞于见人的名片。中国一线城市，如北京、上海等地，似乎延续了"盎格鲁-撒克逊模式"的城镇化道路，"摊大饼"式地发展让城市问题集中爆发，雾霾、拥堵、高房价等城市病早已司空见惯。经济上快速崛起，但又不得不承受着钢筋水泥森林的压抑的新中产阶级，一到周末就一窝蜂地拥向周边的乡村，把周中的城市拥堵又延续到了周末的郊外。

莱茵资本主义模式，以中小企业为支持对象，走出了一条以中小城市为主力的城镇化路径，城乡统筹、亦城亦乡、城乡融合的田园环境成为莱茵模式的最大特征。德国奉行"小即是美"的城市发展原则，坚持大中小城市协调发展，其产业政策重点均以中小城市和小城镇为主。德国70%的人口居住在不足10万人的小型城镇里，麻雀虽小但五脏俱全，这些小型城镇规模不大，但基础设施完善、公共服务水平与大城市相比毫不逊色。通过快速铁路公路网及通信工具，德国把这些遗落田园的珍珠与大城市快速串联，保障了中小城镇发展所需的各类要素的供给。

相比"盎格鲁-撒克逊模式"下城市居民普遍出现的乡愁与乡恋，

"莱茵模式"下的城镇居民天然就与大自然、乡村融为一体,乡愁情绪要少得多。

德国的城镇化

德国经济学家 E. F. 舒马赫的《小的是美好的》一书,对德国产业化与城镇化的发展路径产生了巨大的影响。舒马赫认为传统的工业化大规模生产、资本资源密集型产业,没有起到应有的改善人类生存品质的作用,反而导致了经济效率降低、环境污染与资源枯竭,人类丧失尊严,逐步成为利润和机器的附庸。

《小的是美好的》是一本反思现代化的著作,它促使德国人重新思考产业与城乡发展方式,舒马赫认为发展中国家压倒一切的问题是三农问题,世界贫困问题的根源也是农民的问题。他提出应该在农村和小城镇创立几百万个新的工作场所,建立"农业-工业"的结构。[1]《小的是美好的》开出的药方与德国的产业化与城镇化路径不谋而合,德国的城镇化坚持"大、中、小城市协调发展"战略,这给中小城市,特别是小城镇带来了巨大的发展机遇。第二次世界大战后联邦德国制定了宽松的地方政策,允许各地根据本地特色制定文化和城市战略,还出台《联邦建设法》确保所有地区均衡发展。德国人还吸取了当年纳粹大肆扩建柏林使之成为战争策源地的教训,有意识规避超级城市的出现。两德统一后,中央政府制定的规划主要还是原则性制约,各市政府享有较大自主权,这让许多城市能保持原有的风格与特色,没有形成千城一面

---

[1] E. F. 舒马赫:《小的是美好的》,商务印书馆 1984 年版,译者前言第 iii 页。

的格局。德国百万以上的大城市不过 4 座,产业政策的重点向中小城市和小城镇倾斜,都市区的传统农业型村庄逐步转变成为二、三产业的工商型城镇,实现了一、二、三产业的协同与融合。这些星罗棋布的小城镇通过快速铁路公路网与大中城市联通,围绕大中城市在全国范围内形成了 11 个大都市圈,通过合理的功能分工,构成了强有力的不输于其他国家特大城市的竞争主体。因为这些小城镇对外交通便捷,基础设施完善,公共服务水平高,文化底蕴深厚,生活成本相对较低,生态环境好,又能找到合适的工作,所以德国的年轻人都喜欢在这些小城镇落户。

城市的本质是各类资源的集聚体,城市越大也就意味着资源的集聚能力越强,产生的规模经济越大,自发成长、不加引导的大城市极易失控长成一只不可控制的怪兽,最终给城市居民带来各种疾病似困扰——难以忍受的交通拥堵,汽车尾气与工业排污混合形成的雾霾,昂贵的不可求的住房,愈发冷漠的社会及邻里关系,稀缺的绿色空间,以及萦绕在每一个市民心头的压抑阴影。

城市是汹涌乱动的资本再生产的空间。城市社会学的重要奠基人、法国马克思主义哲学家列斐伏尔认为城市不仅仅是劳动力再生产的物质建筑环境,更是资本主义发展的载体,城市作为一种空间形式,既是资本主义关系的产物,也是资本主义关系的再生产者。大卫·哈维在列斐伏尔的发现基础之上,提出"时间-空间修复"理论。大卫·哈维认为城市通过空间扩张,凭借庞大的基础设施建设将已无利可逐的过剩资本沉淀,拉长资本回报周期,进而避免资本主义危机的爆发。相比"莱茵模式","盎格鲁-撒克逊模式"下不加节制的资本逐利冲动,更容易造就巨型的令人生畏的城市空间。

日耳曼人走出了一条与众不同的城镇化之路，和大多数资本主义国家热衷将农民往大城市搬迁所不同的是，德国的新市民们仿佛更喜欢中小城市。德国拥有8 200万人口，相比于同等规模的国家，德国的城市人口分布要分散得多。德国只有柏林、汉堡、慕尼黑和科隆的人口超过了100万，而100万人口的城市，放眼中国只能徘徊在三、四线城市之间。德国一大半的城市都是数量不足10万人的小城镇，更有高达70％的人口居住在这些看来不起眼的小城镇中。

德国为什么能形成一套完全分散化的城市布局呢？这恐怕还要从德国的国家历史脉络中寻找答案。如果站在1871年德意志帝国建国的时间关口上回溯历史，早先的德国其实是一个由300多个、一度是1 000多个贵族领地、教会领地还有可追溯至神圣罗马帝国时期的帝国自由城市所组成的联合邦国。这些主体多样、历史文化多元的分子国家，操持共同的语言，秉持共同的利益，逐渐联合起来，最终才形成统一的德意志民族国家。

时至今日，德国依然保持着相对松散的行政管理架构。德国的行政管理层次主要分为三级，联邦—州—地方政府（包括市、县、乡镇），大部分行政管理工作由州和地方政府完成，各州拥有独立的立法权和管辖权，而地方政府则自负其责地大包大揽一切事物，包括属地自主权、行政管理自主权、组织自主权、人事自主权、财政自主权、规划自主权和章程自主权等。联邦政府、州政府对地方政府仅仅只能实施代表合法性的法律监督。

一个国家的政治制度不能脱离于历史与文化而独自构建，一个国家的顶层设计也必将深刻影响下层基础的发展。德国继承了地方独立发展的传统,各州及地方政府自治意识强烈,自上而下的政策与城乡规划也保障了各州各地按照自身的愿景发展,最终形成了百花齐放、齐头并进的城乡发展格局。

德国的城镇化特征,可以在首都柏林身上一窥其貌。无论是城市规模,还是国际影响力,与英国的伦敦、法国的巴黎相比,柏林都要稍逊风采。伦敦的人口超过 800 万,巴黎则为 1 100 万,而柏林的人口只有 350 万。在欧洲与世界的城市格局中,柏林也难以望前两者之项背,伦敦是欧洲的金融中心,巴黎则是世界的艺术与时尚之都,两者都是名副其实的世界城市。

城镇化的高级阶段,即城乡融合一体。大多数发达国家的城镇化在高级阶段都会促进乡村的融合发展,系统化解决农业、农村、农民的遗留问题。德国在推动大中城市发展的同时,极力为小城市和广大乡镇提供全面协同发展的条件。不分城乡的社会保障,完善的基础设施建设,兼有便利的对外交通设施,加上同等水准的医疗和教育水平,让广大的德国乡镇不再是落后的代名词。市民与农民在城乡之间自由流动,农民不再是一种低微的身份,而是代表着更高自由度、更高技术含量的新型职业。城融于乡,乡即是城,城乡彼此的距离越发亲近,德国人在享受现代城市文明的同时也能拥抱自然。

从多样化的历史文明走出来的德国城邦,珍惜它们的历史与传统,保留了先人留下的建筑瑰宝及城镇特色。目前,德国保存了 2 万多座古城堡,很多乡村的城堡成为当地的博物馆,寄存展示着这一方人的共同记忆与身份认同,走进每一个传统城镇,巍峨高耸的教堂、厚重斑驳的老建筑以及结实的石板路,都能让人直接触摸到德国的历史脉搏。联邦政府积极立法，合理规划，促进了一批批优秀传统建筑的保护与再生，德国的城镇逐步拥有自己的身份与特色，城镇文化开始复兴。

独立发展、相对完善的德国中小城市及广大乡镇，普遍呈现出同一类特征：产业独特而强大，文化深厚，城乡环境优美，各类基础设施完备，医疗教育等公共服务水平与大城市相比毫不逊色，城镇居民享受这样的居住环境，并且热爱自己的家乡。

独特而强大的产业

德国中小城市及广大乡镇，一般都拥有坚实的产业基础。星罗棋布的中小城镇围绕若干大城市，构建出功能分工、互相协同的 11 大都市圈。莱茵-鲁尔地区，历经煤炭钢铁的衰退与环境污染的浴火重生，成为德国新兴产业和高端服务业的新经济区；汉堡依托海港，是远洋贸易和临海服务业的重要区域；法兰克福是欧洲的金融之都，是德国金融和投资业的重地；斯图加特周边形成了完整的机械制造和汽车产业链条；萨克森地区文化名城集聚，旅游业发达；柏林-勃兰登堡区则是德国的政治文化心脏。

都市圈内部，和大多数发达国家的乡镇由农业主导不同的是，德国的乡镇呈现出"工—商—农"融合的特殊景象，具备雄厚实力的中小企业在乡镇的产业、就业方面扮演着重要的角色，而其中最为闪耀的当属"隐形冠军"了。德国管理学者赫尔曼·西蒙教授的《隐形冠军》一书，首次提出了"隐形冠军"的概念——那些在某个细分市场绝对领先，并且在自身领域成为世界前三，年销售额不超过 50 亿欧元，公众知名度

小即是美：莱茵模式下的德国小城镇

较低的中小企业。

德国是隐形冠军的摇篮，德国人认为隐形冠军才是德国经济的脊梁，虽然拥有奔驰、宝马、西门子等著名品牌，但是保持德国旺盛产能与出口竞争力的却是这些不知名的中小企业。隐形冠军是德国出口的刺刀，是制造业的基础，更是"德国制造"品牌的塑造者。

隐 形 冠 军

赫尔曼·西蒙的《隐形冠军》一书让德国的出口冠军型中小企业，从"隐星"一下子变成了聚光灯下的"明星"，"隐形冠军"从此成为经济界与企业界的热词。赫尔曼·西蒙给隐形冠军制定了三个标准：第一，世界前三强的公司或者某一大陆上名列第一的公司；第二，营业额低于50亿欧元；第三，不是众所周知的。[①]

对于大多数国家而言，世界500强企业、大型跨国公司数量与一国的出口总量关系密切，但对于中国和德国而言，中小企业才是这两个国家维系出口的根本力量所在。中国出口总量的68%来自不到2 000人的小公司，在德国，中小企业同样贡献了60%—70%的出口量。

在全球近3 000家隐形冠军中，德国的数量最多，拥有1 307家，如果以百万人拥有隐形冠军数量来排名，德国还是排第一。德国为什么能涌现出如此之多的隐形冠军呢？赫尔曼·西蒙把这归结于三个原因。第一，优秀的传统技能。德国许多地区都拥有被传承了几百年的技能，如钟表业、测量业等。第二，历史上的小国联邦。长时期的小国

---

① 赫尔曼·西蒙：《隐形冠军》，机械工业出版社2016年版，第35页。

家状态,让这些企业都必须国际化,对国际化的迫切愿望让这片土地成为孕育隐形冠军和成就出口的好地方。第三,强大的创新能力。德国每百万居民获得的欧洲专利数量遥遥领先于其他国家。此外,还有诸如双轨制的职业培训、德国地缘政治中心的地位等原因。

根据赫尔曼·西蒙的抽样调查,隐形冠军有近七成活跃在工业领域,其中36%属于德国的招牌机械制造领域。隐形冠军的平均营业额3.26亿欧元,其中有1/4的企业收入不足5 000万欧元,这类公司一般员工数量在500—2 000人之间,属于典型的"中型公司"。[1]

虽然隐形冠军在规模上还无法与雄霸世界的500强企业相提并论,即使是隐形冠军的最大企业,也甚至无法进入德国的前100名,但不以规模取胜的他们都是各自领域的世界老大,是全球贸易市场上不可轻视的一支力量。

极高的市场占有率、稳定的品牌效益、较高的利润以及市场旺盛的需求,种种优势并没有让这些隐形冠军忘乎所以。同样的企业,如果在美国或是中国,"融资+快速扩张+上市套现"几乎是唯一的发展选择,但是在"莱茵模式"下,企业发展路径却呈现出另外一种场景。

这两种不同的发展选择背后,是两种不同的社会价值的判断。"盎格鲁-撒克逊模式"下的金融资本主导的企业扩张是资本逐利的迫切需求,公司一旦上市,为了满足资本与股票增长,企业往往会以牺牲产品品质和长期目标为代价,来疯狂追求业绩增长和短期效益。这种战略选择背后是资本优先的逻辑,员工的利益、产品的品质以及社会责任都是第二位的。"莱茵模式"下的企业则要显得保守的多,他们的生存法

---

[1] 赫尔曼·西蒙:《隐形冠军》,机械工业出版社2016年版,第38页。

则是"活下去比什么都重要"。这些企业往往更为坚持长远的目标,不为短期的高利润所诱惑,他们坚持依靠自有资本,上市对于他们来说,陷阱大于诱惑——"资本来了,麻烦和谣言就接踵而来了"。他们专注于某市场细分,只做产业链条中的一段。他们在创新层面投入巨大,强大的创新力让他们永久保有高份额市场。他们的员工高度认可企业文化,忠诚度极高。

偏安一隅而雄霸天下

如果说德国拥有如此之多的隐形冠军,还没有那么让人意外,那么2/3的隐形冠军都将企业的总部设在乡镇,则是德国隐形冠军最让人惊讶的地方。

假肢领域的专家工作在下萨克森州的杜德尔斯塔斯特;全世界优秀的风能技术专家在东弗里斯兰地区的奥里希镇潜心研究新的技术;在铝材轧机方面可能没有比生活在西格兰地区丛林小屋的人更了解此领域的了。最好的联合收割机就来自北威州的某个叫作哈尔塞温克尔的地方。如果你想穿越长江或者想在洛杉矶建一条地铁的话,那你就得去巴登符藤堡州的施瓦瑙镇打听一下了。谈到粉末冶金技术的研发,没人能与蒂罗尔州罗伊特县的攀时公司相媲美;如果有人对瓦楞纸板有兴趣的话,那他就要去一趟位于巴伐利亚森林中的魏黑拉梅尔镇了。在这个小镇上,每年都有业界专家来参加世界领先的瓦楞纸板设备供应商博凯公司举办的客户大会。每两年,世界各地的洗涤设备专家都会朝圣般地前往东威斯特法伦州的弗洛托镇,去小镇参加隐形冠军 Kannegiesser 公司在那里举办的开放日。①

家族传承是隐形冠军选择这些不起眼小城镇作为企业总部的直接原因。默默无名的乡镇塑造了这些拥有悠久历史的家族企业,德国隐形冠军的平均年龄为 66 岁,38% 的隐形冠军是百年老店,而这些隐形冠军又通过长期的产出与带动回报这些乡镇。在德国,家族企业几乎是中小企业共同的基因,我们熟知的宝马、大众、西门子、博士等品牌都是家族企业。据调查,营业额低于 1 000 万欧元的 21 万家德国中小企业,家族企业占比 95%,营业额超过 1 000 万元的 30 万家德国企业中,26 万家是家族企业;而超过 5 000 万元的 1 500 家企业中,家族企业占比为 49%,家族企业在行业隐形冠军中的比例将近八成。

德国相机的领头羊莱卡就是一家家族企业,莱卡坐落于距离法兰克福机场 70 公里的一个叫韦茨拉尔的小城市。韦茨拉尔人口不过 5 万,但却汇聚了德国光学工业的精华,包括莱卡在内的十多家光学公司,以生产照相机、显微镜和望远镜闻名,因此这座小城又有德国"光学之城"的称号。相比于大多数中国企业在发展过程中,总是乐于把企业总部往北上广深一线城市转移所不同的是,莱卡并没有选择法兰克福等一线城市。在他们看来,宁静的小城远离喧嚣,能让设计师和工人保持宁静的心态,潜心投入到产品的研发和制造上,员工在愉快心情和郁闷心情下的工作质量是完全不一样的。

家族的历代传承、稳中求进的企业文化,让隐形冠军企业的后代们

---

① 赫尔曼·西蒙:《隐形冠军》,机械工业出版社 2016 年版,第 338—339 页。

选择了扎根故土、延续传统。于是,根植于乡镇的隐形冠军就与地方社群、企业职工形成了稳定融洽的相互依赖的共生关系。绝大多数情况下,隐形冠军成为当地乡镇最大的雇主,如上科亨市的蔡司公司,雇用了镇里总人口7 800人中的4 000多人,用上科亨市市长的话说:"蔡司公司一咳嗽,我们恐怕就要得肺炎了。"[①]相反,和大城市相比,隐形冠军在挑选员工方面没有那么多选择,于是企业对本地人才形成了依赖,企业深知公司的业绩要取决于当地员工的工作动力。于是,一种在大城市少见的关系群在企业中广泛存在,那就是企业的老板和员工们通常是同一个地方土生土长的,关系非常亲近。这种本土化、乡镇化的公司模式,与名噪一时的中国苏南乡镇企业模式异曲同工。

扎根乡镇当然也给企业带来了很多好处。一家聚焦自动化设备的公司创始人,把他的企业从德国人口最稠密、经济最发达的地区北莱茵-威斯特法伦州的首府杜塞尔多夫搬迁到了埃菲尔山附近的小镇普吕姆,因为他认为像杜塞尔多夫这样的大城市,无法让研究自动化设备的顶级专家静下心来,潜心钻研技术。在他看来,静谧、偏安一隅的乡镇,能让员工和公司建立一种长久的、相互依赖的关系,当然还有更便宜的大房子,更好地放松自我的高山密林般环境。

身处乡镇让员工对企业更加忠诚,但也同样面临招募精英人才的困境,尤其对于外地的专业人士或者职业经理人,吸引他们到举目无亲的偏远乡镇定居,一直是隐形冠军所面临的重大挑战。所以,所有的隐形冠军都避免不了加大对本土员工的教育培训,吸引乡镇青年在外上完大学后回到家乡继续生活和工作,然后加大对他们的专业培训力度。

---

① 赫尔曼·西蒙:《隐形冠军》,机械工业出版社2016年版,第340页。

过去十多年,隐形冠军的大学生数量和比例都要远远高于德国企业的平均水平,不计投入的教育培训,加上稳定的团队、极高的忠诚度,让这些中小企业竞争力长盛不衰。

奥 迪 小 镇

德国的小城市与广大乡镇不仅孕育出惊人数量的出口冠军,而且是世界 500 强公司的重要选址地。德国汽车巨头奥迪就把总部选在了一个名不见经传的小城市英戈尔斯塔特。

德国汽车巨头奥迪是一家可追溯到 1910 年的百年企业,历经变迁,奥迪的总部一再辗转,终于在 1962 年落户在巴伐利亚州一个叫英戈尔斯塔特的小城市。英戈尔斯塔特地处巴伐利亚州首府慕尼黑以北约 60 公里,不限速的德国高速公路将两者的时空距离缩短在半小时左右,美丽多情的多瑙河穿城而过,遍地可见年代久远的历史建筑与艺术博物馆,优越的区位交通和美丽的生态环境塑造了这个历史悠久的工业城市。

英戈尔斯塔特人口仅有 13 万,何以能吸引并孕育德国汽车巨头奥迪呢?这要从奥迪总部的选址说起。1949 年之前,奥迪的总部还位于萨克森州的开姆尼茨,经历了第二次世界大战的浩劫,汽车联盟(奥迪的前身)几乎处于瘫痪状态。战争结束之后,汽车联盟的生产设施被苏联占领军没收并拆除,公司也从开姆尼茨的企业登记名册上被删除。1949 年,汽车联盟决定成立一家新的汽车公司,旨在复兴老汽车联盟在战前的辉煌,他们在众多的待选城市中选择了位于巴伐利亚的英戈尔斯塔特。

小即是美：莱茵模式下的德国小城镇

这个名不见经传的小城并不具有像慕尼黑、杜塞尔多夫这样的大城市的显著优势，但奥迪最终还是选择了英戈尔斯塔特，其原因主要有两点。第一，区位交通优势。英戈尔斯塔特的交通便利，地处慕尼黑和纽伦堡的中心位置，距离这两个大城市不过 60 公里左右。第二，成本优势。英戈尔斯塔特拥有众多的百年军事遗产，辽阔的土地以及无数的兵营、车库和炮塔，这对于一个战后百废待兴的城市是一个巨大的优势，也是吸引缺钱建厂的奥迪落户英戈尔斯塔特的直接原因。

最初的奥迪公司主要从事汽车零部件的生产，公司利用一些存量建筑，如和平·恺撒兵营、新军械库、军士大楼、骑术训练厅以及宽阔的阅兵广场等来进行生产，简陋分散的生产条件被员工们戏称为"窝棚公司"。直到 1958 年，另一家汽车巨头戴姆勒-奔驰公司成功并购新汽车联盟，并随之给英戈尔斯塔特带来了一家新的工厂和更多的技术工人，奥迪这才正式把总部从杜塞尔多夫搬迁到了小城英戈尔斯塔特。

如今的英戈尔斯塔特人口 13 万，其中接近一半的人口从事着与奥迪相关的工作，英戈尔斯塔特俨然成了一座奥迪之城。除了广泛地吸纳本地的年轻人参与企业的生产经营，奥迪也不遗余力地吸引着来自德国和全世界的人才。相比于更具吸引力的大城市，小城英戈尔斯塔特和奥迪到底有哪些优势来吸引年轻人呢？

人才是企业成败的关键。拥有技术与管理才能的年轻人，相比于前几代人，越来越懂得工作与生活的平衡的重要性。世界汽车巨头固然拥有很强的事业吸引力，但如果英戈尔斯塔特不能提供完善的基础设施与生活环境，恐怕奥迪也很难吸引到一流的人才加盟。

首先,英戈尔斯塔特不是作为一个孤立的城市存在,它是慕尼黑、纽伦堡所在的大区域城市群的重要节点。通过高速公路、快速铁路,英戈尔斯塔特与周边的大城市快速接驳,机场、火车站都在1小时车程之内。这就意味着英戈尔斯塔特处于大城市的巨大资源与功能辐射圈之内,高端的医疗教育设施、丰富的文化体育娱乐活动、便捷的对外交通条件等大城市所拥有的比较优势,英戈尔斯塔特都能享受到。

其次,英戈尔斯塔特是一个生活环境优越、富有魅力的小城。多瑙河孕育的悠久历史让这座小城散发着无与伦比的魅力。庄严的后哥特式圣母玛利亚大教堂、朴素的巴洛克式玛利亚·德·维克托利亚教堂以及早在16世纪就已奠基的英戈尔施塔特老市政厅,让人流连忘返。众多的私人美术馆、博物馆星罗棋布地散步城市的各个角落,小城居民不用去大城市就能欣赏到国内外重要艺术家的作品。此外,英戈尔斯塔特还定期举办各类丰富的体育文化活动,足不出户,小城居民就能享受到极高水平的文化艺术与娱乐活动。

在公共服务层面,小城的教育、医疗设备也一应俱全,英戈尔施塔特应用技术大学开设有20个本科和硕士专业,其中企业经济学、经济工程学和信息科学更是排在德国的前10名。大学为城市输送了新鲜的血液,并促其保持稳定的竞争力。德国均等的医疗体系,让小城居民不用挤到大城市就能享受到较高水平的医疗服务。此外,和大城市一样,英戈尔施塔特拥有一线的名牌购物村,环境怡人、尺度人性,在这里,你就能买到 LV、PRADA、GUCCI 等一线奢侈品牌。

生活在英戈尔施塔特,与慕尼黑、纽伦堡相比,意味着与大自然更亲近。平静流淌的多瑙河,广袤的森林公园,以及郊野清新的空气,让小城居民在工作之余随时能拥抱自然。

小即是美：莱茵模式下的德国小城镇

最后，在吸引人才加盟方面，奥迪也因地制宜地推出了一些政策。其中灵活的人员流动机制，成为奥迪招募外地人才前来英戈尔施塔特工作的秘密之一。在小城工作的奥迪员工将有机会到奥迪德国及全球其他分公司工作，这意味着更宽广的视野与更好的发展机遇，这对于年轻人来说，非常具有吸引力。

正如英戈尔施塔特经济促进局执行委员诺伯特·福斯特所说，英戈尔施塔特能吸引人才，不仅仅在于奥迪的全球影响力，比起钱，人们更需要生活的乐趣。奥迪确实能给年轻人更高的工资、更好的事业前景，但这还不够。人们越来越渴望高水平的生活品质，在事业与生活之间找到平衡，英戈尔施塔特的成功要归功于生活质量和经济利益的完美结合。[①]

赫尔曼·西蒙在一次与哈佛商学院 MBA 项目交流时的一个提问，促使了这个经济学家写作《隐形冠军》。当被问到"德国拥有的财富500强大企业数量比美国少，但为什么却能够长期在全球出口额中保持第一的领先地位"时，自认为很了解德国企业的西蒙教授一下子被问住了。

传统的经济学理论认为，规模化才能带来高效率，小规模往往是不经济的代名词，代表市场竞争力的必然是那些庞大的实力雄厚的世界500强企业，然而，德国的隐形冠军们给了这个理论很好的补充完善空间。同样，偏颇地过度关注经济效率，必然带来社会层面、生态层面的

[①] 参见《环球财经连线》《全球特色产业小镇调查：德国英戈尔施塔特》，CCTV2 2017年10月6日。

负面性。正如 E.F. 舒马赫所言，大规模经济过于强调秩序与效率而牺牲创造性的自由，小规模经济则往往能带来人与社会和自然之间的和谐。从这个角度，"莱茵模式"无疑能给中国的城乡经济发展与平衡带来很好的启发。

农业现代化：巴西的教训

> 对传统农村社会来说，资本主义的闯入、经济的自由主义的引入、重商的社会关系都代表真实的灾难，是撕裂与扭曲农村社会的真正的社会催化剂。
>
> —— 英国历史学家霍布斯邦

路径依赖

人类社会在技术演进或制度变迁过程中，一旦进入某一路径，就可能对这种路径产生依赖，这就是著名的"路径依赖"理论。"路径依赖"理论认为，一旦人们做了某种选择，就好比走上了一条不归之路，惯性的力量会使这一选择不断自我强化。诺贝尔经济学奖得主道格拉斯·诺斯指出，为什么所有的国家并没有走上同样的发展道路，有的国家长期陷入不发达，有的走不出落后的怪圈，究其原因，正是因为这些国家在长期的经济发展历史长河中，制度变迁存在"路径依赖"现象。

巴西的农业现代化，就是一个典型的路径依赖案例。自16世纪中叶葡萄牙在巴西建立第一块殖民地起，巴西就保持了大地产制，即少数奴隶主拥有大片广袤的土地，土地数量之大令人瞠目结舌。有的奴隶主占有土地的面积超过了整个葡萄牙，还有的甚至等于英格兰、苏格兰和爱尔兰的面积总和。大地产制这一制度绵延数百年,牢不可破,即使到300年之后,巴西以非暴力形式从殖民者手中获得了国家独立,大地产制仍然原封不动地得到了保留。路径依赖理论认为每一个选择背后都有其对利益和成本的考虑,一种制度形成后,就会形成某个既得利益集团,他们对现有的制度有强烈的要求,只有巩固现有制度才能保障他们永久获取利益,哪怕新的制度对全局更有效率。巴西大地产制背后的利益集团,就是那些掌握广袤土地的新庄园主。这些新庄园主从独立前的奴隶主,摇身变成独立后政府、议会、法院的官员,巴西有超过1/3的联邦议员就是庄园主。这个庞大的利益集团一次又一次地将广大劳动者希望通过土改获得土地的愿望扼杀在摇篮之中,就像巴西《请看》周刊的绝望陈述:"看到共和国总统签署大量征用土地的法令,人民会得出一个印象,现在要真的采取行动了,但这只是幻想,因为法院往往是农场主的盟友。"①

从巴西暂时眺望遥远的东方农耕文明,第二次世界大战后,包括中国、日本以及越南等在内的国家和地区纷纷选择把土地重新分配给农民,再次回归东亚历史上传统的小农格局。从这点来看,土地制度变迁的路径依赖似乎具有全球共性。

巴西殖民体制遗留下的土地制度深刻地影响了这个国家的城市化与工业化,并且最终让国民付出了沉痛的代价。

和中国等其他发展中国家一样,巴西经历了"农村支持城市,农业支持工业"的发展阶段。在工业化初期,处于资本极度稀缺状态的巴西

---

① 曾宪明:《工业化、城市化中的土地问题——以巴西为例》,《生产力研究》2011年第1期。

农业现代化：巴西的教训

采取了重工抑农的政策。为了给工业化提供原始资金积累，巴西农业政策聚焦优势出口农业以换取大量外汇，咖啡、橡胶、棉花等初级产品的出口外汇大部分被分配至处于优先地位的工业领域，用于购买国外技术、提升工业设备等。工业化的起飞将巴西带入了发展快车道：1947—1960年，巴西国内生产总值年均增长率7.3%；而1968—1973年的6年间，巴西迎来了战后的第二次飞跃，年均增长率达到了11%以上，在历史上被称为巴西"经济奇迹"。快速的工业化带动了城市化率的飞速提升，农民大量进城转换身份。20世纪70年代中期，巴西的城市化率就超过了60%，然而，第二产业在国民经济总量中的比重却只有20%。也就是说，巴西走了一条过度城市化的道路，城市化水平大大超过了工业化水平，城市的经济发展与建设难以支撑源源不断流入的新城市人口。

巴西的过度城市化，是由农村的"推力"而非城市的"引力"而形成[1]，而这股"推力"就与巴西殖民主义遗留下的土地制度息息相关。

巴西土地集中的基尼指数高达0.57，全国1%的人口掌握了46%的国土面积。由于土地的高度集中，以及"进口替代工业化战略"下政府对农产品出口外汇的巨大渴求，国家农业优惠政策大部分都落在了大庄园主手里，中小农户处境艰难，贫富差距日益扩大。巴西的大庄园主精英们凭借手中的政治与媒体话语权力，操控政府农业政策，鼓吹唯有农业现代化，包括转基因农作物及规模化下的农产品出口才是巴西摆脱发展困境的唯一路径。在长期固化的发展思维导向下，巴西现代

---

[1] 曾宪明：《工业化：城市化中的土地问题——以巴西为例》，《生产力研究》2011年第1期。

农业不断强化了规模化、技术化与资本化的发展方向,高度资本密集、大量机械作业的大农业对劳动力的数量需求不断降低,加上大量的小农在与大农场的竞争中破产,农村劳动力进一步被排挤出来,被迫流入城市。由于城市集聚的新进城农民规模过大,农民从土地流出的速度过快,城市又无法给这些人安排就业与居住,于是困扰巴西及很多拉美国家的现象就出现了——贫民窟。

城市陷阱——巴西的贫民窟

巴西贫民窟的形成,起源于19世纪末奴隶制的废除。解放了的没有土地的大庄园奴隶们流亡到里约热内卢等大城市,他们选择在城里的山上建造低矮简陋的窝棚,插上树枝,糊上泥巴,铺上茅草,就能应付住下去了。进入20世纪后,巴西工业化的推进,加上大农业的挤出效应,大量的农村人口流入大城市。但文化知识和技术经验的缺乏让很多农民找不到工作,只能应付着打些临工,微薄的薪水让这些农民无法在城市定居,又回不去农村,于是他们加入了贫民窟的行列。20世纪六七十年代是巴西的"经济奇迹"时期,大量的农民,还包括南美和非洲的移民也拥入巴西,里约热内卢的人口年均增长率达到3.3%,贫民窟的人口增长更是超过了7%。然而70年代末的石油危机让巴西的工业化美梦戛然而止,工人大量失业,贫民越发穷苦,贫民窟这个城市肿瘤愈来愈大,卫生、毒品、暴力、黑社会等问题集中爆发。

奥地利作家斯蒂芬·茨威格曾经参观里约热内卢的贫民窟,他发出奇怪的感慨:"倘若在欧洲或者美国,这样的生存状态简直无法想象,但很奇怪,这种场景(在这里)却并不令人厌恶苦恼……我看到的每个人都善良亲切,每个人都乐观向上。"①茨威格的感慨也许一点都不奇怪,因为相比于城市贫民窟的生活,巴西农村地区的情况要更为糟糕,农民的生活要更为悲惨。殖民色彩浓烈的大地产制使得大量无地和少地的农民遭受大庄园主的各类地租的剥削,过着极其悲惨的生活,加上20世纪中叶以后以资本化、规模化、机械化为代表的农业现代化的挤出效应,大量竞争失败后的小农破产,成为无家可归者,数以百万计的贫苦人民只有迁移至巴西各大城市的外围地区苟延残喘。

社会冲突——无地农民的抗争

巴西无地农民运动之歌②

来吧,编织我们的自由

双臂使劲开垦大地

在勇气的庇佑下

展开我们的抗争

与弟兄姐妹在那土地上并肩耕作

来吧,举起拳头斗争

以群众力量建设未来

我们的故土永恒强大

由人民力量创造

举起双臂,挥写我们的历史

---

① 参见《巴西"贫民窟"是如何出现的?》,澎湃新闻2016年8月10日。
② 参见薛翠:《1984年以来的巴西无地农民运动》,澎湃新闻2016年8月18日。

读懂乡村振兴：战略与实践

  使劲消灭那些压迫者

  竖起那鲜明的旗帜

  唤醒那沉睡的故土

  明天的成果属于我们劳动者！

  我们的力量从火焰中释放

  胜利的渴望终将实现

  坚定地打拼斗争

  自由故土，工人与农民

  我们引路之星终将获胜

  2017年7月的普通一天，超过1000名巴西无地农民闯入了农业大洲马托格罗索州的首府库亚巴市的一个私人农场，这些农民一面高唱《巴西无地农民运动之歌》，一面高喊着"贪官们，把我们的土地还回来"。[①]

  这是巴西著名左翼团体"无地者运动组织"（简称 MST）自1988年成立以来组织的几千次农民占领土地运动中的一次，这次的目标是时任巴西农业部长马奇的私人农场，这块面积高达5平方公里的大农场是由马奇的父亲创立，是马奇家族旗下的农场之一。除了农业部长的农场，MST 还同时占领了巴西足协前主席特谢拉以及现任总统特梅尔好友利马·菲尔霍的农场，MST 声称这次针对巴西高官的农场占领行动是要逼迫政府推进土地改革。

  从 MST 身上，我们也许可以一窥巴西的土地制度遗毒给这个国家

---

① 参见《把土地还回来！巴西上千无地农民入侵高官农场》，搜狐网2017年7月26日。

带来的沉痛伤害。MST 成立于 1984 年,是一个致力于采取非暴力改良手段,从大庄园主手中为失地农民重新争取土地,并逐步推动社会改革的全国性组织。1988 年,民主化的巴西在宪法中规定贫民有权力占据荒废地、不耕种的土地,从此拉开了一段旷日持久的贫富土地之争。

时至今日,MST 已经帮助 25 万个家庭获得了土地所有权,但这些成绩并非唾手可得,而是以暴力与惨痛的牺牲作为代价换来的。过去 10 年,超过 1 000 人在巴西的土地冲突中丧生,MST 成员跟警察以及大庄园主之间发生的暴力冲突已经成为巴西司空见惯的日常新闻。

虽然起源草根,但如今的 MST 组织规模已经不容小觑。巴西 27 个州,MST 活跃于 23 州,骨干 2 万多名,领导集体 15—21 人,每两年举行一次全国会议,每 5 年举行一次全国代表会。强大的 MST 除了时不时率领失地农民占领农场之外,还组织农民促进农业生产,建立有关生产、加工、贸易与服务的各类合作社,为无地农民创造工作机会。MST 还创办了 1 000 多所共同学校和 200 多所托儿所,为失地农民的下一代教育提供帮助。

MST 为失地农民的抗争为其赢得了广泛的国际舆论支持,包括各类人权组织、宗教机构和工会,联合国儿童基金会还曾经给其颁发教育奖。虽然 MST 的抗争显现效果,上百万的贫困农民从中受益,但 MST 始终认为,巴西的土地改革依旧是空中楼阁。正如 MST 的领袖施特德理批评的那样,如今的巴西几任政府实施的仅仅是居留政策,政府宁可从大庄园主手里购买或者充公部分土地,也不愿触及土地的根本制度,为的就是息事宁人,是治标不治本的政策[①],土地制度将一直成为

---

① 薛翠:《1984 年以来的巴西无地农民运动》,澎湃新闻 2016 年 8 月 18 日。

巴西社会不稳定的根源。

贫富扩大——跨国资本与本地精英的联合掠夺

进入21世纪之后,跨国金融资本加快了掠夺巴西土地的步伐。巴西国土面积为8.5亿公顷,2006年跨国公司就控制了1.7亿公顷,比重高达20%,规模之大,让人震惊。

巴西劳工党执政以来延续了亲跨国资本的经济体制,执政党认为只有农业推行了资本化、规模化与机械化,才能实现巴西农业的现代化。然而,所谓的农业现代化带来的却是单一作物经济,以及贫富差距的进一步拉大。

追求利润最大化的跨国资本,将巴西的农业转向了出口导向的大面积单一作物种植,在巴西生产的1.3亿吨谷物中,大豆和玉米就占据了1.1亿吨,高达3亿公顷的广袤土地用于养牛,以备出口。[①] 2000—2009年,巴西的初级商品出口贸易比重逐年上升,巴西经济再次沦落以初级商品出口导向的低层次结构。单一的作物种植结构,并没有给农民带来生活成本的下降,反而还加剧了口粮的威胁,许多基本口粮,比如小麦、大米、黑豆、豌豆和马铃薯等不得不依靠进口,小农的生存压力进一步加大。

跨国资本与大庄园主逐步结成同盟,大庄园主不断扩大土地面积,破坏环境,跨国公司不断提升技术水平与机械化程度,获取暴利。相对的,小农在跨国资本与本地精英的双重挤压下,进一步被逐出农村,失

---

① 参见《外国资本正控制巴西的农业》,凤凰资讯2008年7月31日。

业和贫困在农村地区进一步加剧。

巴西农业现代化的教训,正如英国历史学家霍布斯邦所说的那样:"对传统农村社会来说,资本主义的闯入、经济的自由主义的引入、重商的社会关系都代表真实的灾难,是撕裂与扭曲农村社会的真正的社会催化剂。现代资本主义世界的到来,不管过程是威逼利诱,经由农民不懂的经济力量所驱动,或者是残暴地侵袭,经由征服或者政府之变更,农民都视如侵略,摧毁了他们的生活方式。"[1]

生态溃败——热带雨林的蚕食

2005年2月的一件谋杀案引发了巴西国内舆论的极大反应,时任巴西总统卢拉非常重视,派了两名内阁成员及一个特别警察调查组负责调查此案。死者是一个叫多萝西·斯唐的美国修女,她在去亚马逊流域的一个农民社区参加聚会的路上,被路边窜出的两名凶手残忍地杀害。凶手在开了两枪把修女打倒之后,又朝死者背部和后脑连开4枪,以确定她必死无疑之后才大摇大摆地离开。

多萝西·斯唐是一名坚定的亚马逊雨林保护者,她于20世纪70年代来到巴西,成为保护亚马逊热带雨林和维护当地印第安人权益的志愿者。在当地人眼里,多萝西·斯唐是"亚马逊雨林的天使",她是一位和蔼的女士,始终面带微笑,总是穿一件白色的T恤,上面写着"森林的死亡便是生命的终结"。当地的许多印第安人在听到多萝西·斯唐被杀的噩耗时,放声痛哭,虽然不知道凶手的身份,但大家都心知肚

---

[1] 参见薛翠:《1984年以来的巴西无地农民运动》,澎湃新闻2016年8月18日。

明，肯定是农场主指使的。在一些急欲扩大土地面积的农场主眼里，这个不知从哪儿蹦出来的美国修女简直是断了他们财路的魔鬼，她不仅不断鼓动本地的印第安人联合起来反对砍伐雨林，多次阻止农场主兼并当地人的小块土地，而且还计划促使政府设立一个阔叶林保护区。这个"疯狂"的美国修女，显然触及了农场主的根本利益，在不断施以威胁恐吓无效之后，农场主们决定除之而后快。

事发两年之后，幕后主使、帕拉州农场主维塔米罗·莫拉终于落网，他供认联合了另一名农场主雇凶枪杀了多萝西·斯唐，他承认是美国修女妨碍了他们放火开辟土地，因此对她怀恨在心。

多萝西·斯唐的谋杀一案，激起了国内舆论对农场主为扩张土地而施以暴行的纷纷谴责。然而，这只是巴西雨林保护主义者因为保护雨林而被谋害的冰山一角，过去30年，共有772名雨林保护者遇害身亡，但最终只有9名凶手被定罪。

巴西是世界上拥有热带雨林面积最大的国家，也是破坏热带雨林最严重的国家。几十年来，以养牛和大豆种植为主的现代农业是巴西不断砍伐热带雨林的罪魁祸首。

过去40年，巴西的亚马逊热带雨林萎缩了将近20%，大量的森林被砍伐，取而代之的是一眼望不见边的"绿色沙漠"——养牛场和大豆种植农田，巴西热带雨林面积每年要减少至少两万平方公里[①]，约相当于3个上海的面积。仅2001—2010年10年期间，巴西就一共失去了2.5亿亩亚马逊森林，换来的是巴西成为全世界最大的牛肉出口国和

---

① 参见《对保护雨林的美国修女怀恨在心，雇凶杀人巴西农场主被处监禁30年》，青年参考网2010年4月23日。

农业现代化：巴西的教训

排名第二的大豆出口国。

大豆和牛肉的出口增长，不断刺激着土地价格的上涨，还刺激着握有大量资金的跨国公司和大量土地的本地农业财阀不断扩大种养殖面积，加快破坏稀有的热带雨林资源。左翼劳工党出身的巴西前总统卢拉在竞选总统之前，曾经激烈批评高度集中的土地问题："国家不论大小，都不会让任何人拥有超过 200 万公顷的土地！全世界都不会这样无理！唯有巴西。因为我们的总统懦弱无能，依赖来自农村右翼小圈子的几张选票。"[①]无奈的事是，卢拉上台之后，土地集中的问题并没有得到解决，反而更加集中了。

肉牛的养殖和大豆种植的单一化发展，让跨国公司和本地农业财阀赚得盆满钵满，却把巨大的生态环境成本留给了公众。著名环境影响研究机构 TRUCOST 曾经出具过关于一份巴西农业的报告，该报告称跨国资本和农业财阀每从农业生产过程中榨取一美元的利润，公众就要为此付出 20 倍的成本代价，包括环境污染和土地退化。[②]

根植于殖民地遗留下的大地产制，以资本农业为核心，规模化、机械化、出口导向化为特征的巴西农业现代化，加剧了农民从农业中的挤出，让农村成了农民"回不去的故乡"，在过度城市化后的城市经济危机中，农民只能流落到城郊接合处的贫民窟残喘度日。相反，少数人在农业现代化中赚取了暴利，跨国金融资本与本地大农庄精英勾结，在单一化的出口农业种植结构中赚得盆满钵满，社会冲突、贫富扩大、生态溃

---

① 参见薛翠：《1984 年以来的巴西无地农民运动》，澎湃新闻 2016 年 8 月 18 日。
② 参见《腐肉丑闻凸显巴西工业化畜牧危机》，网易网-中外对话 2017 年 3 月 28 日。

败,其各类潜在的巨大成本却让全社会共担。

笔者认为,巴西的教训在昭示"农业现代化"一词并非是绝对真理,因为"农业现代化"拥有众多路径,选择对了路径将摆脱发展瓶颈,选择错了路径则将跌入陷阱。过度追求经济效益、忽视社会公平与生态环境,牺牲大多数权益、为少数人和大金融资本服务的农业现代化之路就是巨大的发展陷阱,稍有不慎一旦跌入,恐将形成路径依赖,难以自拔,付出的代价将难以估量。

科技农业：小国荷兰的农业奇迹

> 我不只是一个大学的院长。我有一半的人经营植物科学，但另外一半的人负责管理与商业合同研究相关的 9 个独立业务部门。科学与市场驱动相结合，才能迎接未来的挑战。[1]
>
> ——恩斯特·范登恩德[2]

在经济学术语中，"郁金香泡沫"是一个耳熟能详的金融词汇，它是投机活动的代名词，生动地演绎出了狂热金融投机活动的一般演变规律：对财富的疯狂追求、羊群效应、理性的完全丧失和泡沫的最终破灭。

"郁金香泡沫"又称"荷兰郁金香狂热"，是人类历史上最早的泡沫经济案例，它发生在 17 世纪 30 代年代的荷兰。殖民帝国荷兰从 16 世纪后期到 17 世纪下半叶开始崭露头角，海军力量崛起，迅速建立起全球贸易市场，这段时间也被称为"荷兰的黄金时代"。郁金香原产于亚细亚，在 16 世纪末被引入荷兰，由于数量稀少，外观艳丽，因此价格非常昂贵，在崇尚奢侈与浮华的欧洲上流社会迅速走俏，成为奢侈品的代

---

[1] 参见《农业的高科技未来，荷兰成为世界上第二大粮食出口国》，新浪网 2018 年 6 月 3 日。

[2] 恩斯特·范登恩德是荷兰瓦格宁根大学与研究中心校董兼植物学院院长。

名词。凭借如日中天的实力,以及独特的海洋性气候和肥沃的土壤,荷兰迅速成为郁金香的主要栽培国。善于栽花的荷兰人不断培育出新的郁金香品种,无论是花型还是颜色都深受欢迎。在礼服上别上一枝郁金香成为最时髦的装饰,同样,如果贵妇人能够在晚礼服上佩戴郁金香的顶级品种,自然也就成为地位与身份的象征。郁金香的价格节节攀升,迅速地失去了控制,一株名为"永远的奥古斯都"的郁金香售价高达6 700荷兰盾,这个价格足以买下阿姆斯特丹运河边的一幢豪宅,而当时荷兰人的平均年收入只有150荷兰盾。[①] 价格的高涨带动了投机资本的进入。1636年郁金香正式进入鹿特丹的证券交易所。在这场全民郁金香运动中,荷兰人创造性地发明了"期货选择权","看多""看空""期权""期货"等证券市场的名词都由那场运动衍生而来。疯狂的投机活动将荷兰人的暴富幻想推向了高潮,贵族、市民、工人、海员、马车夫,还有清洁工和女仆,大家都摇身一变成为郁金香的行家。在当时的一幅描绘"郁金香狂热"的讽刺油画中,比利时画家扬勃·鲁盖尔·雅戈尔把疯狂的全民投机者都画成了一只只猴子,画中的猴子们个个手举郁金香和钱袋,画面充满了喜悦的狂热氛围。

泡沫终有破灭之日。1637年,当普通大众还沉浸在郁金香的造富美梦之中时,大卖家们突然大量抛售。一夜之间,郁金香的价格一泻千里,跌去了90%之多,成千上万人一夜返贫,荷兰帝国的经济因此遭受到了巨大的冲击,多年之内形同瘫痪。

"郁金香狂热"是人类历史上的第一次经济危机,郁金香也让荷兰付出了沉重的代价,但荷兰人并未就此抛弃这种曾经带给帝国狂喜与

---

① 参见《郁金香狂潮》,搜狐网-期货日报2018年10月4日。

痛苦的花卉。相反,花农们不断改进种植技术、增加产量、开发新品种,郁金香也从充满铜臭的投机市场、喧嚣攀比的上流社会逐步回归到普通大众的花园中,并最终成为荷兰的国花。如今,每年的4月份,在距离阿姆斯特丹30分钟车程的库肯霍夫公园内,超过700万枝不同种类的郁金香竞相绽放,吸引着慕名而来的全球游客,五彩斑斓的花海、沁人心脾的清香,让人不禁赞叹,这真是郁金香的国度。

小国的农业奇迹

荷兰农业以出口导向为特色,70%的农产品用于出口,而以郁金香为代表的园艺产业更是一枝独秀,是荷兰农业出口的主力,园艺产业的收入达到了荷兰整个农业收入的40%。

荷兰国土面积仅有4万平方公里,相当于浙江省的2/5,人口也只有1 700万人。然而就是这样一个不起眼的欧洲小国,却超过了很多诸如法国、中国和巴西等农业大国,全国农产品出口总额超过500亿美元,仅次于美国,居全球第二。在很多农业专家看来,荷兰的农业资源贫乏,人均耕地只有1.3亩,且地势低洼、温度低、日照短,存在先天不足的缺陷,然而荷兰却逆势成为当今世界最发达的农业现代化国家之一,以耕地面积不足世界0.07%,农业人口不足世界0.02%的劣势,创造出农产品出口占世界9%的奇迹。

荷兰农业是典型的大进大出的"创汇农业",农产品出口量占到了全国出口总量的22%左右。享誉全球的鲜花和观赏植物一直是荷兰农业的代表,其出口总量一直雄踞全球首位,此外,蛋制品、啤酒、番茄和奶酪等农副产品的净出口额也都名列世界第一。除了本国特产的园艺以及乳制品等农产品,荷兰还从发展中国家大量进口价格较低的原料,如可可、咖啡、茶叶甚至乳制品等,再利用本国先进的加工技术,对产品进行精深加工,提升附加值后,再对外出口。以乳制品为例,荷兰的奶制品出口总额常年占据世界奶制品出口的 20% 以上,而其中的相当一部分奶源就来自国外。

荷兰农业是现代农业的标准典范,"荷兰农业奇迹"的背后就是以集约化、专业化、高新技术与现代化管理模式为支撑的现代农业,荷兰农业的开放政策和对现代科技的应用是造就荷兰农业奇迹的关键。

荷兰农业的开放基因

与周边的英国、法国等老牌资本主义国家相比,荷兰的工业化色彩要暗淡许多,荷兰的制造业也从未在世界经济版图中占据过主导地位,相对而言,贸易的分量则显得更为重要。中世纪晚期,荷兰西部的河岸旁,大量的城镇如雨后春笋般涌现,依托便利而廉价的水运,贸易逐步繁荣。随着成为重要的殖民力量,荷兰越来越潜心于贸易与海运,来自广阔的殖民地的各种商品,如咖啡、茶叶、可可和烟草等产品源源不断地进入荷兰,荷兰人对这些原材料进行再加工,便形成了重要的农业出口。

19 世纪中期,在工业革命的深度影响下,英国等西欧资本主义国家城镇化速度大大提升,经济增长与人口增长齐头并进,农产品价格节节飙升。为了降低工资成本,推动工业化,这些国家开始放宽农产品进口壁垒,以贸易见长的荷兰农业从中受益匪浅。1850—1880 年之间,外部需求的增长促进了荷兰农业的快速爆发,除了活畜和肉类,蔬菜、

科技农业：小国荷兰的农业奇迹

水果以及园艺产品的出口也大大增长。

工业革命带来蒸汽轮船的大发展，掀起了海上运输的新革命。1880年之后，美国的农业快速扩张，给欧洲送来了大量廉价的谷物，直接导致了欧洲谷物价格的猛跌，对欧洲农业造成了严重冲击。美国这片广袤的新大陆天然孕育着巨大的农业优势，让西欧的小农农业备受煎熬，廉价谷物的涌入激发了西欧保护农业的呼声，德国、法国等国家不断出台农业保护措施，竖起高高的贸易壁垒。在这场19世纪末的西欧农业危机中，荷兰人最终正确地选择了适合自身的危机应对方式——自由贸易。[1]

荷兰濒临北海，河流众多，气候温润，适宜畜牧养殖与蔬菜种植，但荷兰总体地势低平，在法语中荷兰有"低地之国"之称，由于排水问题并不适合大田耕作，小麦等谷物长期需要进口。因此，廉价谷物的涌入对于荷兰并不形成致命性冲击，反而是降低了进口成本，相反，荷兰在畜牧、蔬菜和园艺等农产品品类上加大投入，逐步巩固了自身的出口优势。此外，荷兰通过研究、推广和教育不断提升农业知识与科技水平，特别是以谷物为原料基础的加工产品，进一步刺激了荷兰农产品出口的增长。

"开放性"是荷兰农业发展史的底色，而"开放性"对于农产品的竞争力提出了极高的要求，又不断刺激着荷兰农业改进生产方式、提升附加值。1880年的农业危机让荷兰政府意识到，只有在充分开放的市场环境中推动农业技术与出口竞争力的提升，才是荷兰农业的根本出路。

---

[1] L. 道欧、J. 鲍雅朴：《荷兰农业的勃兴——农业发展的背景和前景》，中国农业科学技术出版社2003年版，第55页。

如今,荷兰出口的大部分农产品都属于资金密集型和技术密集型产品,这与荷兰农业秉持的"开放性"基因息息相关。

"OVO"三位一体

据统计,知识和技术的发展对于荷兰农业劳动生产率增长的贡献常年保持在 4% 以上[1],荷兰已然成为农业创新领域的全球代表,而这要归功于荷兰所拥有的一套独特体系——"OVO"。

"OVO"即农业知识创新体系由 Onderzoek(研究)、Voorlich ting(推广)和 Onderwjs(教育)三者构成[2],顾名思义就是通过科学研究产生知识,而后通过推广将知识转化为实际应用的技术,并通过教育传播知识,从而为农民服务,提升农业劳动生产率。"OVO"系统是一个双向互动的系统:一方面,研究机构的研究成果、新方法与新技术能够快速地传递到生产链的其他环节或者教育部门;另一方面,农场主或农民组织也会把在生产实践过程中遇到的问题反馈到研究部门。在组织架构上,荷兰农业部作为牵头组织,联合研究、教育和推广部门,整合广大的农业企业和农民组织共同构建"OVO"系统,农业部以"创造和传播知识"为主要职责,每年向科研、推广和教育注入巨额经费,维持创新的生产。

20 世纪 90 年代中,为了应对更为深化的全球一体化以及农业利益的逐步多元化,荷兰进一步深化改革农业知识创新体系。改革方向

---

[1] L. 道欧、J. 鲍雅朴:《荷兰农业的勃兴——农业发展的背景和前景》,中国农业科学技术出版社 2003 年版,第 65 页。

[2] 参见齐力:《解析荷兰的农业奇迹》,《中国对外贸易》2011 年第 10 期。

主要有两个,一是整合做大创新源头,二是放开市场化竞争。

改革的核心举措就是将原有瓦格宁根农业大学,以及所有的农业研究院合并,新成立了瓦格宁根大学及研究中心(WUR),以应对全球化的挑战。改革之后,形成了基础研究(瓦格宁根大学、2 000名专业人员)、战略研究(原农业部所属研究院所、2 700名专业人员)、应用研究(原农业部所属研究试验站、880名专业人员)这样一个统一而完整的农业研究体系,并将整个瓦格宁根大学及研究中心(WUR)分成了5个专业集团,分别为植物科学、动物科学、农业技术和食品科学、环境科学及社会科学。

与此同时,荷兰政府收缩战线,将以往政府职能部门承担绝大部分创新费用的状况变为公共和私有资金的结合,以激励创新,分散创新可能带来的风险。农业部意识到,政府的角色应停留在公共服务及公共品的提供,即为公益性基础研究的大学继续提供经费,而对新成立的研究中心则逐步放开市场,让更多的私人资本参与进来,鼓励创新,进一步提升了知识与技术创新的转化率及转化速度。

食 品 谷

食品安全一直是消费者最为关心的话题之一,如果有一个食品相关的检测器能快速准确地检测食品,测试其成分、是否有机等信息,那么无疑是摸到了行业的痛点。荷兰最近研制出了一款食品检测器,只需要短短的几秒钟,就能检测出食品的卡路里、盐分、糖和脂肪含量等各种成分,以及食品是否有机,整个检测过程快速而准确。

这款食品检测器来自荷兰一个名叫"食品谷"(food valley)的地

方，和依托斯坦福大学的美国硅谷一样，荷兰的食品谷坐落在瓦格宁根市，以著名的瓦格宁根大学及其研究中心为核心。在这个欧洲知名的食品产业创新基地，积聚了大量国际顶级的跨国食品公司，包括雀巢、达能、联合利华、亨氏、美赞臣等跨国企业都坐落于此。2014年中国伊利集团的欧洲研发中心在瓦格宁根大学揭牌，该机构也是中国乳业中规格最高的海外研发中心。

食品谷是一个知识密集型的农业及粮食生态系统，政府、市场和科研机构构成了一个牢固的铁三角，有力地促进了区域内教育研究机构和商业机构的沟通与合作，将创新与商业有机结合起来。

瓦格宁根大学与研究中心作为欧洲乃至全世界农业与生命科学领域最顶尖的研究型大学之一，是食品谷的核心组成部分，其农业科学、生命科学、食品科学等在全球范围内都享有极高的声誉。值得一提的是，瓦格宁根大学与研究中心的设备与研究室，对食品谷内来自各个大学、研究机构和食品公司的研究者都是开放的，研究者无需支付高额费用，就可以使用这些顶级的研发设备。

食品谷整合了超过1 400家与食品有关的企业与机构，1.5万多个行业技术人员在这里集聚，年产值达到了650亿美元，出口额约325亿美元。[①] 食品谷搭建出一个分享资源和机会的知识型创新平台，吸引来自欧洲乃至全世界的合作者和投资者，有效地促进了荷兰的农业创新。

食品谷的核心瓦格宁根与研究中心吸引着来自全世界的研究者与

---

① 参见《食品界的硅谷：荷兰小国如何梦想喂饱世界？》，荷兰在线中文网2018年8月30日。

科技农业：小国荷兰的农业奇迹

从业人员，这里半数的研究生都来自其他国家，而其中很多都来自依然面临饥饿挑战的第三世界国家。在他们看来，饥饿也许会成为 21 世纪最紧迫的问题，因为到 2050 年地球上的人口将达到 100 亿，如果农业产量不能大幅增加，与之相应的水和化石燃料消费没有大量减少，那么至少 10 亿以上的人将面临饥饿。荷兰农业正为之努力，并且做得不错，威斯兰德地区就是其中的佼佼者。

温 室 之 都

威斯兰德（Westland）在荷兰有"温室之都"的美誉，走进这个看似平常的小城，犹如进入了一个温室之城。稀稀疏疏的村落与遮天蔽日的玻璃温室群混合在一起，构建出独特的乡村大地肌理。从谷歌地图上往下看，巨大的玻璃温室群犹如一块块巨大的面镜在乡间恣意伸展，在白天反射出白色的光芒，而当夜幕降临时，LED 灯光让这些镜面犹如一幅板块清晰、线条分明的现代艺术画作。

荷兰人利用玻璃温室栽种蔬菜可以追溯到 19 世纪末，在鹿特丹与海牙之间的荷兰西部最早出现了玻璃温室，因为冬暖夏凉日照充足，玻璃温室非常适用于园艺。这一悠久的传统如今给荷兰带来了巨大的优势。在威斯兰德，农民不用再看老天爷的脸色，因为 80% 的耕地都被温室所笼罩，温室中的园艺作物产量已经达到了室外的 10 倍之多，而该地区的园艺产值也已经占到了整个荷兰产值的近一半。

在"温室之都"，农民可以密切控制农作物的生长条件，使用最少的资源，创造出最佳的效益。荷兰距离北极圈仅 1 600 公里，然而这里却是西红柿的最大生产地，玻璃温室条件下每公顷的西红柿产量要远超其他地区,而全球贸易市场上超过 1/3 的种子也是从这些玻璃温室中走出去的。在这些一眼看不到边际的温室中,最先进的计算机控制系统帮助农民全程管理生产,从水肥供应、基质、气候、光照、作物育种、种子生产、作物保护、机械作业、内外运输到分级包装,都采用了相应的自动化控制系统,计算机精准地控制了水、肥、温度、湿度、通风、二氧化碳含量以及日射率,保证了农作物能按照人们希望的最高效方式来生产。在玻璃温室中,基质栽培代替了传统的土壤栽培,以促进植物根系的完整发育,同时与水肥供应、疾病防控等要求协同配合。

荷兰自动化智能玻璃温室已经成为未来农业的样板之一,其销售额已占有了 80% 的世界市场份额。这种高科技支撑的玻璃温室不仅大大提高了农产物产量,而且减少了相应资源的投入,如水、肥料和能源供应——温室能够常年保持适宜的温度,由地热含水层产生的热量供热,更为重要的是玻璃温室已成为生态农业的先驱。荷兰政府推出《环境意识栽培法 MBT》,要求以生态防治保护作物为基础,只允许使用无毒的化学农药,且鼓励将化学制品的用量降低,在温室中一般采用蒸汽熏蒸以去除有害生物,而未被吸收的灌溉用水则循环利用。这些玻璃温室还经常与周边的一些工业企业合作,将工业排放的二氧化碳等废气通过管道输入温室以促进植物的生长,在小区域内形成生态化循环圈的闭环。

2014 年,荷兰农产品出口总额 807 亿欧元,设施园艺产品一枝独秀,占到了世界园艺产品贸易总额的 24%。园艺产品(花卉与蔬菜)已然成为荷兰农产品出口的绝对核心竞争力,而这些园艺产品绝大多数都是在这些玻璃温室中生产,荷兰园艺业仅仅用了 5.8% 的土地就创造出了超过 35% 的农业总产值。

和大多数发达国家采取农业保护性政策不同的是,荷兰农业天然拥有开放性基因,并在19世纪末的欧洲农业危机中抓住机遇,从比较优势原理出发,大胆配置与优化农业资源,促进农业生产结构的转型,逐步培育出外向度极高的农业优势。

自然资源禀赋一般,面对愈发激烈的国际竞争,基于政府、科研机构和企业的"金三角"型农业技术创新机制是荷兰农业长期保持竞争力的根本所在。荷兰农业的经验告诉我们,在愈发开放的全球农业市场中,农业小国并非只有高树壁垒这一条路,不断提升知识与技术附加值,谋求智力基础设施的升级,是提升农产品竞争力的不二法门,这也是荷兰这个农业小国走出农业奇迹的必由之路。

农协：日本三农的秘密

日本农协不仅仅协助销售，而且提供生产资料，是一个集生产、加工、销售、金融、保险、养老福利等服务于一体的综合性机构。从摇篮到坟墓，农民都可以在农协那里找到相应的服务。

——日本千叶县君津市农协负责人

从摇篮到坟墓

酒川看上去40岁上下，在千叶县君津市经营着一家中等规模的养鸡场。养鸡场出产的鸡蛋在当地小有名气，在本地超市的农产品柜台上很容易就能找到以他名字冠名的鸡蛋盒装——"酒川养鸡园"，8个鸡蛋能卖到300日元（合人民币约20元）。和日本大多数地方一样，君津市市民喜欢消费本地化的产品，这种"本地生产、本地消费"的消费理念，最早由日本农林水产省于20世纪80年代提出，在日本被称为"地产地销"。"地产地销"的产品新鲜度高，可追溯性强，还能减少运输费用，降低能源消耗，本地化的生产者或者农业园也更容易获取消费者的信任，食物要更健康、更可靠。

酒川养鸡园的鸡蛋大多数都在本地消费，而其中90%以上的鸡蛋都由农协帮助贩卖。和酒川一样，君津市的农民只要负责生产，产品的销路基本上由农协来解决，从粮食到蔬菜，从水果到农畜产品，农协都一揽子包办。相比这两年频繁见诸媒体的中国果农的水果生产过剩、没有销路的报道，日本的农民要幸福得多。君津农协的负责人表示日本农协不仅仅协助销售，而且提供生产资料，是一个集生产、加工、销售、金融、保险、养老福利等服务于一体的综合性机构，从摇篮到坟墓，农民都可以在农协那里找到相应的服务。

●酒川盒装鸡蛋

农协给予酒川这样的农户以生产性金融贷款，协助农户解决起步资金，还有生产资料和销售渠道，农户只要在农协的庇护下专心生产，通过整合全国级的农产品，农协还可以有计划、有规模地销售农产品，保证农户在高价位卖出农产品。其负责人骄傲地说："农协的目标是让农民拥有与城市工薪阶层同样的收入。"

日本农协，成立于第二次世界大战后的1947年，全称为日本农业协同组织，最早可追溯至江户时代，前身为第二次世界大战中为日本战争机器集中生产、管理与配给的粮食垄断团体"农业会"。为了解决战后粮食短缺的棘手问题，以美国为首的联合国军急需农协来组织农产品的生产与供给，在"农业会"基础上建立的日本农协因此继承了前者与国家权力紧密联系的垄断性色彩。温铁军曾撰文称，日本的城市经济主要由六大综合性财阀垄断控制,日本的农村经济更是由唯一的、具有全面垄断地位的综合农协控制。[①]

日本农协(简称 JA)结构庞大而复杂,呈现"金字塔式的三级组织",自下而上包括市町村、都道府县和全国三级,全国层面则又分为五大组织:"JA 全中"是负责贯彻国家农业方针实施的决策机构,同时也是向国家表达农民诉求的机构,"JA 全农""农林中金""JA 共济连"和"JA 全厚连"则分别承担着经济业务、金融业务、保险业务和卫生业务。统计显示,日本农协的干部超过 6.4 万人,职员有 30 多万人,会员则高达 1 000 万人,而日本的农民几乎都是农协会员,农协成为全日本提供就业最多、吸纳会员最多的社会机构组织。

自成立以来,日本农协就对农村经济、社会和政治实现了全面的垄断控制,农协之手深入日本三农生产与生活的方方面面,同时拒绝任何私人企业、社会资本进入农村开展任何领域的竞争,使得日本三农客观上形成了一个完整且相对封闭的"独立王国"。上至农产品收购与销售、农资用具的购买、农业技术的指导,中至农业金融、银行的信用事业,生命及养老保险等,下至婚丧嫁娶、加油站、超市等生活琐事,农协无所不包,无所不管。

现代农业发展的规律显示,分散的农户在生产资料购买、市场渠道开拓、农业金融保险等层面具有天然的竞争缺陷,原子化的农户在市场的"恶魔之手"面前缺乏最基本的自我保护能力,只有将小而散的传统小农组织成为"现代农村人",才能与外部市场形成均衡性博弈。日本

[①] 温铁军:《告别百年激进——温铁军演讲录(2004—2014)》上卷,东方出版社 2016 年版,第 56—57 页。

农协：日本三农的秘密

●农协 JA 的加油站

●农协 JA 的超市

农协给予普通农户种类繁杂、优质廉价的各种服务,同时又保障了农产品的高价出售,从根本上降低了农户的生产成本,提升了综合收益,因此得到了广大农民的支持。农协虽然名义上是非营利性组织,但为庞大的全国性的农民提供包罗万象的服务,尤其是金融和保险业务,保障了农协源源不断的收益与利润。20世纪90年代初期,负责金融业务的"农林中金"规模之大一度成为全球第七大银行。

谁掌控了农民,谁就掌控了内阁

自第二次世界大战以后,日本政坛自民党一党独大,究其原因,乃是因为其最大的票仓来源于农协领导下的广大农民。日本的选举制度在1994年之前采用的介于大选区和小选区制之间的中选区制,即全国划分一定数量的选区,各选区根据规定选举出2—5名议员的制度。战后日本城镇化不断加快,日本人口逐步向大城市高度集中,农村的选票因为人口相对较少而产生出较高的选举价值,被称为"一票的格差"。1955年,"一票的格差"将近2倍,而到了1984年,这个差距被扩大至4.4倍。1990年,全日本130个选区中农村选区占据了3/4,512个议员中有超过半数,即269个席位要通过农村地区选出,日本农民选票的价值之高,可见一斑。[①] 1994年,虽然日本改革了选举制度,"一票的格差"有所改善,但并没有发生实质性变化,现行的选举制度依然明显地有利于农民选区。

---

① 张云:《日本的农业保护与东亚地区主义》,天津人民出版社2011年版,第47—48页。

日本三农在农协无孔不入的掌控下，呈现出利益的高度统一性，日本选举制度的天然"偏农化"更是促使农协在政治话语权的追逐上与保守的自民党一拍即合。农协通过无可匹敌的组织能力，将广大的农民集合起来为自民党集票，而上台后的自民党反过来为日本农民提供源源不断的政策倾斜。

日本农协在选举中搭建"后援会"，通过政治捐款和拉选票的形式帮助有利于自己的候选人赢得选举。这些成功当选的议员被称为"农林族议员"，这些具有强大政治影响力的中坚议员，往往有着在农林水产省担任政府高管的经历。同样，为了争取农业行政官僚的支持，除了支持他们竞选议员，农协还允诺他们以"旋转门"的形式在退休后在农协中担任要职，以维持较高的社会地位和体面的收入。"从政府部门退休后到民间团体和企业再就职，并且获得较高的地位"的行为在发达资本主义国家可谓屡见不鲜，这种政商互转，实质为长期性"权钱交易"的潜规则在日本有一个家喻户晓的名称，叫作"天人下凡"[①]。

日本农协与农林族议员、农林水产省行政官僚强力捆绑，打造出一个坚韧无比、无法攻破的"利益铁三角"，三方各取所需、休戚与共。农林族议员从农协手中获得政治献金和选票，农业水产省行政官僚获得政治支持并在退休后"天人下凡"，而农协在议员和官僚的庇佑下持续地获得政策支持与利益保护。

农协的进化变迁

第二次世界大战之后，为了给日本社会的长治久安打下长远坚实

---

① 张云：《日本的农业保护与东亚地区主义》，天津人民出版社2011年版，第65页。

的基础,在长达6年零8个月的军事占领期间,日本"太上皇"麦克阿瑟进行了大刀阔斧的改革。这其中包括分拆财阀、推进新闻自由、建立工会以及最紧迫的土地改革。战后初期的日本,粮食供给面临巨大的缺口,当时的农业人口占到了总人口的70%,但土地却掌握在了极少数地主手中,这极大抑制了粮食生产的积极性,对于解决粮食供应极其不利。1947年,日本政府在美国当局的监督下,做出了两项影响之后日本农业发展的重要改革:一是强制收购地主土地,实现"耕者有其田",建立了农户小规模家庭经营为主的土地制度。二是在战前"农业会"的前身基础上成立了日本农协,以协助恢复战后的农业生产并为工业化积累农业剩余。农地改革以后,粮食生产积极性快速高涨,粮食供应短缺问题随之消失,在这过程中,农协面对原子化的小规模家庭农户,通过主导统一购买等服务大大降低了生产成本,缓解了分散经营的风险。与此同时,农协借助粮食收购这一绝对的垄断地位,将粮食管制与金融体系强制绑定,即农民在销售农产品(主要是大米)后获得的现金收入主要通过农协储蓄账户的形式发放,这为后期农协通过金融活动实现盈利奠定了基础。

进入20世纪50年代,为了争取广大农民的选票支持,以及通过农协的全国网络稳定农村的生产生活秩序,日本政府通过立法持续加大对农协的财政支持。1954年,农协中央会建立,一套从中央、都道府县到市町村三级的农协体制自此建立。严密的三级组织以及与行政部门的高度对称性,使得农协分担着日本各级政府农业部门的相关职能,如果没有农协,可以说这些农业政策就无法有效在农村实施。因此,日本农协具备高度的"准政府部门"性质,农协工作人员也被看作是"准公务员"。

农协：日本三农的秘密

随着六七十年代日本城镇化速度的不断加快，日本农民数量不断减少，兼业化和老龄化现象日趋凸显，农协活动的脱农化倾向愈发明显，农协开始引入企业化经营机制，逐利成为农协的重要目标。除了提供常规的与农业生产相关的业务，包括农产品的收购和贩卖、农资用具的购买和农业技术指导等，农协开始深度介入金融和保险业务，而后者逐渐成为农协最主要的盈利来源。2014年，日本农协的数据显示，购买事业供应额为4.9万亿日元，销售事业交易额为6.2万亿日元，而保险事业资产总额达到了16.3万亿日元，用于金融活动的存款总额高达46.5万亿日元，数据证明农协用于农业生产和经营的资金总额已经远远低于金融和保险事业。[①] 在农协看来，日本农业人口的兼业化和老龄化决定了日本农民在时间和劳动力层面都不允许独自购买农机器械或者寻找销售渠道，农协通过综合性、高性价比的服务使得大多数农民对农协产生了依赖，即使这部分服务长期处于赤字状态。20世纪70年代，农协的农业生产相关部门的慢性赤字不断扩大，但它在银行和保险部门的盈利则不断增强。通过早年收购粮食而使农民在农协开设的银行账户，农协将农民的资金在农协银行这个"金融独立王国"中做到了完全的"肥水不流外人田"。农产品的销售收入、国家的各类补贴等收入，以及婚丧嫁娶、外出旅游的各类贷款都从农协银行直接进入农民的账户，相应地各类开支，包括农资器械的购买、农协的各种服务费等也从账户上扣除。一个户头简化了所有的繁琐，农协银行就像一个巨大的蓄水池，将日本三农的所有资金滴水不漏地积蓄在了其中。

---

① 黄博琛：《日本农协发展经验和教训对中国农业现代化的启示》，《世界农业杂志》2014年第11期。

对上层政治的高度影响力以及农业的特殊地位，使得农协的金融业务受到了特殊的照顾。农协银行的存款利率通常要比普通银行高，而且可以发放红利和储蓄奖励，这使得农协银行的吸引力进一步提升。1992年，农协银行的存款额占到了所有日本城市银行存款总额的65%，农协银行也成为日本最大的私人部门投资者和短期资本市场最大的出资者。2015年，农协银行的存款达到了100万亿日元，成为日本第二大商业银行。[①]

●农林中金：日本三农资金的蓄水池

---

① 陈仁安：《日本农协改革新动向观察》，《世界农业》2018年第1期。

农协：日本三农的秘密

骄傲与危机并存

毫无疑问，日本农协是三农"日本模式"的核心之钥。日本农协长期以来对日本农村的政治、经济和社会实现了垄断性控制，它将农民的选票变换成为自民党长期执政的基石，让国家政策持续地有利于三农。它通过垄断性的三农服务，特别是金融服务，将整个三农的资金滴水不漏地留在了农村，实现了内生发展的闭环。最重要的是，它将千千万万的原子化的农户组织起来，在与"恶魔之手"的自由市场对抗中取得了完胜。

2016年，日本农户户均年收入达到521.2万日元，这与全国户均年收入563.3万日元的水平非常接近，日本城乡之间的收入鸿沟已然被抹平。无论是基础设施、公共服务设施还是社区环境，日本的乡村和城市已经达到了同一水准。悠久的乡村传统，多元的农耕文化在逐步回归与复兴。半个多世纪以来，无论是经历突飞猛进的城镇化狂飙所带来的生产要素全面流失的阵痛，还是品尝"失去的20年"的艰辛与苦涩，日本农村都保持了惊人的稳定，无论国内外如何风雨飘摇，日本三农都波澜不惊。旅日本专栏作家加藤嘉一曾经说："在日本，越是乡下人，越觉得幸福，也越为日本自豪！"

然而，农业作为最传统的第一产业，自然也符合产业发展的基本规律——过度的保护必然滋生出不合理的资源配置，最终引发低效率与危机。日本农业素有"宠坏了的农业"之称，以农协为龙头的农业垄断利益集团长时间地把持国家农业政策方针，对内加大各种支农投入与补贴，对外则高筑壁垒，拒绝强竞争力的国外农产品进入。数据显示，农林水产省公布的各项农业补贴达500多种之多，日本每公顷耕地的

●静谧安宁、传统而又现代的日本农村

财政补贴居各发达国家之首位,国内的农产品往往通过高买低卖的形式来保护农民收益。1985年"广场协议"之后,日本房地产泡沫破裂,继而进入"失去的20年",为了引导经济走出泥潭,历届日本政府都希望扩大与其他国家的贸易来刺激经济复苏,但包括东亚自由贸易区、跨太平洋伙伴关系协定(TPP)等在内的重大贸易协定的谈判都始终无法跨越日本"神圣农业"的保护性阻碍。WTO与联合国共同编制的全球关税报告显示,日本农产品的平均关税为23.3%,大大高于美国的5.0%和欧洲的13.9%;日本关税超过100%的农产品占到所有农产品的比例为5.1%,远远高于欧盟的1.2%和美国的0.5%;大米等谷物及加工品的关税则超过惊人的700%。①

---

① 李勤昌、石雪:《日本强化农业保护的经济和政治原因》,《现代日本经济》2014年第2期。

农协：日本三农的秘密

日本农业以其高度保护性而闻名,在全球多边农业谈判和双边自由贸易谈判中,始终拒绝大幅降低农业保护水平。究其原因,除了"利益铁三角"所支撑的"独立王国"版图之外,日本农业的低竞争性,以及随之而来的国家粮食安全问题亦是重要原因。日本农林水产省多次总结日本农业的现状:"由于多种原因,农业和农村依然处于危机状态。"

和大多数东亚国家一样,日本是传统的小农国家。国土面积的七成被山地、丘陵的森林所覆盖,可耕作土地仅占国土面积的12%,人均耕地面积不到0.05公顷,仅有美国人均耕地面积的1/14,中国的1/2。随着城市化进程对传统三农的侵蚀,劳动力、土地等资源要素源源不断从农村流向城市,日本的耕地面积逐年下降,农业弃耕面积不断扩大,加上外来更有竞争力的农产品的涌入,日本农产品自给率不断下降,已然成为世界上最大的农产品净进口国之一。农林水产省的主页上列出的日本人最爱吃的"天妇罗荞麦面",生动地说明了日本食品自给率之低:"天妇罗荞麦面中的虾,主要进口自泰国、越南、印度尼西亚,小麦(裹虾的面粉)来自美国、加拿大,而油主要进口自加拿大,荞麦面从中国和美国而来。综合下来,一碗荞麦面的食品自给率只有22%,也就是说有78%的成分都需要依靠外国进口。"农林水产省的数据显示,除了日本人情有独钟、引以为豪的大米自给率在97%之外,水果、大豆、糖类、畜产和小麦等常用食品的自给率都徘徊在10%—30%之间,整体的食品自给率已经跌破40%大关。

尽管政府长期推行农业扶持政策,但农业人口仍在持续减少,农业老龄化问题日益突出。2017年,日本农业就业人口已经不足200万人,而其中60岁以上的老龄人口比例超过了75%,是名副其实的老人农业。虽然从事农业的收入并不比城市工作要低太多,但农业的辛苦让年轻人裹足不前,农业始终成为不了具有吸引力的职业。

神圣的大米

2018年7月,出乎所有人的意料,日本与欧盟一扫5年18轮谈判的冗长,在东京签署了《欧日经济伙伴关系协定》。这是针对美国总统特朗普在全球范围内挥舞贸易保护主义大棒的应激反应,也是继中国加入WTO之后世界贸易自由化最大的事件。协议规定,从2019年开始,欧盟将免除日本99%商品的关税,而日本也将免除欧盟94%商品的关税,而这其中5%的差异,就是日本"神圣农产品",其中以具有高度文化和政治敏感性的大米为代表①。

"八代目仪兵卫"是京都一家以大米为主题的料理店,20世纪90年代初当桥本隆志从家人手中接过这家拥有百年历史的米店的时候,米店已经处在倒闭的边缘。

如今,米店已成为需要提前2个月才能预定到餐位、年收入超过15亿日元的业界翘楚。桥本隆志对米店的成功改造,顺应了日本大米在国民心目中的神圣定位。从最初的销售普通大米,到转型制作精良的米主题料理,同样是大米,但品质与体验却不可同日而语。桥本隆志发现不同的菜肴需要不同口感的大米,因此他从选购大米、加工大米到调制大米都精益求精。"八代目仪兵卫"提供的各式料理菜肴中都有大

---

① 参见《日本和欧盟签署里程碑式协议,几乎免除所有关税》,新浪财经2018年7月18日。

米的影子,包含餐前酒和餐后甜点,顾客不仅能从中品尝到日本最好大米的不同味道,也能实实在在体验到日本独特的大米文化。在大米文化领域深耕细作的桥本隆志还参加了考试,获得了日本五星级"米博士"的资格证书——"米博士"是日本官方对于大米专业人士的一个资格考核,不仅要能品鉴大米的光、香、白,还能感知大米的口感、触感、黏度、甜度以及吞咽感受等。思路大开的桥本隆志接着邀请其他"米博士"共同组织了一次全国性的大米评选赛,引发了轰动。大赛用极其严苛的要求评选出了全国大米的前八名,桥本隆志和"八代目仪兵卫"一跃成为全国大米行业标准的制定者。之后,桥本隆志又顺势推出大米的和服礼品包,大获成功,大米从此变得高端化、时尚化。桥本隆志在接受采访时曾言:"我一直信奉,好的产品必须经得住岁月的考验,将平凡的东西做到极致,一定能创造出非凡的成绩!"①

桥本隆志的成功当然是产品极致化的成功,但更是大米在日本文化中被推崇备至的使然。大米是日本农本主义思想的重要载体,在日本文化中,大米被看作是大和民族区别于其他民族的重要特性。正如日本人所说,"如果我们日本人不再将大米作为主食的话,那么我们也将变成一群吃土豆和小麦的人。因此,我们必须尽全力保持吃大米的传统。"②大米富有水分且具备黏性,被解读成为日本民族文化优越的组成部分,象征着大和民族的紧密团结,这种黏性不像颗粒感更强的小麦,个人主义色彩浓厚,也不像泰国、韩国或者中国的低黏性大米,后者

---

① 参见《从濒临倒闭到年入15亿日元,20年来他把一碗米饭做到极致》,网易网2017年12月2日。

② 张云:《日本的农业保护与东亚地区主义》,天津人民出版社2011年版,第95页。

在日本被称为"低劣、异质的米"[1]。这类带有意识形态的文化外衣包装,在战后日本经济腾飞的大背景下被大肆地宣扬与推崇,成为日本找回民族自信、重建文化优越感的重要方式。大米所代表的农村也被日本人看作是勤劳、忠诚、责任感等优秀传统文化的载体,是广义上的日本的故乡,相比于城市,农村更代表着一种久远的稳定与回归。

因此,当日本大米遭受外来廉价、"劣势"大米冲击的时候,全体国民都呈现出高度的一致性。75%的日本人对于进口大米表示了"不安",女性的比例更高,而超过50%的日本人认为外国大米很难吃,尤其以老年人为主。在所有日本人眼里,保护大米即保护优越的日本文化与传统,日本人自然不会允许文化的独特性在外来"低劣"的商品冲击下消失殆尽。

日本农协自然在大米的保护运动中推波助澜。在农协的运作下,日本政府长期对大米实行价格倒挂,即高价收购、低价销售的"双重价格"制度,对进口大米则征收极为昂贵的关税。据世贸组织的计算,日本大米的关税超过700%,即使面对各类贸易谈判,不得不进口一些大米,进口大米也会被用于加工食品、对外援助和家畜饲料上,对于主流大米市场难以形成实质性冲击。这也是为什么日本粮食自给率不足40%,而日本的主粮大米的自给率却依旧能保持97%的原因。

农协的改革

毫无疑问,历史上的农协在解决日本三农问题中扮演了正面积极

---

[1] 张云:《日本的农业保护与东亚地区主义》,天津人民出版社2011年版,第96页。

的角色,对于推进农业改革、保障粮食安全、维护农民利益、缩小城乡差距以及保障农村地区的经济、政治和社会稳定方面作出了巨大的贡献。然而,作为垄断利益集团存在的日本农协必然招致其他利益集团的批评。这些批评的声浪主要集中在两个方面:

第一,农协的垄断加剧了农业的兼业化和高龄化,阻碍了日本农业的产业化和专业化进程。由于长期实行关税保护、差异化收购和高米价政策等,农协无形中扭曲了市场,保护了本应退出市场的成本高、效率低的兼业农户、老龄化农户。反过来,农协长期吸纳这些竞争力低下的大量的经营主体,一方面保障了农协的金融信贷来源,另一方面维护了农协的政治影响力,这种农协与各政党达成的隐形默契,阻碍了农地的规模化和专业化。

第二,农协主导的农业高保护性成为日本外贸谈判的主要掣肘。在维护国家粮食安全的旗帜的掩护下,日本农业长期的低竞争力导致的农业高保护性成为日本与其他国家协商自由贸易协定的主要掣肘。无论是东亚自由贸易协定、TPP,还是刚刚达成的欧日经济伙伴关系协定,日本农业的扯后腿造成了其他产业在谈判时的不利地位,导致了其他利益集团的批评。

随着日本农业人口的持续减少,农协会员的非农化趋势增强,加上日本自由贸易需求的不断扩张,日本农业的外部环境正在发生变化,改革农协的呼声不绝于耳。2015 年,日本参议院通过《农业协同组合法》,推动农协改革进入实质阶段。改革涉及打破日本农业的高度性"计划体制",打破农协定价和流通的绝对垄断地位等,但这些看似有力的改革实则难以真正撼动农协在日本三农领域的垄断地位,经由历史形成的农、政、党的"利益铁三角"的基础依然牢不可破。众多评论人士分析,日本政府对农协的改革最终难以避免以失败收场。

日本天皇的住所——皇居位于东京中心区千代田区的核心地带。宽阔的皇居前广场上种植着2 000多棵名贵的黑松,来自世界各地的游客在此逗留摄影——标志性的骑马武士青铜雕像,古朴庄严的石城墙,还有幽静神秘的皇居御所。

踏着沙沙作响的碎石子路,导游们兴致盎然地给游客们介绍皇居的周边情况。南侧的永田町和霞关是日本主要政党和政府机关的聚集地,东侧则是日本六大城市财阀的总部所在地,一街之隔,JA全中、农林中金等日本农协的全国总部就位于皇居东侧的大手町。自第二次世界大战以来,这个象征着日本政治中心的皇居依然是当下日本政治与经济权力的围绕核心,包括农协在内的七大垄断性利益集团牢牢地掌控了日本的城乡经济。

日本作为"自由旗帜"美国的亲密同盟、资本主义在东亚的杰出代表,天然地被认为是自由市场、竞争性经济的践行者。然而,日本农协作为日本三农的实际掌控者,却用一种"全面垄断+计划经济"的模式带领日本三农走出困局,不得不让人唏嘘反思。农业作为弱质产业、农村作为弱性空间、农民作为弱势群体,开放与保护,市场与政府的尺度与平衡究竟如何掌握,值得我们深思。

图书在版编目(CIP)数据

读懂乡村振兴：战略与实践 / 陆超著 .— 上海：上海社会科学院出版社，2020
 ISBN 978 - 7 - 5520 - 3035 - 8

Ⅰ.①读… Ⅱ.①陆… Ⅲ.①农村—社会主义建设—研究—中国 Ⅳ.①F320.3

中国版本图书馆 CIP 数据核字(2020)第 032204 号

读懂乡村振兴：战略与实践

著　　者：陆　超
责任编辑：温　欣
封面设计：璞茜设计-王薯聿
出版发行：上海社会科学院出版社
　　　　　上海顺昌路 622 号　邮编 200025
　　　　　电话总机 021 - 63315947　销售热线 021 - 53063735
　　　　　http://www.sassp.cn　E-mail:sassp@sassp.cn
排　　版：南京展望文化发展有限公司
印　　刷：上海新文印刷厂有限公司
开　　本：890 毫米×1240 毫米　1/32
印　　张：11
插　　页：1
字　　数：250 千字
版　　次：2020 年 4 月第 1 版　2022 年 7 月第 6 次印刷

ISBN 978 - 7 - 5520 - 3035 - 8/F·606　　　　定价：65.00 元

版权所有　翻印必究